Early Childhood Social Education

유아사회교육

권성민·강명화·공영미·곽은복·윤혜영·최윤지 공저

양 성 원

머리말

인간은 누구나 사회 속에서 서로 관계를 맺으며 살아가기를 원하는 기본적인 욕구를 가지고 있다. 즉, 인간은 사회적 동물이라는 말은 이러한 욕구를 잘 대변해 주고 있다고 할 수 있다. 사회적 관계를 의미하는 사회성은 태어날 때부터 자연스럽게 습득되는 것이 아니라 자신이 속한 사회 속에서 그 사회가 가지고 있는 가치 기준에 적응하며 사회적 기술을 습득해야 가능하다. 따라서 사회성 획득에 후천적인 학습이 중요하다는 말은 유아의 사회성 교육의 필요성을 강조하고 있는 것이다.

인간은 그가 태어난 문화, 시대, 환경, 성별에 따라서 역할이 다르다. 유아는 성장해 나가면서 자신을 소중하게 생각하며 가족, 또래와 함께 더불어 지내는 방법뿐 아니라 공동체에서 소통하고 함께 살아가는 방법을 익히고 주변 세계와 환경에 관심을 가지고 적극적으로 적응해 나갈 수 있는 기초 능력과 인성을 길러야 한다. 그 중에서도 인간관계를 형성하는 것은 사회생활을 하는 데 가장 중요한 요인으로 인식되고 있다. 왜냐하면 사회성이 높은 유아일수록 대인관계와 사회활동에 적응하기가 용이하고, 그 결과 올바르게 성장 · 성숙해지기 때문이다.

따라서 본 책은 누리과정과 표준교육과정에 기반을 두고, 태어나서 성장하는 일련의 과정에 무수히 많은 사회화 과정을 거치게 되는 유아의 사회 능력 함양을 돕기 위한 교수적 목적과 예비교사들이 교수실제를 설계하는 데 실질적인 도움이 될 수 있도록 노력하였다. 즉, 유아의 사회성 발달을 위해 총 3부 8장으로 구성하였다. 1부는 유아사회교육의 기초 이론으로, 1장 유아사회교육의 이해에서는 유아 사회성 발달의 개념, 유아사회교육의 필요성, 유아사회교육의 목적 및 유아사회교육의 내용을 자세하게 기술하였고, 2장 사회성 발달 이론에서는 정신분석적 접근, 행동주의적 접근, 인지발달적 접근 및 인본주의적 접근을 통해 이론이 시사하는 사회성 발달의 함의점에 대해 소개하였으며, 3장 사회성 발달의 영역에서는 기질, 애착, 자기

이해, 친사회적 행동, 도덕성 및 공격성에 대한 개념과 특성을 소개하였고, 4장 사회성 발달에 영향을 주는 요인에서는 가정 내 요인과 가정 외 요인으로 구분하여 교사로서 유아의 사회성 발달에 긍정적인 영향을 줄 수 있는 요인에 대해 탐색하도록 구성하였다.

2부 유아사회교육의 계획 및 운영에서는 두 개의 장으로 구성하였는데, 5장 교육 및 보육과정에서의 유아사회교육은 누리과정의 사회관계 영역 및 표준보육과정의 사회관계 영역을 자세하게 기술하여 교사로서 누리과정과 표준보육과정의 사회관계 영역을 명확하게 이해하도록 하였으며, 6장 유아사회교육의 교수-학습 방법에서는 유아사회교육 활동의 계획, 유아사회교육 활동의 운영 및 유아사회교육 활동의 방법을 통해 유아사회교육을 계획하고 운영하는 방법을 익히도록 하였다.

3부 유아사회교육의 실제 및 평가에서는 두 개의 장으로 구성하였는데, 7장 누리과정에 따른 유아사회교육의 실제에서는 나를 알고 존중하기, 나와 다른 사람의 감정 알고 조절하기, 가족을 소중히 여기기, 다른 사람과 더불어 생활하기 및 사회에 관심 갖기에 대해 실제 유아교육기관에서 실행하는 사회교육에 대한 방법들을 소개하였고, 8장 유아사회교육의 평가에서는 유아사회교육의 평가의 기초, 평가방법 및 평가도구, 유아사회교육 평가의 유의사항을 통해 유아들의 사회성 발달을 위해 계획하고 운영한 프로그램에 대해 실제적으로 평가할 수 있는 방안들을 모색해 보도록 하였다.

그동안 본 책이 발행되기까지 집필에 애써주신 모든 분들과 특히 유아교육현장에서 다양한 정보를 제공해 주신 유아교사들께 진심으로 감사와 수고의 말씀을 전한다. 그리고 이 책의 출판을 위해 기다려주시고 격려해 주신 양성원 출판사 관계자분들께도 감사의 인사를 드린다.

2019년 2월

저자 일동

차 례

PART 1 유아사회교육의 기초 이론

PART 2

유아사회교육의 계획 및 운영

PART 3 유아사회교육의 실제 및 평가

PART 1

유아사회교육의 기초 이론

Chapter

1

유아사회교육의 이해

배울 내용

1. 유아 사회성 발달의 개념
2. 유아사회교육의 필요성
3. 유아사회교육의 목적
4. 유아사회교육의 내용

학습목표

1. 다양한 유아 사회성 발달의 정의를 살펴보고 설명할 수 있다.
2. 유아사회교육의 필요성을 설명할 수 있다.
3. 유아사회교육의 목적을 설명할 수 있다.
4. 유아사회교육의 내용을 이해한다.

인간은 누구나 사회 속에서 서로 관계를 맺으며 살아가기를 원하는 기본적인 욕구를 가지고 있다. 이러한 사회적 관계를 의미하는 사회성은 태어날 때부터 자연스럽게 습득되는 것이 아니라 자신이 속한 사회 속에서 그 사회가 가지고 있는 가치 기준에 적응하며 사회적 기술을 습득해야 가능하다(홍진영, 2012). 즉, 사회성의 획득에 후천적인 학습이 중요하다고 할 수 있다. 이 장에서는 유아 사회성의 개념, 유아사회교육의 필요성, 유아사회교육의 목적 및 내용에 대해 구체적으로 살펴보고자 한다.

1. 유아 사회성 발달의 개념

유아의 사회성 발달에 대한 개념은 인간의 사회적 행동을 포괄적으로 포함하고 있는 개념으로 친사회성, 친사회적 능력, 친사회적 행동, 사회적 유능감, 사회적 능력 등으로 다양하게 사용되고 있으며, 그 개념에 대한 정의도 〈표 1-1〉과 같이 다양하게 나타나고 있다.

표 1-1 사회성에 대한 다양한 정의

구분	정의
이은정(2004)	유아가 다른 사람을 대하는 심리적인 특성으로 처음 보는 사람에 대하여 얼마나 심리적으로 친근성을 나타내는가를 알아보는 것으로 문제해결이나 사람에 대한 접근의 정도를 의미하며, 자신의 정서적 상태나 감정을 나타내는 정도이며 하나의 활동에 대하여 유아가 얼마나 활발하게 행동하는가를 알아보는 것으로 새로 만나는 사람에 대하여 수용하는 태도
한국유아교육연감(2005)	유아들이 사회의 한 구성원으로 성장, 발달해 나가는 과정에서 그 사회에 공인된 언어, 사고, 감정, 행동 등을 포함하는 생활양식을 학습함으로써 다른 사람과의 상호접촉을 통해 건전한 사회생활을 할 수 있는 성향
신수경 · 채영란(2010)	타인과 관계를 맺으려는 사회적 욕구와 관계 속에서 자신의 위치를 찾아 가며 함께 하려는 자발성
최진영 · 신나나(2016)	대인관계에 안정적으로 적응하고 다른 사람들에게 인기 있으며 사회적으로 유능한 사회구성원이 되기 위해 또래와 효율적으로 상호작용하는 능력

〈표 1-1〉과 같이 유아의 사회성에 대한 정의는 다양한 관점에서 정의가 내려지고 있지만 일반적으로 사회성이란 타인과 인간관계를 맺고, 집단생활이나 사회적인 활동을 하며 주변 환경에 잘 적응해 나가는 특성을 의미한다. 그리고 유아교육에서의 사회성 발달이란 인지발달이나 정서적 발달, 신체적 발달 등이 상호 연관되어 있으며, 도덕적 가치, 사회적 기술, 인간 상호작용 관계 기술, 사회적 유능성, 사교성, 또래 상호작용 기술 등을 포함하는 개념으로 정의된다(곽은희, 2011).

이상과 같은 유아의 사회성 발달에 대한 의미를 살펴보면 다음과 같이 세 가지로 구분할 수 있다. 첫째, 사회성은 사회적 인정 유무를 의미한다. 유아 행동의 많은 부분이 사회적으로 인정되는 것일 때는 사회성이 발달되어 있다고 하고, 그렇지 못할 경우에는 사회성이 발달되어 있지 않다고 하게 된다(김현숙, 2011). 둘째, 사회성은 사회적 참여의 정도를 의미한다. 유아가 방 한쪽에 혼자 앉아서 주로 혼자 놀이를 하거나 다른 유아들이 노는 것만을 바라보고만 있고 참여하지 않는다면 사회적 참여 정도가 낮은 것으로 사회성 발달이 늦다고 말할 수 있다(배수현, 2014). 반면에 다른 유아들에게 인기가 있거나 다른 유아들과 자연스럽게 상호작용을 하며 잘 놀고, 집단 활동에 관심을 가지고 또래 관계 형성에 적극적인 유아들은 사회성이 발달되었다고 할 수 있다(이순화, 2013). 셋째, 사회성은 인격의 특성을 의미한다. 상황이 변화함에도 불구하고 계속 남 앞에 나타나려 하지 않으며, 발언을 하지 않는 유아는 사회성 발달이 늦은 것으로 볼 수 있다(송민선, 2009).

2. 유아사회교육의 필요성

유아기는 사회적 행동을 발달시킬 수 있는 가장 중요한 시기이다. 즉, 유아기는 또래친구, 교사, 부모 등 다양한 타인과의 관계를 통해서 자기중심적인 사고와 행동에서 벗어나 타인과의 상호작용이 가능해지고 인지적 성숙이 이루어지며 감정 조절 능력이 크게 향상되는 시기로서 이 시기를 통해 타인을 배려하고 이해할 줄 아는 사회적 상호작용의 기술을 발달시켜 나간다. 따라서 사회성의 발달은 사회의 일원으로써 중요한 요소가 될 뿐만 아니라 성인까지 영향을 미치기 때문에 그 중요성이 더욱 강조되고 있다.

그러나 현대사회의 빠른 변화와 복잡한 생활, 저출산, 핵가족화, 여성 취업률의 증가, 양육자의 부재 현상, 한부모 가족, 조손 가족 등 가족 구조의 변화는 가정교육기능의 약화를 가져왔으며, 그 결과 유아의 사회성 발달에도 부정적인 영향을 미치고 있는 실정이다. 이에 생의 초기인 유아기부터 자신과 타인을 존중하며, 사회적 요구에 기초한 기본 개념과 가치관, 사회적 지식과 기술을 형성할 수 있도록 도와 건전한 사회의 일원으로 성장 · 발달할 수 있도록 지원할 필요성이 요구된다.

인간은 그가 태어난 문화, 시대, 환경, 성별에 따라서 역할이 다르다. 유아는 성장해 나가면서 자신을 소중하게 생각하며 가족, 또래와 함께 더불어 지내는 방법뿐 아니라 공동체에서 소통하고 함께 살아가는 방법을 익히고 주변 세계와 환경에 관심을 가지고 적극적으로 적응해 나갈 수 있는 기초 능력과 인성을 길러야 한다(교육과학기술부 · 보건복지부, 2013). 그 중에서도 인간관계를 형성하는 것은 사회생활을 하는 데 가장 중요한 요인이며 사회성이 높을수록 대인관계와 사회활동에 적응하기가 용이하다.

이러한 시대적 요구와 사회에서 주어지는 역할에 따라 유아사회교육의 필요성을 구체적으로 살펴보면 [그림 1-1]과 같다(하수연 외, 2015).

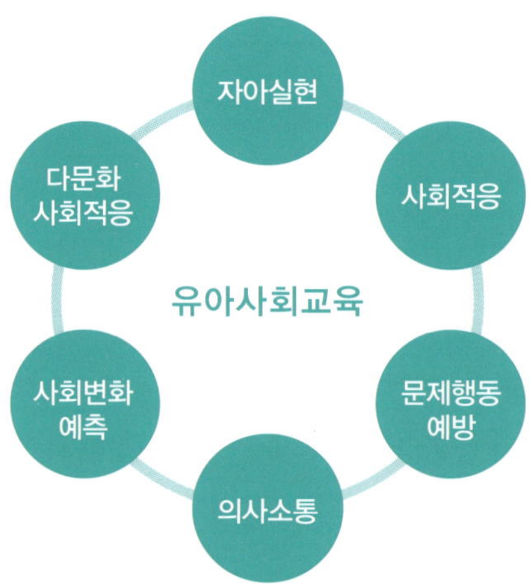

그림 1-1 유아사회교육의 필요성

1) 자아실현의 욕구 충족

유아의 자기존중, 자기이해 및 자아실현을 위해 유아기부터 사회교육이 필요하다. 인간은 혼자서 살아갈 수 없으며, 공동체 속에서 살아간다. 그러므로 타인과 상호작용하는 능력이 매우 중요한데, 이것은 효율적인 대인관계뿐만 아니라 자신의 잠재력을 개발하기 위해 필요한 능력으로 간주된다. 매슬로우(Maslow)는 남들로부터 존경받고 자신도 스스로를 능력 있고 가치 있는 사람이라고 느끼고 싶어 하는 존중의 욕구가 형성되고 나면 자신의 잠재력을 실현시키고 자신의 장점과 단점을 수용하여 독립적이고 자발적이 되고자 하는 욕구인 자아실현 욕구가 나타난다고 주장한다. 자신을 존중할 수 있어야 타인 또한 존중할 수 있다. 왜냐하면 자아존중 및 자기이해는 혼자서 이루어지는 것이 아니라 서로의 관계 속에서 파악될 수 있는 것이기 때문이다. 따라서 자신 및 타인을 존중하고 서로를 인정하고 수용, 배려, 협력하는 태도는 유아기에 반드시 형성해야 할 덕목이다. 이를 통해 자아존중, 자기이해, 나아가 잠재력 개발을 통한 자아실현을 이룰 수 있다(하수연 외, 2015).

2) 사회 적응력의 향상

유아의 사회 적응력을 향상시키기 위해 유아기부터 사회교육이 필요하다. 인간은 불완전한 존재로 태어나며 사회 속에서 여러 형태의 사회화 과정을 거치게 된다. 이러한 과정에서 형성되는 인간성을 사회성이라고 한다. 다시 말해 사회화란 유아가 사회에 적합한 행동을 학습하는 과정을 의미하며, 사회성이란 사회에 적합한 행동을 하는 과정에서 남을 모방하고 도우며, 사회의 요구나 제도 그리고 관습 등에 동화됨으로써 가지게 되는 원활한 인간관계의 성질이라고 말할 수 있다(박영태 · 하수연, 2002). 유아기는 인지 · 사회영역 등의 기초 능력이 집중적으로 형성되는 시기이다. 또한 유아기는 가정을 벗어나 친구, 교사, 이웃 등 타인과의 사회적 관계가 확장되는 시기이다. 이에 자신과 타인의 감정을 이해하고, 자신의 감정을 적절하게 표현하고 조절할 수 있어야 한다. 더불어 정직, 배려, 예의, 공감, 공공규칙 등 사회적 능력과 기술을 습득해야 한다. 따라서 사회가 지향하는 가치와 미덕을 유아기부터 자연스럽게 익히고 실천함으로써 유아의 사회 적응력을 향상시킬 수 있다(하수연 외, 2015).

3) 문제행동 예방

문제행동 발생 가능성을 낮추기 위해서 유아기부터 사회교육이 필요하다. 문제행동이란 일반적으로 생존을 위한 행동이 사회적으로 문제가 되는 것으로 법과 규범에 위배되는 일탈행동과 범죄, 가치기준에서 벗어난 이상행동, 환경에 적응하지 못하는 부적응행동 등을 의미한다. 즉, 개인이나 집단이 사회적 가치와 윤리, 법, 제도에 위배되는 범죄 및 일탈행위로 개인은 물론이고 타인과 사회에 부정적인 결과와 악영향을 끼치는 반사회적 행동과 타인에게 해를 입히지 않더라도 행위자가 사회적 적응을 잘하지 못하거나 그러한 노력을 제대로 하지 않음으로써 자신의 건강과 자신의 성격, 정서발달을 저해할 수 있는 행동을 문제행동으로 정의하고 있다(국형윤, 2012). 이러한 문제행동은 갈등이 표현되는 방향에 따라 외현적 문제와 내면적 문제로 구분된다. 외현적 문제행동은 자신의 행동을 적절히 통제하지 못하여 발생하는 문제로 공격성, 과잉행동, 거짓말, 도벽, 다른 사람을 못살게 구는 등의 행동적 문제를 말한다. 내재적 문제행동은 자신의 행동을 지나치게 억제하거나 자신을 적절하게 표현하지 못하는 위축행동 및 불안행동뿐만 아니라 외로움, 우울, 두려움 등의 정서적인 문제행동을 의미한다. 이와 같은 문제행동은 부모, 또래 및 교사와의 관계의 문제를 발생시키고, 결국 부정적 자기개념을 형성하게 된다(김이영 외, 2016).

유아의 문제행동은 유아기의 사회적 부적응 행동을 유발할 뿐만 아니라 그 문제가 해결되지 않았을 경우 청소년기의 비행이나 일탈로 이어져 성인기까지 지속되는 문제점을 가지고 있다(정숙희, 2011). 유아기는 인성의 기초가 형성될 뿐만 아니라 교육의 효과도 매우 크게 나타나는 시기이므로 자율성뿐만 아니라 자신을 적절하게 규제하는 능력을 학습시켜 문제행동을 예방하는 데 초점을 두어야 한다.

4) 의사소통능력 향상

정보화 시대의 효율적인 의사소통을 위해 유아기부터 사회교육이 필요하다. 현대인의 삶에 있어 디지털사회로 불리는 21세기는 스마트폰 사용이 매우 중요한 능력으로 인식되고 있다(최혜순 외, 2013). 이러한 스마트폰을 중심으로 한 현대 디지털문명의 발전은 생활상의 편리함뿐만 아니라 의사소통방식의 변화, 시공간 제약의 극복, 패러다임의 전환 등 사회전반에 걸쳐 획기적인 변혁을 가져오고 있다(한국정보화진흥원, 2011). 스마트폰은 손 안의 PC로 기존의 휴대진화에 PC와 같은 고도화된 기능을 결합한 것으로 앱을 설치하고 동작시켜 다양한 기능을 수행할 수 있도록 만든 모바일기기로 정의된다(방송통신위원회 · 한국인터넷진흥원, 2012). 따라서 스마트폰은 기존의 휴대전화 기능을 수행할 수 있으며, PC와 유사한 기능 및 사양을 가진 것이 특징이고, 모바일인터넷 기능을 활용하여 언제 어디서나 인터넷에 접속할 수 있다는 장점을 가지고 있다(이주연, 2011).

우리나라의 경우 2009년 스마트폰이 보급되기 시작하면서 2018년 현재 가입자가 5천만 명에 도달했으며, 이러한 사용자의 확대와 더불어 스마트폰을 경험하는 유아의 수 또한 증가되고 있는 실정이다(방송통신위원회 · 한국인터넷진흥원, 2012). 유아기는 건강한 신체와 인지, 사회 · 정서발달 등 전인적인 발달을 지향해야 하는 매우 중요한 시기이며, 이 시기에 스마트폰 등의 전자 미디어의 사용은 유아에게 신체, 인지, 사회 · 정서발달에 긍정적인 영향과 부정적인 영향을 동시에 미치게 된다. 따라서 유아들을 대상으로 미디어의 올바른 활용 및 인터넷중독, 익명성을 바탕으로 한 악성댓글 등에 대한 올바른 인식을 교육하여 바람직한 사이버 인성을 기르기 위한 지도가 필요하다.

5) 사회변화 예측과 문제해결

급격한 사회 변화에 대한 예측과 새로운 문제해결을 위해 유아기부터 사회교육이 필요하다. 우리나라는 1960~1970년대를 기점으로 전통사회에서 현대사회로 넘어오게 되었고, 20세기는 과학과 기술이 눈부시게 발전하였으며, 21세기는 정보화 시대로 접어들게 되었다. 전통사회에서 현대사회로의 변화는 산업화, 도시화, 정보화 등과 같은 사회구조의 변화에 의해 이루어졌으며, 이런 현대사회에 적응하면서 삶의 질은 향상되었지만 사회적 · 문화적인 구조와 함께 여러 가지 문제점을 지니고 있다. 예를 들어 최근에는 4차 산업혁명이라는 주제로 여러 가지를 준비하고 문제를 해결해야 하는 상황에 직면하게 되었다.

이와 같이 엄청난 속도로 밀어닥치는 문제들을 해결하기 위해서는 기존에 학습된 정보만으로는 문제를 효과적으로 해결하기에는 역부족이다. 즉, 이러한 문제를 효과적으로 해결하기 위해서는 창의적 아이디어의 생성이 필요하다. 유아기는 창의성이 가장 높은 시기이고, 또한 개인의 긍정적인 자아개념과 바람직한 사회적 정체감을 통해 올바른 사회구성원으로 성장 · 적응할 수 있다. 이런 의미에서 유아사회교육은 미래사회를 예측하고 문제를 해결할 수 있는 방안을 제시할 수 있는 수단이 될 수 있다.

6) 다문화 사회의 적응

다문화 사회란 국제결혼이나 입양 등에 의해서 가족구성원 간에 여러 문화가 존재하게 되는 것을 의미한다. 즉, 우리와 다른 민족의 사람들로 구성된 사회를 말한다. 우리나라의 경우 1990년대 이후, 세계화의 물결을 타고 유학, 여행, 취업 등으로 인해 국제결혼이 성행하고, 외국인 근로자의 유입이 지속적으로 늘면서 다인종, 다문화 사회로 접어들기 시작하였다.

다문화 사회에서는 문화적 차이나 경제적인 어려움을 경험할 가능성이 매우 높다. 그리고 언어적 장벽을 극복하지 못해 정서적인 단절을 경험하기도 한다. 따라서 최근에는 한글교실을 비롯한 문화체험 등 다양한 행사를 통해 다문화 가족의 사회적응력을 높이려는 시도가 증가하고 있다. 이런 사회적 현상으로 인해 유아들은 유치원, 이웃, 지역사회에서 자연스럽게 다른 나라 사람들을 만날 수 있으며, 그들과 사회적 상호작용이 빈번하게 이루어지는 세계화의 시대에 살아가고 있다. 이에 유아기부터 우리나라에 관심을 갖고 이해하는 것에서부터 출발하여 다른 나라 사람의 신체적 · 사회적 · 문화적 차이를 존중해야 한다. 다시 말해 진정한 세계화의 경쟁력을 갖출 수 있도록 유아사회교육이 필요하다.

3. 유아사회교육의 목적

1) 사회과 교육과 유아사회교육

모든 학생은 초등학교 입학 후 사회라는 교과목을 배우게 되는데, 즉 학교에서의 사회는 지리, 역사, 정치경제, 사회문화 등의 교과목으로 분류되어 학습이 이루어지게 된다. 하지만 유치원 교육과정에서는 사회라는 과목으로 분류되지 않고 유치원 교육과정 전반에 걸쳐 통합된 교과로 운영되고 있다. 다시 말해 유치원 교육과정의 5개 생활영역 중 '사회생활영역'에서 주로 그 내용을 다루고 있지만, 일반적으로 유치원에서는 기본생활습관 등 사회화와 관련된 내용들을 사회교육으로 지도하고 있는 실정이다.

사회과에 대한 올바른 정의는 사회과학과 사회과의 차이를 이해하는 것에서부터 시작한다. 과학(science)이란 말은 원래 scientia라는 라틴어에서 나온 말로서, 지식(knowledge)을 의미한다. 따라서 social과 science를 종합해서, 사회과학(social science)은 인간존재의 사회적인 영역을 이해하고 설명하려는 몇 개의 분야로 정의할 수 있는데, 즉 사회과학(social science)에는 인류학, 지리학, 역사학, 시민학(정치학), 사회학, 경제학 등이 포함된다. 이러한 사회과학의 분야들은 우리가 인간존재의 사회적 영역을 설명하고 이해하는 데 도움을 주는 지식과 방법이 주를 이루게 된다(Maxim, 2004).

사회과는 1916년 미국의 국가교육협의회(National Education Association, NEA)의 제안에 의해 등장하였다. 읽기, 쓰기, 계산하기의 기초 기능 육성에 초점을 맞추었던 이전까지의 교육과정에서 벗어나 사회가 표명하는 요구에 가장 잘 대처할 수 있는 교육에의 새로운 접근을 위하여 국가교육협의회(NEA)는 사회교육의 목적 달성을 위한 중요한 매개체로서 사회과를 제안했다. 국가교육협의회(NEA, 1916)는 사회과를 "인간사회의 조직과 발전, 사회적인 집단의 구성원으로서 개인에게 직접적으로 관련된 교과"로 정의하면서 교육내용으로는 역사학, 지리학 등을 도입해야 한다고 주장하였다.

미국전국사회교육협회(National Council for the Social Studies, NCSS)는 사회과란 시민의 능

력을 증진시키기 위한 사회과학과 인문과학의 통합된 학문이라고 정의하였다. 즉, 사회과는 "인류학, 고고학, 경제학, 지리학, 역사, 철학, 정치과학, 심리학, 종교학 사회학과 같은 교과를 이용하는 통합적이고 체계적인 학문일 뿐 아니라 인문학, 수학, 자연과학으로부터 적절한 내용을 충당해야 한다"라고 주장하였다. 이런 의미에서 사회과 교육은 유아들이 상호의존적인 세계 안에서 문화적으로 다양하고 민주적인 사회의 시민으로서 자질을 가지고 사회과학과 다른 학문들의 내용을 통합하여 이성적인 결정을 내리는 능력을 계발하도록 돕는 것으로 해석할 수 있다. 특히 유아교육과정에서의 사회교육은 유아들이 자신이 속한 사회 속에서 원만한 사회적 관계를 형성할 수 있는 사회성 발달을 기본으로 사회적 기술 및 태도를 기르며, 사회과학의 지식과 방법을 습득하여 다양한 문제를 해결해 나갈 수 있는 개념을 발달시키도록 돕는 것이라 할 수 있다.

따라서 유아사회교육이란 유아가 민주시민으로서의 자질을 기르고, 이러한 자질을 바탕으로 미래 사회에 필요한 민주시민으로 성장할 수 있도록 가르치는 것이며, 사회화 과정에 필요한 기술, 가치와 태도를 기르고, 유아를 둘러싼 사회의 여러 가지 문제와 사회과학 개념을 습득하도록 돕는 교과교육이라고 정의할 수 있다.

2) 유아사회교육의 목표

유아사회교육은 사회생활, 지식, 기술이 조화되는 과정이며, 사회성 교육만이 아니라 사회과학(역사, 지리, 경제, 사회학, 인류학 등)을 통합하여 유아의 건전한 자아발달, 가치관 및 태도를 형성하는 것이다(Seefeldt, 2005). 또한 유아사회교육은 사회 속의 많은 관계들을 잘 유지하면서 사회생활에 대한 이해와 애정을 길러 현명하게 살아갈 수 있는 인간을 기르는 영역으로 정의하고 있다. 따라서 유아기의 사회성 발달은 다른 발달영역에 중요한 기초와 배경이 된다. 즉, 유아기 사회교육이라 함은 유아들에게 사회생활에 필요한 지식, 기술, 태도, 가치를 습득할 수 있도록 돕는 독특하고 중요한 영역인 것이다.

이러한 입장에서 유아사회교육과 밀접한 3~5세 누리과정 "사회관계" 영역의 목표는 '자신을 존중하고 다른 사람과 더불어 생활하는 능력과 태도를 기른다'로 규정하고 있으며, 그에 따른 세부 목표는 〈표 1-2〉와 같다.

표 1-2 3~5세 누리과정 사회관계 영역의 세부목표

- 자신을 소중히 여기며 자율성을 기른다.
- 자신과 타인의 감정을 알고, 자신의 감정을 적절하게 표현하고 조절한다.
- 가족과 화목하게 지내며 서로 협력한다.
- 친구, 공동체, 구성원들과 서로 돕고, 예의 · 규칙 등 사회적 가치를 알고 지킨다.

그리고 유아사회교육의 구체적인 목표를 미국전국사회교육협회(NCSS)와 발달에 적합한 실제(DAP)의 관점에 기초해 5가지로 정리해 보면 〈표 1-3〉과 같다(Melendez et al., 2000).

표 1-3 Melendez 등(2000)의 유아사회교육의 목표

- 개인적인 발달이다. 유아사회교육은 유아가 특별한 개개인으로 성장할 수 있도록 돕는 것으로, 이러한 경험은 유아의 효과적인 의사결정능력의 발달을 촉진시킬 수 있다.
- 사회적 시민능력이다. 유아는 유아사회교육을 통해 효율적인 사회생활의 본질인 지식, 기술, 태도를 개발할 수 있다.
- 사회 현실에 기초한 지식의 습득이다. 유아사회교육을 통해 유아들은 사회 현실 및 사회가 무엇을 요구하는가에 대해 생각할 기회를 갖고, 사회에 필요한 아이디어를 습득하고 발전시켜 나가게 된다. 이러한 경험을 통해 유아는 사회의 가치, 사람 그리고 그들의 행동에 대한 다양한 시각을 갖게 된다.
- 다양성에 대한 이해와 존중이다. 유아사회교육을 통해 유아들은 서로 다른 특성에도 불구하고 다른 사람들에 대한 동질감을 갖게 되고, 사회적 · 문화적으로 다른 사회에서 다른 생각, 신체적인 차이, 다른 방법, 다른 행동에 대한 이해를 증진시켜 나갈 수 있다.
- 세계적 시민의식이다. 유아사회교육을 통해 유아들이 세계시민의 한 부분으로서의 감각을 발달시키도록 돕고, 유아는 자신의 행동과 다른 사람에 대한 영향력에 있어서 책임감을 기르게 된다.

이상과 같은 유아사회교육의 목표들은 유아가 자신의 능력과 가치를 있는 그대로 존중하고 받아들이는 긍정적 자아개념에서 출발하여 자신이 속한 집단 구성원으로서 올바르게 살아갈 수 있는 지식, 기술, 태도 등을 함양하는 것이라고 할 수 있다. 그러나 유아사회교육의 목표가 단지 사회에서 필요로 하는 지식, 기술, 태도의 학습이라기 보다는 이러한 지식, 기술, 태도 등을 실생활에 적용하고 수용할 수 있는 능력을 기르는 것이 궁극적 목표라고 할 수 있다(하수연 외, 2015). 따라서 유아사회교육의 목표는 자신을 존중하고 다른 사람과 더불어 생활하는 능력과 태도를 가진 진정한 민주시민이 될 수 있도록 돕는 활동이다.

4. 유아사회교육의 내용

1) 유아사회교육의 특징

유아사회교육의 내용[1]과 범위는 매우 광범위하다. 따라서 교사들은 실질적이고 세부적인 방법들을 통해 유아들이 주변 세계와 그 안에서 일어나는 일들을 이해할 수 있도록 구체적인 계획을 세워야 한다. 효과적인 유아사회교육의 특징은 다음과 같다(Seefeldt, 2005). 첫째, 의미 있는 사회교육이 되어야 한다. 이를 위해 교사는 유아의 발달적 적합성과 흥미를 고려한 교육내용을 선정하고, 개별적으로 적합한 활동들을 계획해야 한다. 둘째, 통합적인 사회교육이 되어야 한다. 유아들이 자신의 경험을 바탕으로 다양한 사물과 사건의 연계를 이룰 수 있도록 시간, 장소, 문화를 초월하여 다양한 형태로 통합되어야 한다. 셋째, 도전적인 사회교육이 되어야 한다. 유아들에게 즐거움, 탐구심, 다른 사람을 알아가는 방법들을 촉진하는 교실 활동과 환경이 계획되어야 한다. 넷째, 지식, 기술, 태도, 가치를 촉진하는 사회교육이 되어야 한다. 유아들이 능동적으로 지식을 구성하고, 사회적인 기술을 습득하며, 개인이나 집단에 대한 태도나 바람직한 가치를 가질 수 있도록 해야 한다. 다섯째, 활동적인 사회교육이 되어야 한다. 유아는 활동적인 학습 환경에서 직접적인 활동에 참여를 통해 스스로 선택하고 상호작용하는 기회를 가질 수 있어야 한다.

1) 자세한 유아사회교육 내용은 5장 참조

2) 누리과정 사회관계

현행 국가수준의 교육과정인 3~5세 연령별 누리과정의 사회관계 영역의 범주와 내용은 〈표 1-4〉, 사회관계 영역의 범주에서 다루게 되는 구체적인 내용은 〈표 1-5〉와 같다. 구체적으로 누리과정에서 제시하고 있는 사회관계 영역에서는 유아가 자신을 알고 소중하게 생각하며 자신과 타인의 감정을 인식하고 조절함으로써 가족 및 다른 사람들과 더불어 살아갈 수 있는 능력을 갖추게 하고, 나아가 공동체에서 함께 살아가는 방법을 익히며 우리가 살고 있는 사회에 관심을 갖도록 하는 데 그 목적이 있으며, 사회관계 영역의 내용 범주는 '나를 알고 존중하기', '나와 다른 사람의 감정 알고 조절하기', '가족을 소중히 여기기', '다른 사람과 더불어 생활하기', '사회에 관심 갖기'로 이루어져 있다.

표 1-4 3~5세 연령별 누리과정의 사회관계 영역의 범주와 내용

범주	내용
나를 알고 존중하기	• 나를 알고, 소중히 여기기 • 나의 일 스스로 하기
나와 다른 사람의 감정 알고 조절하기	• 나와 다른 사람의 감정 알고 표현하기 • 나의 감정 조절하기
가족을 소중히 여기기	• 가족과 화목하게 지내기 • 가족과 협력하기
다른 사람과 더불어 생활하기	• 친구와 사이좋게 지내기 • 공동체에서 화목하게 지내기 • 사회적 가치를 알고 지키기
사회에 관심 갖기	• 지역사회에 관심 갖고 이해하기 • 우리나라에 관심 갖고 이해하기 • 세계와 여러 문화에 관심 가지기

표 1-5 사회관계 영역의 범주에서 다루게 되는 구체적인 내용

범주	구체적인 내용
나를 알고 존중하기	유아가 자신을 아는 것으로부터 출발하여 자신을 소중히 여기는 태도를 갖게 하며, 이러한 자아존중감을 바탕으로 자신의 일을 스스로 계획하고 실천하는 자기 주도성을 형성하도록 하는 데 중점을 둔다.

범주	구체적인 내용
나와 다른 사람의 감정 알고 조절하기	다른 사람과의 원만한 관계를 형성하기 위한 기초로써, 유아가 자신과 다른 사람의 감정을 알고 자신의 감정을 긍정적으로 조절하여 표현하는 내용으로 구성되어 있다.
가족을 소중히 여기기	유아가 가족의 의미를 이해하고 가족을 사랑하고 아끼는 마음과 가족을 신뢰하고 존중하는 태도를 갖도록 하는 내용을 담고 있다. 또한 가족이 행복해지기 위해서는 가족구성원 모두가 사이좋게 지내기 위해 함께 노력해야 함을 인식하고, 가족 간에 서로 도움이 되는 구체적인 방법에 대해서 알아보는 내용을 다룬다.
다른 사람과 더불어 생활하기	우리 사회가 서로 다른 사람들이 함께 살아가고 있는 공동체임을 알고, 친구와 함께 놀이하며 갈등을 긍정적으로 해결하는 방법을 익히고 다른 사람과 협력하여 화목하게 지내도록 하는 내용을 다룬다. 또한 다른 사람의 생각과 행동을 존중하며 배려할 줄 알고 대인관계에 필요한 기본예절과 기초 질서 및 공공 규칙을 익히도록 하는 내용을 다루고 있다.
사회에 관심 갖기	자신이 속한 지역사회에 대해 알아보고 우리나라를 대표하는 것과 전통문화에 대해 알며 이를 바탕으로 우리나라에 대한 자긍심을 가질 수 있는 내용으로 구성되어 있다. 세계 속에서 함께 생활하는 다양한 사람들이 있음을 알고 이에 관심을 가지며 이들과 더불어 살아가는 방법에 대하여 알아보는 내용을 다룬다.

Chapter

2

사회성 발달 이론

배울 내용

1. 정신분석적 접근
2. 행동주의적 접근
3. 인지발달적 접근
4. 인본주의적 접근

학습목표

1. 정신분석적 접근을 통해 사회성 발달의 시사점을 파악한다.
2. 행동주의적 접근을 통해 사회성 발달의 시사점을 파악한다.
3. 인지발달적 접근을 통해 사회성 발달의 시사점을 파악한다.
4. 인본주의적 접근을 통해 사회성 발달의 시사점을 파악한다.

"인간은 사회적 동물이다"라는 아리스토텔레스(Aristoteles)의 명언처럼 우리 인간은 여러 사람으로 이루어진 조직 속에서 상호작용하며 자아를 실현하고자 살아간다. 이처럼 여러 사람과 상호작용하며 긍정적인 관계를 형성하는 것을 사회성 발달이라고 하며, 이 장에서는 사회성 발달과 관련된 이론들, 즉 정신분석적 접근, 행동주의적 접근, 인지발달적 접근, 인본주의적 접근에 대해 살펴보고자 한다.

1. 정신분석적 접근

프로이트(Sigmund Freud, 1856~1939)가 개발한 정신분석이론은 발표된 당시부터 현재에 이르기까지 정신의학이나 심리학에서뿐만 아니라 다양한 인문, 사회과학 분야에 큰 영향력을 행사해 왔고 많은 논쟁을 일으켜 왔다. 프로이트는 이 이론을 내놓은 후부터 계속해서 자신의 이론을 발전시켰고, 무수한 학자들에 의해 이론이 여러 분파로 갈라져 정신분석이론의 범위는 엄청나게 방대하다. 프로이트는 인간의 자유를 인정하지 않았으며 인간의 모든 행동, 사고, 감정은 신체적 긴장상태에 의해 유발되는 무의식적인 성적 본능과 공격적 본능에 의하여 결정되고 인간을 이런 힘의 지배를 받는 수동적인 인간으로 보았다. 또한 인간의 성격구조는 초기아동기, 특히 만 5~6세 이전에 어떤 경험을 했느냐에 따라 결정된다는 결정론적 관점을 지니고 있어 과거를 중요시하는 이론이다.

1) 프로이트 이론의 기본적 요소와 개념

(1) 성격의 구조

프로이트(Freud)

정신분석학에서는 성격구조가 세 가지 체계, 즉 원초아(id), 자아(ego), 초자아(superego)로 구성되어 있다고 주장한다. 원초아(id)는 생물학적 구성요소이며, 자아(ego)는 심리적 구성요소로 현실 지향적이고 합리적인 체계를 지닌다. 그리고 초자아(superego)는 자아로부터 발달하는 사회적 구성요소이다. 이들은 서로 상이한 역할과 기능을 가지며 때로는 협조하고 때로는 갈등을 유발한다. 이러한 성격의 세 부분은 각기 다른 독특한 기능과 속성을 지니고 있지만, 이들 부분이 상호작용하여 전체의 성격체계를 구성하고 각각의 하위체계는 개인의 행동에 각기 다른 영향을 미치게 된다. 프로이트는 [그림 2-1]과 같이 성격의 구조를 원초아, 자아, 초자아로 보았으며, 의식수준을 의식, 전의식, 무의식으로 구분하였다.

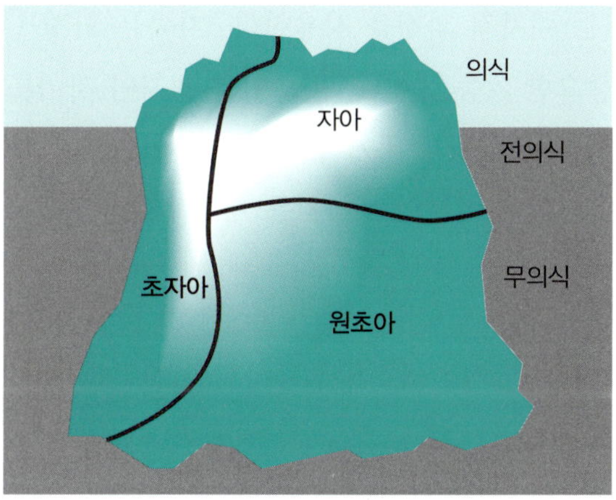

그림 2-1 성격의 구조와 의식수준

❶ 원초아(id)

원초아는 가장 원시적 체계이며, 정신에너지의 초기 저장고이다. 그리고 원초아로부터 자아와 초자아가 분화되어 나온다. 원초아는 본능적인 욕구인 성적 욕구와 공격적 욕구를 관장하며, 사람의 신체구조에서 유전되고 고정된 모든 것을 위한 창고이다. 원초아는 긴장으로 인한 힘의 증대를 견뎌내지 못하며, 외적 자극의 결과나 내적 흥분으로 유기체의 긴장수준이 올라가면 긴장을 즉각 발산하여 안정된 낮은 에너지 수준으로 돌아가고자 시도한다. 이러한 긴장해소의 원리를 쾌락원리라고 한다. 쾌락원리는 논리적이지도 조작적이지도 성숙하지 않고 맹목적이며, 강력하고 단 하나만의 원리에 의해 움직인다. 원초아와 관련된 정신에너지는 무의식적인 것으로 사람들이 잘 의식하지 못한다. 또한 무의식적인 충동은 전 생애 동안 나타나지만, 발달이 진행됨에 따라 원초아와 관련된 에너지는 점차 줄어들게 된다.

❷ 자아(ego)

자아는 성격의 조직적 · 합리적 · 현실지향적인 체계이다. 자아는 현실에 비추어 적절한 환경조건이 마련될 때까지 원초아의 욕구충족과 긴장을 보류하며, 현실적으로 합당한 방법으로 만족을 얻을 수 있는 방법을 모색하고 계획한다. 그러므로 자아는 현실원리에 따라 작용한다. 현실원리의 목적은 욕구충족을 위해서 적합한 대상이 발견될 때까지 긴장해소를 보류하는 데 있다. 이때 자아는 지각, 학습, 기억, 현실검증 등을 포함하는 이차적 과정을 사용한다. 자아는 환경을 현실적으로 평가하는 것 외에도 다른 중요한 기능을 한다. 원초아와 초자아 사이를 중재하는 정신과정의 조직자로 작용하여, 전체 체계 내에서 욕구 충족이 이루어지도록 에너지 지출의 균형을 맞추고, 나중을 위해 여분의 에너지를 저장해 둔다.

❸ 초자아(superego)

초자아는 자아로부터 발달하는데, 이것은 사회의 전통적 가치와 이상으로 구성되어 있으며, 현실적인 것보다는 이상적인 것, 현실이나 쾌락을 추구하기보다는 완전성을 추구하는 속성을 지니고 있다. 주로 초자아는 부모와의 경험을 나누는 동안 부모와의 갈등해결 과정에서 발달하며 부모가 주는 보상과 처벌에 의해 점차 발달된다. 초자아는 자아이상과 양심이라는 두 개의 하위체계로 구성된다. 처벌되는 것은 초자아의 두 하위체계 중 하나인 양심과 결합되는 경향이 있다. 양심은 잘못된 행위에 대해서 처벌을 받거나 비난을 받는 경험에서 생기는 죄책감과 결부된 것으로 그 목적을 이행하며, 자아이상 긍지와 가치감을 줌으로써 개인을 보상한다. 따라서 초자아는 인간행동의 도덕적 규제를 맡는 곳이라고 할 수 있다.

(2) 무의식, 전의식, 의식의 관계

프로이트는 [그림 2-1]과 같이 의식수준을 무의식, 전의식, 의식으로 구분하여 설명하고 있다.

❶ 무의식

무의식은 인간행동을 개념화하는 데 가장 중요한 요소 중 하나로서, 개인의 의식 수준 혹은 사고 가능한 수준이 아닌 무의식 수준의 정신 에너지가 행동에 영향을 미친다고 보았다. 욕구나 본능이 깊게 자리 잡고 있는 영역으로, 인식할 수 없고, 직접적으로 확인할 수도 없는 것이 무의식이다. 무의식은 억압된 생각이나 정서로 이루어진다. 무의식의 내용은 충족되기를 기다리는 소원으로 한정되어 있다. 무의식은 본능과 밀접한 관계에 있다.

❷ 전의식

전의식이라는 정신과정은 즉시 인식되지는 않지만, 조금만 노력하면 접근할 수 있는 무의식의 영역이다. 소원이나 욕구를 통제하며 외부 현실적 요구, 도덕기준, 가치관에 맞추어서 불쾌한 것을 피하고 본능적 욕구의 방출을 지연시키는 역할을 한다.

❸ 의식

의식은 한 개인이 어느 순간에 인식하고 있는 감각, 지각, 경험 등 모든 것을 대표한다. 하지만 프로이트는 개인이 인식할 수 있는 의식의 세계는 빙산의 일각에 불과하다고 주장한다. 개인은 주의력의 감각기관을 통해서만 외부세계를 의식할 수 있다.

(3) 성격의 발달

프로이트에 의하면 개인은 생후 첫 5~6년 동안에 자신의 성격형성에 결정적인 영향을 주는 연속적인 5단계를 걸쳐 발달이 이루어진다고 가정한다. 특히 각 단계에서 경험하게 되는 성적 또는 육체적 쾌락이 지나치게 충족되거나 좌절되는 등의 경험은 개인의 성격발달에 매우 중요한 영향을 미친다고 보고 있다. 각 단계에서 개인은 갈등과 왜곡을 경험할 수 있으며, 만약 이를 원만하게 해결하지 못하면 특정 단계에 많은 부분이 정지되는 고착화(fixation) 현상이 나타난다. 개인이 최적의 정신 건강을 유지하기 위해서는 각 단계의 위기를 원만하게 해결해야 한다. 각 단계에 대한 구체적인 내용은 다음과 같다.

❶ 구강기(출생에서 약 1.5세)

이 시기에 속해 있는 영아의 생존은 전적으로 다른 사람에게 의존한다. 영아는 젖을 빨면서 어머니와의 상호작용을 경험하지만, 어머니의 존재를 자신과 분리된 존재로 인식하지 못한다. 영아의 주된 성감대는 입이며, 만족의 중요한 근원은 먹는 것이다. 모든 경험은 먹기와 관련된 활동에 의해 중재된다고 가정한다. 구강기에 겪는 대부분의 경험은 언어로 표현되지 못하기 때문에 무의식 속으로 영구히 남기 쉽다. 먹는 것 이외에도 빨기, 핥기, 물기 등의 구강 활동을 통해서도 쾌감을 얻는다.

구강기에 기본적이고 근본적인 욕구를 만족시키는 사람은 대부분 어머니이지만, 자신에게 만족과 쾌감을 주는 대상에게 애착을 가지게 된다. 만약 구강기에 빠는 행동을 충분히 경험하지 못하면 욕구 불만을 가져오거나, 젖을 너무 오래 먹는 경우에도 고착 현상을 초래하게 된다.

❷ 항문기(1.5세에서 3세)

항문기는 성감대가 구강부에서 항문영역으로 옮겨지는 시기이며 항문 주변 점막 자극에 대한 민감성이 높아지는 시기이다. 이때 아이는 배설물을 보유하거나 배설하는데서 쾌감을 얻는다. 즉, 아동은 신경계 발달로 스스로 괄약근을 조절할 수 있기 때문에 자신이 원하는 데로 배변이나 배뇨를 할 수 있게 되며, 배설 행동과 관련된 행동을 중심으로 성격이 형성된다. 프로이트 이론에서 항문기는 유아가 처음으로 사회의 기대에 순응하도록 요구되는 단계이다. 이때는 언어적인 능력도 어느 정도 있어 타인과의 의사소통이 이루어져서 대소변훈련이 이루어진다. 유아의 본능적인 충동은 처음으로 외부로부터의 통제를 받게 되는데 이 단계에서는 유아가 경험한 것을 언어로 표현할 수 있기 때문에 의식수준에 머무르게 된다.

만일 부모가 너무 엄격하고 억압적으로 대소변훈련을 시킨다면 성인이 된 후에도 고착 현상이 나타난다. 항문기의 고착 성격에는 청결성, 강박감, 수전노 등과 같은 것이 있다.

❸ 남근기(3세에서 5세)

성감대가 성기로 옮겨가는 시기로 유아의 성격발달에 중요한 심리적 변화가 일어나는 시기이다. 유아는 성적 관심이 더욱 강해지며, 모든 관심이 성기에 집중되어 있다. 자신의 성기를 자세히 관찰하며 자위행위를 하기도 하고 부모에게 출생과 성에 관련된 질문을 하기도 한다. 그리고 이 시기 유아는 이성의 부모에 대해서 무의식적인 성적 소망을 가지게 된다. 남아에게는 오이디푸스 콤플렉스, 여아에게는 엘렉트라 콤플렉스가 나타난다. 즉, 동성의 부모를 적대시하고 이성의 부모에 대해서는 근친상간적 성적욕구가 발생하게 된다.

이 시기의 중요한 역할은 초자아가 형성되는 것이며, 적절한 성역할 정체감이 확립되는 데 있다. 이 단계에 고착하게 되면 적극적인 남근기적 성격을 지니게 된다. 적극적인 남근기적 성격은 과시적이고 거만하고 공격적인 것이 특징인데, 소극적인 남근기적 성격은 오만하면서도 겸손하다고 한다.

❹ 잠복기(6세부터 11세까지)

남근기와 관련된 문제가 성공적으로 해결되었든 성공적이지 못하였든 간에 그 성적 욕구가 철저히 억압되며, 성적 욕망이 투자되었던 정신에너지는 다른 행동으로 대체되거나 변화된다. 즉, 성적 욕구는 완전히 사라지는 것은 아니며 그 강도가 약화되는 것이다. 이 시기에는 부모에 대한 애정을 발달시키고, 이성 또래와는 이타적인 관계를 형성하고 동성의 또래와 강한 사회적 유대를 확립하게 된다. 이러한 동성과의 놀이 등을 통한 상호작용에서 아동은 삶에 필요한 여러 가지 사회적인 기술을 습득하게 된다. 비록 아동이 여러 가지 활동에 참여하고 학습하지만 심리성적인 입장에서 볼 때, 이 단계는 다음 단계를 준비하는 과정이며, 갈등의 상황에서 잠시 휴식을 취하는 기간이라고 할 수 있다.

❺ 생식기

사춘기가 시작되면서 무의식에 억압되었던 성적 특성이 의식세계로 올라오면서 정신에너지의 재분배가 이루어진다. 사춘기에는 생식기관이 발달하고 2차 성징이 나타난다. 사춘기 초기에는 부모로부터 자유로워지는 것이 개인의 주요 과제라고 보았다. 남아의 경우 아버지와의 경쟁심을 버리고 아버지의 지배로부터 자유로워져야 한다. 여아도 마찬가지이다. 생식기에는 새롭게 나타난 성적 에너지가 동성 친구에게로 향했다가 점차 이성 관계, 결혼, 가족형성, 직업에 대한 관심으로 바뀐다.

프로이트는 잠복기 이전에는 자기 애착적인 경향을 보이며, 사춘기 이후에는 이성 애착적인 경향을 보여 이성으로부터 성적 욕구를 만족시키려고 한다. 또한 이 시기에 자아와 초자아가 부적절하게 발달할 경우 이상행동이나 비행이 나타나게 된다.

2) 에릭슨의 사회적 정신역동이론

에릭슨(Erikson)

에릭슨(Erick Erickson, 1902~1994)의 심리사회적 성격 발달이론은 정신분석적 모형에서 발전된 것으로, 이 이론은 전생애를 통해 발달이 이루어진다는 점과 자아를 성격의 중심적 구조로 보고 있다는 점에서 프로이트와 구분된다. 프로이트가 삶의 원동력을 원초아로 보는데 비해, 에릭슨은 자아의 중요성을 강조한다. 즉, 생물학적인 힘보다는 인간관계에서의 경험이 자아의 기능을 요구하고 있으며, 자아는 사회화 과정, 사회와의 관련성을 전제로 하고 있으므로 인간을 제대로 파악한다는 것은 개인과 사회와 시간성의 관계를 이해하지 않고는 불가능하다고 본다. 그는 인간은 8단계의 일정한 발달 시기를 거치게 되고, 각 시기마다 그 시기에 해결해야 될 사회발달 문제인 발달과업이 있는 것으로 보았다.

〈표 2-1〉에서 보는 바와 같이 각 시기에 해결해야 될 과업을 만족스럽게 해결하면 앞으로의 건전한 발달을 할 수 있지만 잘 해결되지 못한다면 앞으로의 발달 단계에 적응하기 어렵다고 본다.

에릭슨은 변화하는 욕구를 충족시키고자 환경과 접촉하는 아동의 자아양식이 주변 인물들과의 상호작용 속에서 충족 또는 좌절하는 과정이 성격발달의 주요 요인이 된다고 주장하였다. 예를 들어 엄마의 젖을 먹는 단계인 구강기에서 아이는 엄마

표 2-1 에릭슨의 인간발달 8단계

단계	시기	발달 과업	덕목	심리성적 발달
1단계	유아기: 구강기	신뢰감 대 불신감	소망	구강기
2단계	초기아동기: 항문기	자율성 대 수치심	의지	항문기
3단계	학령전기	주도성 대 죄책감	목표	남근기
4단계	학령기	근면성 대 열등감	유능	잠재기
5단계	청소년기	정체감 대 정체감 혼동	성실	생식기
6단계	성인초기	친밀감 대 고립감	사랑	
7단계	성인중기	생산성 대 침체감	돌봄	
8단계	성숙노인기	자아통합 대 절망감	지혜	

젖을 빨고자 하는 자아 양식을 가지고 있는데, 아이의 주변 환경은 이런 욕구를 충족시켜주기도 하지만 때로는 좌절을 경험하기도 한다. 이처럼 욕구가 충족되는 긍정적 경험과 좌절되는 부정적 경험이 교차하는 과정 속에서 자아양식은 일종의 위기(crisis)를 경험하게 되는데, 이러한 위기의 극복 양상에 의해 성격이 결정된다고 보았다. 만약 긍정적 경험이 부정적 경험보다 많은 경우 긍정적 성격으로 발달하게 되지만 그 반대의 경우는 성격이 부정적으로 발달하게 된다는 것이다.

(1) 유아기: 신뢰감 대 불신감

에릭슨의 첫 단계인 신뢰감(basic trust) 대 불신감(mistrust)의 시기는 프로이트의 구강기에 해당되며, 생후 1년간에 형성된다. 에릭슨은 건강한 성격의 가장 기본적인 요소를 신뢰감으로 보았다. 신뢰감은 다른 사람을 믿을 수 있고 또한 그들의 행동이 예측 가능한 것이라고 인식하는 것이다. 영아가 처음으로 갖게 되는 신뢰감은 어머니에 대한 것이다. 그러므로 영아가 궁극적으로 갖게 되는 신뢰감과 불신감은 어머니-아동 관계의 질에 의해 결정된다. 어머니로부터 따뜻하고 애정적인 보살핌을 받게 되면 영아는 이 사회에 대한 신뢰감을 발달시킬 수 있다. 이와는 반대로 영아에 대한 어머니의 보살핌이 적절하지 못하고, 일관성이 없고, 거부적인 경우 영아는 불신감을 형성하게 된다.

(2) 초기아동기: 자율성 대 수치심

영아가 주양육자와의 신뢰감이 형성되면 자율성과 자기조절의 획득이 가능해지며, 이 시기는 프로이트의 항문기에 해당한다. 이 시기의 유아는 말을 할 수 있게 되고, 사회적으로 수용될 수 있는 행동을 인식하게 되며, 독립적으로 주변 환경을 탐색하려고 한다. 특히 신체 근육의 성숙과 대 · 소변 가리기로 배설물의 방출, 보유에 대한 통제를 훈련받는다. 대 · 소변 가리기 훈련은 유아로 하여금 자신의 행위에 대한 독립심을 키워줌으로써 자율성 개발의 기초를 마련해 준다. 이때 자존감을 상실하지 않고, 자아통제를 발휘하거나 통제에 적응할 수 있게 되면, 자율성이 발달하게 된다.

이에 비해 다른 사람의 눈에 자신이 좋지 않게 보이지 않을까 하는 두려움도 갖게 되는데 이것이 수치심과 의심이다. 만약 유아가 덜 성숙된 상태에서 외부 통제가 너무 빨리 또는 너무 엄격하게 주어진다면 유아는 자신의 통제능력의 미약함과 더불어 외부압력자를 조절할 수 없는 무능력에 대한 심한 수치심과 회의감을 갖게 된다. 이러한 유아는 자신의 행동에 대한 책임감을 회피하려는 경향을 보이거나 구강기로 퇴행함으로써 만족을 추구하려고 한다. 또한 이들은 적대적이고, 고집이 세지며, 타인의 도움을 거부함으로써 발달을 가장하려고 한다.

(3) 학령전기: 주도성 대 죄책감

4, 5세가 되면 아동은 언어를 사용하고, 신체적 능력이 개발되며 주변의 여러 가지 물건을 마음대로 다룰 수 있게 된다. 뿐만 아니라 호기심으로 질문에 대한 해답을 스스로 찾음으로써 상상력 개발을 시도한다. 충분한 어휘를 획득한 아동은 그 개념들을 이해하게 되면서 주변 환경을 이해하게 된다. 그리하여 자신의 행동에 목표와 계획을 세우는 주도성(initiative)을 지니게 된다. 그들은 행동을 주도하는 데 있어 자율적일 뿐 아니라 책임감을 갖는다. 아동이 주도하는 행동은 때로 사회에 바람직하지 않은 행동이어서 부모로부터 제재를 받을 수 있다. 부모의 제재가 일관성이 없거나 부드럽지 않다면 아동은 자신의 주도적인 행동에 자신감을 잃을 뿐만 아니라 나쁜 짓을 한다는 죄책감을 갖게 된다. 즉, 자신의 행동을 주도하지 못하고 그 행동

을 책임질 수 없을 때 죄책감을 경험하게 된다. 그러므로 부모의 역할이 아동의 주도성 발달에 중요하다.

(4) 학령기: 근면성 대 열등감

프로이트의 잠복기에 해당하는 사춘기 전단계가 근면성(industry)의 발달 단계로서 약 6~11세까지이다. 이 시기의 아동은 공식적 교육을 통해 문화에 대한 기초기능을 배운다. 이 시기에 성취해야 할 중요한 과업은 인지적 기술과 사회적 기술을 숙달하는 것이다. 즉, 학교생활을 통해 많은 지적 능력을 개발할 뿐 아니라 친구와의 접촉은 사회의 가치관이나 규범을 획득하게 된다. 그리고 이 시기에 기술을 쌓고 의미 있는 일을 성취하기 위해 열정적으로 참여하고 그 과업을 완수하게 될 경우, 주변 사람들의 강화가 뒤따르게 되며, 결국 근면성이 발달된다. 이에 비해 아동들이 자신의 능력이나 지위가 또래에 비해 열등하다고 느끼면 학습추구에 대한 용기를 잃게 되고, 부모나 교사가 요구한 과업을 성취할 수 있는 능력이 없다고 느낄 때 열등감을 경험하게 된다.

(5) 청소년기: 정체감 대 정체감 혼동

에릭슨이 가장 관심을 둔 시기가 1단계인 신뢰감의 형성기와 5단계인 청소년기이다. 그 이유는 청소년기의 심리사회적 위기의 해결이 성인기의 성격형성에 가장 중요한 영향을 미치는 것으로 보았기 때문이다. 청소년기에 나타나는 심리사회적 문제는 긍정적인 면에서 자아정체성을 형성하고, 부정적인 면에서는 역할혼란이 나타난다. 자아정체성은 가정에서 시작하여 개인이 접촉하고 확대해 가는 사회적 대인관계에서 상호작용을 통하여 그들의 영향을 받으면서 형성되는 것으로 보았다. 청소년기는 자신이 누구인지를 발견하고 자아정체성을 확립하는 시기로서 자신이 맡고 있는 다양한 역할을 탐색하고 이런 역할들을 정체성으로 통합하는 시기이다. 이 시기의 발달위기를 성공적으로 극복하게 되면, 긍정적 자아정체성을 획득하게 되고, 만약 이전의 발달단계에서 바람직하지 못한 동일시가 축적된 경우에는 정체성 혼란을 경험하게 된다. 정체감 대 정체감 혼동 단계에서의 갈등은 거절, 즉 생소한 역할과 가치를 거부하는 것으로 나타나게 된다.

(6) 성인초기: 친밀감 대 고립감

청소년기에서 성인기로 전이되는 시기로 친밀감(intimacy)을 발달시키지 못하면 고립감(isolation)의 위기를 가지게 된다. 이 시기에는 특정 이성과의 친밀한 관계를 유지시키려는 욕구가 생겨나서 궁극적으로 구혼, 결혼을 하고 또 자신의 적성에 맞는 일을 찾으려고 한다. 이러한 과정에서 획득되는 친밀감은 결혼 생활을 성공적으로 수행하는 결정적인 역할을 한다. 친밀감이란 비이기적인 방법으로 다른 사람과 감정이나 가치관을 교류하는 성숙된 인간관계로 자아정체감이 잘 확립된 사람이라면 원만하게 얻을 수 있다. 그러나 이 단계의 위기를 잘 극복하지 못한다면, 자아도취 상황이나 친밀한 사회적 관계를 회피하는 고립상황에 놓이게 된다. 이런 사람들의 성격은 단순히 공식적이고, 피상적인 인간관계를 추구하며, 타인으로부터 자신을 소외시키는 성향을 지니게 된다.

(7) 성인중기: 생산성 대 침체감

이 단계는 34~60세 사이로, 결혼한 부부가 자녀를 낳고 그들이 사회의 한 구성원으로 올바르게 성장하는 것을 도와주는 시기이다. 이 시기를 성공적으로 극복한 경우는 타인을 보호할 수 있는 능력이 형성된다. 그러나 타인을 충분히 보호하고 그들에게 관심을 기울이지 못하게 될 경우 부정적 자아 특질인 거부 또는 권위주의가 형성된다. 이러한 사람은 개인적 욕구충족과 안위가 주된 관심사이며, 자기 탐닉을 위한 것을 제외하고는 누구도 관여하지 않고 보호를 하지 않는다. 이와 같이 생산성이 결여된 사람은 사회의 일원으로서 생산적 기능을 다하지 못하고 자신의 욕구만을 충족시키기 위하여 살아가기 때문에 인간관계가 황폐화되고, 중년기의 위기, 즉 절망과 인생의 무의미함을 느끼게 된다.

(8) 성숙노인기: 자아통합 대 절망감

마지막 단계인 노인기에는 지금까지 지나온 삶을 돌아보게 된다. 자신의 생애를 돌아보면서 보람이 있었고 가치가 있었다는 것을 인식하고 오랜 삶을 통해 노련한 지혜를 획득하게 되면 자아통합을 얻게 된다. 반면에 젊음을 잃고 직업에서 은퇴한 후 신체적 · 경제적 무력감을 느끼며, 지나온 자신의 삶이 무의미 했다고 느끼면 절망감을 느끼게 된다. 절망감과 죽음에 대한 공포를 느끼는 노년들은 성취감을 이루지 못한 지금까지의 인생을 다른 방향으로 바꾸기에는 너무 시간이 짧게 남았다는 것을 인식하여 초조해지기 시작한다. 이런 슬픔과 후회는 노인성 정신병, 우울증, 과대망상증을 초래하기도 한다.

3) 융의 분석심리학

융(Jung)

융(Gustav Jung, 1875~1961)의 신념은 여러 가지 면에서 프로이트와 달랐다. 융은 무의식 과정을 강조하였다는 점에서 정신분석이론과 일반적으로 동일시되고 있지만 프로이트가 강조한 성욕 및 정신생물학적 결정론에 대해서는 다소 부정적인 시각을 나타내고 있다. 즉, 정신에너지는 모든 삶의 힘을 나타내는 것이며, 꼭 성적인 힘만은 아니라고 주장하였고 또한 무의식의 영역을 확장하였다. 융은 무의식을 크게 개인적 무의식과 집단적 무의식으로 구분하였는데, 개인적 무의식은 억압된 사고들, 잊혀진 경험들, 미개발된 관념들로 이루어진 것으로 이 관념들은 어떤 사건이나 감정이 이들의 회상을 야기시키면 또다시 의식으로 떠오를 수 있는 것으로 보았다. 집단적 무의식은 과거 세대로부터 이어받은 기억 및 행동양식으로 이루어져 있는 것으로 인간 신체가 수억 년 동안의 진화의 산물인 것과 마찬가지로 인간 정신도 수세기에 걸쳐 선사시대 이래로 공통으로 지녀 왔었던 경험들의 '사고 형태들' 혹은 집단적 기억들을 발전시켜 왔다고 보는 것이다. 그는 이들 사고 형태들을 원형(archetypes)이라고 명명하였다.

원형은 어떤 전형적인 정신적 심상들 혹은 신화적 표상들을 일으키며 어떤 원형은 성격형성에 특별한 역할을 한다고 주장하였는데, 대표적인 원형은 〈표 2-2〉와 같다.

표 2-2 융이 주장한 원형

종류	특성
페르조나(persona)	페르조나는 환경의 요구에 조화를 이루려고 하는 적응의 원형이다. 즉, 개인이 사회에 대한 이해를 바탕으로 사회에서 가정하는 자신의 역할을 의미한다. 페르조나는 우리의 공적인 자기, 우리 자신을 다른 사람에게 나타내기 위해 알리는 가면을 뜻하는 희랍어이다.
아니마(anima)와 아니무스(animus)	융은 인간이 태어날 때 본질적으로 양성을 가지고 태어났다는 양성론적 입장을 가졌다. 이러한 이론적 입장을 반영한 개념이 아니마와 아니무스이다. 즉, 남성의 내부에 있는 여성성을 아니마라고 하고, 여성의 내부에 있는 남성성을 아니무스라고 한다. 따라서 성숙한 인간이 되기 위해서 남성은 내부에 잠재해 있는 여성성, 즉 사랑을 이해하고 개발해야 하며, 여성은 내부에 있는 남성성, 즉 이성을 개발하는 것이 필요하다.
그림자(shadow)	그림자는 인간의 어둡거나 사악한 측면을 나타내는 원형이다. 즉, 인류 역사를 통해 의식에서 억압되어 어두운 무의식에 있는 자료 및 인간의 원초적인 동물적 욕망에 기여하는 원형이다. 그림자는 사회가 나쁘다고 생각하는 측면이 있기는 하지만 어떤 면에서는 생명력, 자발성, 창조성의 원천이 되기도 하여 이로움을 주기도 한다.
자기(self)	자기는 모든 의식과 무의식의 주인이다. 융은 인간이 실현하기 위해 타고난 청사진을 자기로 보았다. 자기는 전체로서 인간 성격의 조화와 통합을 노력하는 원형이다. 다양한 문화에서 발달된 상징이 이 원형에서 나타난다. 자기는 정신의 중심인 의식과 무의식의 양극성 사이의 평형점이다. 자기는 다른 정신 체계가 충분히 발달할 때까지 나타나지 않는다.

융은 사람들을 두 가지 일반적인 태도 유형들로 나눌 수 있다고 주장하였는데, 그것은 외향적인 사람과 내향적인 사람들로 구분하는 것이다. 그는 외향적인 사람들은 일반적으로 자신의 내면적인 경험보다는 사회적인 생활과 외부세계에 관심을 가지는 사람으로 보았고, 내향적인 사람들은 자기 자신의 내면적인 감정에 관심을 가지는 사람으로 보았다. 그러나 그는 누구에게나 이런 두 가지 태도 유형을 어느 정도는 소유하고 있지만 일반적으로 하나가 우세한 반면에 다른 하나는 잠겨 있는 것으로 보았다. 또한 그는 사람들을 합리적인 범주와 비합리적인 범주로 나누었는데, 합리적인 사람들은 사고와 감정의 심리적 기능에 근거하여 자신들의 행위를 조절하

는 사람들로 보았고 비합리적인 사람들은 지각에 근거하여 의사결정을 하는 사람들로 오감 또는 무의식적 과정을 통해 결정하는 사람들로 보았다.

프로이트가 성적인 본능들을 강조한데 반하여, 융은 합리적 및 정신적인 특성들에 초점을 두었다. 그리고 프로이트가 아동기에 발달이 시작된다고 생각한데 반해, 융은 완전한 정신적 발달은 중년기 동안에만 나타난다고 생각하였다.

4) 아들러의 개인심리이론

아들러(Adler)

아들러(Alfred Adler, 1870~1937)는 초기에는 프로이트 이론의 신봉자였으나, 후기에 이르러서는 프로이트와는 다른 이론적 관점을 제시하게 된다. 즉, 그는 인간의 성격이나 행동이 오직 성적이고 생물학적인 충동에 의해서만 결정된다는 프로이트의 생물학적 결정론을 비판하고 사회적·가족적 요인을 중시하는 사회적 결정론을 주장하였다. 또한 그는 인간에게 이타주의, 인본주의, 협동, 창조성, 고유성, 인지력을 부여하여 정신분석학이 크게 파괴하였던 인간의 존엄성과 가치를 부활시킴으로써 인본주의적 관점을 제시하기도 하였다. 그는 성적 본능이 인간의 성격을 결정한다는 프로이트의 이론과는 달리, 대부분의 사람이 갖고 있는 열등감과 무력감 그리고 그것을 보상 혹은 극복하려는 우월성의 추구가 인간의 행동과 발달을 결정한다고 보았다.

인간은 사회적 존재로서 생물학적 충동보다는 사회 환경의 자극에 의해 동기 유발이 이루어지며, 자아(ego)는 원초아(id)의 현실적 충족을 위해 작동하는 것이 아니라 자신의 과거 경험을 주관적으로 지각하고 해석함으로써 행동을 결정하고 자신의 삶을 창조해 나갈 수 있다는 것이 인간의 행동과 성격을 바라보는 아들러(Adler)의 기본 입장이다. 이러한 입장은 인간은 창조적인 능력이 있기 때문에 자신의 인생 목표를 직시할 수 있고, 스스로 결정을 내리며, 자신의 목적 및 가치와 일치되는 여러 삶의 방식을 선택할 수 있는 합리적 존재라는 그의 인간관이 반영된 것이다. 그의 인간관과 성격이론의 기본 전제를 요약하면 〈표 2-3〉과 같다.

표 2-3 아들러의 인간관과 성격이론의 기본 전제

- 인간은 통일된, 자아 일치된 유기체이다. 아들러는 이처럼 통일된 성격구조를 생활양식(life style)이라 일컬었고, 인간을 전체적 관점에서 보았다.
- 인간은 역동적으로 완성을 추구하며, 개인적으로 중요한 인생 목표를 향해 전진한다.
- 개인은 창조적인 힘을 가지고 자신의 삶을 결정할 수 있다. 즉, 인간은 외적 환경에 의해 지배되는 수동적 존재가 아니라 자신의 생활양식에 의해 자신의 미래의 삶을 결정한다고 보았다.
- 모든 사람은 협동하고 상호작용하는 사회적 관계를 맺을 수 있는 선천적인 능력을 갖고 태어난다.
- 개인이 자신을 어떻게 주관적으로 지각하느냐에 따라 행동이 결정된다고 보았다. 과거의 사건 자체가 아니라 그 사건에 대한 개인의 지각과 해석이 행동에 영향을 미친다는 것이다.

(1) 열등감과 보상

아들러 이론에서 열등감(inferiority feeling)과 보상(compensation)은 핵심 개념이다. 열등감이란 자신에게 부족하고 모자라는 부분에 대한 지각 또는 인식을 말하고, 보상이란 그것을 보완하려는 노력을 말한다. 의사인 아들러는 특정 신체기관이 약하거나 장애를 가진 사람이 그 기관을 강화시키거나 다른 기관을 개발하여 약점을 보완, 즉 보상하려고 노력하는 것을 발견하였다. 그 후 그는 이러한 신체적 열등감이 심리적 열등감으로 전개된다는 사실을 발견하고, 심리적 열등감과 그 보상에 대해 연구하였다.

상식적으로 봐도 한 인간이 자신의 단점을 극복하고 빛나는 삶의 성취를 거둔 사례는 무수히 많은데, 스티븐 호킹, 베토벤, 헬렌 켈러 등이 대표적인 예이다. 또한 어릴 적 지독한 가난 속에서 눈물겨운 노력을 통해 삶의 꽃 한 송이를 아름답게 피워낸 사람들도 무수히 많다. 특히 남들에게는 '당연히' 있는 손과 팔이 자신들에게는 없어서, 입과 발로 그림을 그리는 구족화가들의 존재는 우리 모두를 인간으로서 긍지를 갖게 하고, 인류라는 이름을 고귀하고 거룩하게 만든다.

(2) 우월성의 추구

아들러에 의하면 우월성의 추구(striving for superiority)란 인간의 기본적인 동기에 속하며, 열등감을 보상하려는 욕구에서 나온다. 모든 인간은 기본적으로 불완전한 것은 완전하게 만들고, 부족한 것은 채우며, 미완성은 완성으로 이끌려는 선천적인 동기를 갖추고 있고, 바로 이것이 인간의 모든 성장과 발달, 성취의 원동력이 된다는 것이 아들러 이론의 기본 입장이다. 그런데 이러한 '우월을 향한 노력'이 선천적이고 모든 사람에게 내재된 보편적 특성이기는 하지만, 사람마다 추구하는 우월의 목표가 다르기 때문에 개인의 삶에서 구체적으로 구현되는 데는 개인차가 존재한다. 즉, 우월의 목표는 긍정적 경향 또는 부정적 경향을 취할 수 있는데, 우월의 목표가 긍정적일 때는 타인의 행복을 지향하는 이타적 형태로 나타나고 부정적일 때는 자기존중과 권력 집착, 허세 등의 이기적 형태로 나타난다.

(3) 생활양식

아들러의 생활양식(life style) 개념은 각자가 처한 상황에서 어떤 목표를 설정하고 추구하는 개인의 독특한 방식을 의미한다. 이는 개인의 성격을 기능하게 하는 체계이자 원리이므로, 모든 사람의 행동은 각자의 생활양식이 반영된 것이라 볼 수 있다. 생활양식은 개인이 인생의 장애물을 극복하고 문제해결 방법을 찾으며 목표를 추구하는 방식을 결정하는 역할을 한다. 아들러는 이러한 생활양식은 유년기인 4~5세경에 이미 형성된다고 주장한다. 그 시기에 경험한 가족 관계나 가족 형태, 가족 분위기 등의 가족적 요인과 가정의 울타리 밖에서 얻게 되는 다른 특별한 사회적 경험 등의 사회적 요인을 통해 생활양식이 형성되는데, 그렇게 형성된 생활양식의 기본적인 틀은 일생 동안 유지되고, 한 개인의 성격이나 행동에 지속적인 영향을 미친다는 것이다.

(4) 출생 순위

아들러에 따르면 한 사람의 생활양식이 형성되는 데는 사회적 요인과 함께 가족적 요인이 중요한 역할을 한다고 주장한다. 그는 이러한 가족 요인으로서 가족의 크기와 정서적 유대, 출생 순위, 성별 등을 들고 있는데, 특히 이 중에서도 출생 순위를 강조하였다. 출생 순위에 따른 성격 특성은 〈표 2-4〉와 같다.

표 2-4 출생 순위에 따른 성격 특성

형제 순위	성격특성
첫째 아이	부모의 사랑을 독차지하므로 자기중심적인 성격을 형성하게 될 가능성이 크다. 그러다 동생이 생기면 "폐위된 왕"의 처지가 되어 부모의 관심과 사랑을 동생과 공유해야 한다. 이런 상황이 되면 마음의 상처를 치유하기 위해 과거의 유치한 단계로 퇴행하거나, 부모의 사랑을 다시 얻기 위해 여러 가지 돌발적인 행동을 할 수도 있다.
둘째 아이	둘째 아이의 성격 특성은 경쟁이다. 맏이와 경쟁해야 하는 상황에서 태어나기 때문에 도전적이고 야심이 강하다. 또한 손위 형제 때문에 협동과 타협의 기술도 더 쉽게 배울 수 있다.
막내	막내는 부모의 관심과 사랑을 동생에게 빼앗기는 비극적 상황 자체가 없는 유리한 상황에 있다. 또한 다른 형제들과 나이 차이가 많이 날 경우, 부모뿐만 아니라 손위 형제들의 보살핌도 받을 수 있다. 따라서 과잉 보호를 받아서 과도하게 의존적 성격을 형성하게 될 가능성이 크다.
외동	외동은 경쟁할 형제가 없고 부모의 사랑을 잃어버릴 가능성이 전혀 없기 때문에 자기중심적인 응석받이로 자라기 쉽다. 아들러는 외동의 경우 소심하고 의존적 특성을 지닌다고 보았다.

이상에서 출생 순위가 생활양식이나 성격에 미치는 영향을 살펴보았다. 그러나 아들러는 단지 형제 서열에서 나타날 수 있는 가능한 특성을 나타내었을 뿐, 모든 가정 내의 형제들에게 보편적으로 나타나는 일반적인 특성은 아니라고 주장한다. 즉, 다른 변수들에 의해 얼마든지 달라질 수 있는 것으로 본다.

(5) 성격 유형

생활양식은 인간의 모든 사고와 감정, 행동의 기본 토대가 된다. 아들러는 생활양식에 기반한 성격구조의 골격은 평생 유지된다고 보고, 그것을 기반으로 인간의 성격을 몇 가지 유형으로 구분하였다. 성격 유형은 사회적 관심과 활동수준이라는 두 변수를 기준으로 하여 정해지는데, 사회적 관심이란 개인적 이익보다 사회 발전을 위해 타인과 협력하는 것을 말하고, 활동수준이란 삶의 문제를 해결하려는 개인의 에너지 수준을 말한다. 이에 따라 아들러는 개인의 성격을 지배형, 획득형, 회피형, 사회적 유용형 등 네 가지로 분류하였다. 구체적인 내용은 〈표 2-5〉와 같다.

표 2-5 아들러의 성격 유형

유형	성격특성
지배형	지배형은 활동수준은 높지만 사회적 관심은 낮은 유형으로, 독선적이고 타인을 지배하려는 태도를 지닌다. 따라서 공격적이고 비사회적인 방식으로 삶을 영위한다.
획득형	획득형은 활동수준은 중간이고 사회적 관심은 낮은 유형을 말한다. 이런 성격을 지닌 사람은 남에게 의존하여 자신의 욕구를 충족시키고자 노력한다. 남에게서 가능한 한 많은 것을 얻어내는 데 관심이 집중된다.
회피형	회피형은 사회적 관심과 활동수준이 모두 낮은 유형으로, 성공하려는 욕구보다 실패에 대한 두려움이 더 강해서 인생의 모든 문제에서 도피함으로써 실패를 면하려고 한다.
사회적 유용형	사회적으로 유용한 유형은 사회적 관심과 활동수준이 모두 높아서, 자신과 타인의 욕구를 모두 충족시키기 위해 타인과 협력한다. 타인의 복지에 기여하려는 의지를 갖고 있다.

5) 정신분석적 접근과 사회성 발달

정신분석이론에서 특히 프로이트는 개인의 성격형성의 대부분이 생후 첫 5~6년 동안 이루어진다고 가정하고 있다. 이 과정에서 개인의 성격형성에 부정적인 영향을 미치는 요인을 크게 3가지로 분류하였다. 첫째, 고착화가 나타나는 경우이다. 아동은 구강기, 항문기, 남근기 등을 거치며 육체적 또는 성적 쾌락을 극대화하고자 노력한다. 특히 각 단계에서 경험하게 되는 성적 또는 육체적 쾌락이 지나치게 충족되거나 좌절되는 경우 아동은 고착을 경험하게 된다. 예를 들어 부모가 지나치게 엄격하고 강압적인 배변훈련을 할 경우 아동은 일부러 지저분한 행동을 하여 부모에게 대항하기도 한다. 이와는 반대로 부모가 정한 규칙에 쉽게 동조하고 순응하는 아동들은 질서 정연하게 정돈하고 결백한 행동을 하려는 강박적 욕구가 발달하여 지나치게 통제된 행동을 하게 될 수도 있다.

둘째, 아동의 기본적 욕구가 충족되지 못하는 상황에 처하는 경우이다. 아동이 성장하는 데 필요한 기본적인 욕구들은 적재적소에서 충족되어야 건강한 성장을 도모할 수 있다. 예를 들어 아직 말을 하지 못하는 유아라고 하더라도 배고픔, 갈증 등을 느끼는 것은 당연하다. 따라서 이러한 기본적인 욕구가 나타날 경우에는 바로 충족되어야 올바른 성장을 도모할 수 있다. 그럼에도 불구하고 부모의 무관심, 방임 등 여러 가지 상황으로 인하여 기본적인 욕구가 충족되지 못한 경우, 아동은 갈등을 경험하게 된다. 기본적 욕구가 지속적으로 충족되지 못할 경우, 아동은 갈등을 최소화하기 위하여 자신의 욕구를 마치 없었던 것처럼 억압하고 이는 궁극적으로 지극히 정상적이고 자연스러운 기본적인 욕구의 충족에 대하여 부정적이고 왜곡된 이미지를 형성하게 된다.

셋째, 정신적인 외상(trauma)을 경험하는 경우이다. 성장 과정에서 성적 · 신체적 학대를 경험하거나 정신적으로 큰 충격이 되는 경험을 하게 되는 경우, 아동은 불쾌하거나 고통스러운 경험과 직면하게 된다. 어린아이로서 해결하기에는 매우 부담되는 고통스러운 상처와 내적인 갈등은 적개심이나 공격성, 감정조절의 실패 같은 행동과 정서의 문제를 초래할 수 있다.

정신분석이론은 아동의 올바른 성장에 있어서 부모와의 관계가 매우 중요함을 시사하고 있다. 앞에서 언급한 것처럼 개인의 성격형성에 부정적인 영향을 미치는 3가지 요인 모두 부모가 양육을 제공하는 과정에서 나타날 수 있는 문제들로 이해할 수 있다. 그리고 이런 영향들이 아이들의 사회성 발달에도 영향을 미치게 된다. 따라서 부모는 아동의 올바른 성장을 위하여 가능한 한 최적의 양육환경을 제공할 필요성이 있다. 이를 위해서는 첫째, 아동의 기본적 욕구는 가능한 한 즉시 충족될 수 있도록 배려하는 것이 필요하다. 배고픔, 갈증, 몸의 상처 등 생존과 안전에 필요한 기본적 욕구가 나타나는 경우는 즉시 욕구가 해소될 수 있도록 조치하는 것이 바람직하다. 예를 들어 바늘에 찔려 우는 아이에게 훈육을 위해 울음을 그치라고 다그치는 것은 훈육이 무의미하다는 것을 이해해야 할 것이다. 둘째, 아동의 양육에 있어서 극단적인 태도를 자제하는 자세가 필요하다. 부모가 지나치게 엄격하고 강압적인 훈육방식을 고집하는 경우, 아동은 반항적인 성향을 지니기 쉽다. 한편 부모가 아동의 요구에 지나치게 쉽게 동조하고 순응하는 경우, 아동들은 자신의 욕구와 행동에 탐닉하는 성향을 지닐 수 있다. 따라서 아동의 양육에 있어서 아이에 대하여 애정적 태도를 견지하면서 아이의 자율을 존중하고 일관성 있는 양육태도를 취하되 상황에 따라서는 융통성을 발휘할 수 있는 여유를 가지는 것이 필요하다.

2. 행동주의적 접근

행동주의 이론(behavioral theory)에서는 인간행동의 대부분은 학습되거나 학습에 의해 수정된다는 기본 전제에 근거를 두고 있기 때문에 학습이론이라고 불리기도 한다. 이러한 행동주의 이론에서는 인지, 감각, 의지, 본능과 같은 개념은 내성적이며 관념적인 것들로서 과학적 연구의 대상이 될 수 없기 때문에 자극과 반응에 의해 학습 또는 수정되는 직접 관찰 가능한 인간행동이 연구의 초점이 되어야 한다고 보았다.

행동주의 이론은 인간의 특정한 행동은 선행하는 사건, 즉 선행요건과 뒤이어 일어나는 사건인 결과에 의해 일어난다고 보고 있다. 특히 행동주의 이론에서는 환경적 선행요건과 결과에 관심을 두고 있는데, 이를 선행요인(antecedent)－행동(behavior)－결과(consequence)의 약자를 따서 행동의 ABC 패러다임이라고 한다. 행동주의 이론에서는 결과적 사건, 특히 강화나 처벌이 특정 행동을 다시 일어나게 하거나 일어나지 않게 하는데 영향을 미친다고 보고 있다. 이와 같이 행동주의 이론에서는 인간행동과 환경적 사건이 상호 간에 영향을 미치는 방식에 초점을 두고 있다. 즉, 행동을 일으키는 선행 조건에 어떤 반응이 뒤따르는가에 대한 분석을 통하여 행동의 원인과 결과를 발견하고 원인이 되는 자극을 조정함으로써 나타나는 결과인 반응이 행동을 통제할 수 있다고 본다.

1) 파블로프의 고전적 조건형성

파블로프(Pavlov)

고전적 조건형성이란 파블로프(Ivan Pavlov, 1849~1936)가 조건반사를 연구하기 위해 사용한 실험과정에 붙여진 명칭이다(그림 2-2). 그가 고전적 조건형성을 밝혀내기 위해 실시한 실험을 살펴보면, 먼저 개에게 먹이를 주면 음식물을 소화시키기 위해 타액을 분비하게 된다. 파블로프는 먹이를 무조건자극, 타액분비를 무조건반응이라고 명명하였다. 이때 종소리를 들려주면 소리가 나는 쪽으로 고개를 돌리는 정향반응

그림 2-2 고전적 조건형성의 실험

만을 보이게 된다. 처음 종소리에 타액을 분비하지 않기 때문에 그는 종소리를 중립자극이라고 명명하였다.

이런 상황에서 먹이와 종소리를 결합하여 반복적으로 제시하게 되면 처음에는 먹이 때문에 타액을 분비하게 되지만 나중에는 종소리에 타액을 분비하게 된다. 이때 타액은 종소리에 의해 유발되었기 때문에 앞의 먹이로 인해 유발된 타액과는 구분된다. 그래서 종소리를 조건자극, 종소리에 의해 유발된 타액을 조건반응라고 명명하였다. 다시 말해 고전적 조건형성은 처음에는 어떤 반응도 일으키지 않던 중립자극(종소리)이 어떤 반응을 반사적으로 일으키는 무조건자극(먹이)과 반복적으로 함께 제시되면 중립자극이 무조건자극과 동일한 반응을 유발하는 조건자극으로 변화한다는 것이다.

파블로프의 고전적 조건화이론이 사회성 및 성격형성에 어떻게 적용될 수 있는지를 실험적으로 보여준 사람은 왓슨(Watson)이다. 그는 관찰할 수 있는 행동을 자세하고 철저하게 분석해야 한다는 입장을 강조하였다. 그는 이러한 주장을 앨버트라는 11개월 된 아동을 통해 검증하였다. 앨버트는 쇠막대기를 두드리는 소리에 공포를 보였다. 왓슨(Watson)과 레이너(Rayner)는 앨버트에게 다른 공포를 유발시키기 위하여 앨버트 앞에 흰쥐를 놓으면서 쇠막대 두드리는 소리를 내었다. 일곱 번 정도를 반복하자 처음에는 공포를 유발하지 않던 쥐에 대해 앨버트는 울거나 다른 곳으로 피하는 공포와 회피반응을 나타냈다. 고전적 학습이론가들은 태도와 같은 복잡한 인간의 행동이나 천식, 불안 등도 이와 같은 과정을 통하여 발달한다고 주장한다.

2) 스키너의 조작적 조건형성

스키너(Skinner)

스키너(Frederic Skinner, 1904~1990)는 레버를 누를 때 먹이가 떨어져 나올 수 있도록 만들어진 스키너 상자(Skinner box)를 실험에 사용하여 조작적 조건형성 이론을 설명하였다(그림 2-3).

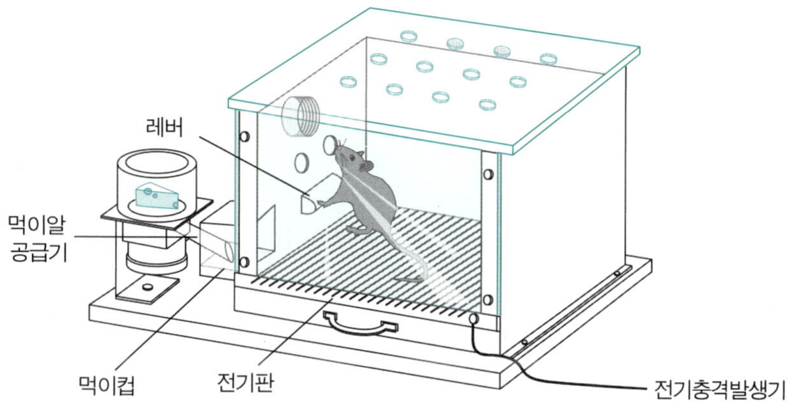

그림 2-3 스키너 상자(Skinner box)

이 상자는 동물이 조작할 수 있는 레버와 먹이나 물을 공급할 수 있는 장치가 달려 있어, 배고픈 쥐가 상자 안에서 우연히 레버를 누르면 먹이가 접시에 떨어지게 된다. 이런 일이 일어나게 되면 쥐는 레버를 누르는 것이 먹이를 제공받는 행동임을 학습하게 된다. 음식은 레버 누르기와 우연히 연합된다. 만일 쥐가 배고픈 상태에 있다면 쥐는 먹이를 얻기 위해 곧 레버를 빈번히 누르게 될 것이다. 스키너는 레버 누르기와 같은 반응을 조작(operant) 반응이라 불렀는데, 이는 쥐들이 환경을 변화시키기 위해 환경에 조작을 가했기 때문이다. 또한 그는 적절한 조작행동을 습득하는 절차를 조작적 조건형성(operant conditioning)이라 불렀다. 스키너는 반응률을 증가시키는 먹이를 보상이나 만족스러운 결과라고 부르지 않고, 반응을 강화시킨다는 의미로 강화물이라고 불렀으며, 행동을 강화시키는 절차를 강화(reinforcement)라고 불렀다. 예를 들어 배고픈 사람이 음식을 찾고자 행동할 때, 그 행동은 음식에 의해 강화되며 반복된다. 다시 말해 강화시키는 결과에 따라 행동이 반복적으로 일어나는 것이다.

(1) 강화

스키너의 조작적 조건형성의 중심원리는 강화에 있다. 조작은 선행하는 자극에 따라 일어나는 것이 아니라 반응의 결과에 초점을 두어 그 반응을 증가시키거나 약화시킨다. 강화는 정적강화(positive reinforcement)와 부적강화(negative reinforcement)가 있다. 반응 후에 유쾌하거나 바람직한 긍정적인 자극을 주는 것을 정적강화라고 한다. 예를 들어 레버를 누른 쥐에게 먹이가 제공되는 것, 열심히 공부한 학생이 좋은 성적을 받는 것은 모두 정적강화가 일어난 것이므로 그 행동은 다시 일어나게 될 확률이 높다.

한편 반응 후 고통스러운 부적자극이 종료되는 것은 부적강화라고 하는데, 전기충격을 받은 쥐가 레버를 누르면 전기충격이 종료되고, 소음이 심한 곳에서 창문을 닫는 행동은 소음이 더 이상 들리지 않게 해 준다. 여기서 레버를 누르거나 창문을 닫는 행동은 전기충격이나 소음과 같은 괴로운 자극을 멈추게 하는 역할을 한 것으로 이러한 경험은 앞으로 이와 비슷한 상황에서 그 같은 행위가 일어날 확률을 증가시킨다.

(2) 벌

처벌은 인간이나 동물의 행동을 통제하기 위해 가장 오래 전부터 사용된 가장 보편화된 방법이다. 처벌이란 반응 뒤에 혐오적인 자극을 줌으로써 반응률을 감소시키는 것을 말하는데 강화와 유사하게 벌에도 두 종류가 있다. 한 가지는 혐오적 자극을 제시하는 것이며, 다른 한 가지는 유쾌한 자극을 철회하는 것이다. 예를 들어 말을 듣지 않고 계속 투정을 부리는 아이의 엉덩이를 때리거나 야단치는 것은 불쾌한 자극을 제공하는 것이고, 용돈을 회수하거나 TV 시청을 금지시키는 등의 행위는 유쾌한 자극을 철회하는 것이다.

처벌은 반응을 감소시키기 위한 것이 목적이지만 처벌을 사용하는 경우에 부작용이 생길 수 있다. 즉, 처벌로 인해 공격적인 행동을 유발하기도 하고 처벌자에 대해 부정적인 경험을 하여 벌을 주는 사람으로부터 도피적인 행동이 나타날 수도 있는데, 예를 들어 아버지로부터 심하게 벌을 받은 아동은 그 이후로 모든 남자와의 접촉을 어려워하며 이를 회피할 수 있으며, 처벌받은 자극으로 인하여 공포감이나 당혹스러움과 같은 정서적인 반응이 생기기도 한다.

3) 반두라의 사회학습이론

반두라(Albert Bandura, 1925~)로 대표되는 사회학습 이론가들은 실제로 수행하거나 직접 보상받지 않고도 다른 사람에게 일어나는 것을 보거나 이야기를 듣는 것만으로도 학습이 이루어진다는 점에 주목하였다. 이와 같이 관찰에 의한 학습을 사회학습(social learning), 관찰학습(observational learning), 모방학습(modeling), 대리학습(vicarious learning)이라고도 한다.

반두라(Bandura)

만약 사람들이 자기 자신의 행동결과에 의해서만 행동하는 방법을 배운다고 한다면, 학습이라는 것은 위험하다고 말할 수는 없더라도 지극히 힘든 일이 될 것이다. 다행히도 대부분의 인간행동은 모델제시에 의해서 관찰학습이 가능하다. 다른 사람들의 행동관찰을 통해 사람들은 새로운 행동을 어떻게 수행하면 좋은가에 대한 아이디어를 찾게 되고, 이와 같이 부조화된 정보가 다음 행동을 위한 지침이 된다. 사람들은 실제 행동을 하기 전에 본보기를 통해 행동하는 방법이나 적어도 유사하게 행동하는 법을 배울 수 있기 때문에 쓸데없이 불필요한 착오를 범하지 않게 된다.

반두라는 초기 실험연구를 통하여 아이들이 세상에 널리 알려져 있거나 사회적으로 지명도가 있는 사람의 행동을 더 잘 모방하며, 자신들과 비슷하다고 생각하는 사람들이나 동일한 성을 가진 사람들에 대하여 더욱 잘 모방하는 사실을 알았다. 또한 높은 사회경제적 지위를 지닌 모델을 더욱 잘 모방하는 반면에 상대적으로 자신들의 행동에 처벌을 가하는 사람들이나 벌을 받는 모델에 대해서는 거의 모방하지 않으려는 경향이 있다는 사실을 발견하였다. 반두라는 모방학습을 효과적으로 사용하기 위한 원칙을 〈표 2-6〉과 같이 제시하였다.

표 2-6 모방학습의 원칙

- 바람직한 행동은 가능한 한 여러 사람이 여러 번 시범을 보인다.
- 모방의 내용은 쉽고 간단한 것에서 시작하여 점차로 복잡하고 어려운 것으로 옮겨간다.
- 각 단계에서 말로써 설명해 주거나 지도해 주는 것이 필요하다.
- 가르치는 내용에 따라서 보여주는 것이 효과적이다.
- 각 단계마다 잘 하면 칭찬을 해 주어야 한다.

4) 행동주의적 접근과 사회성 발달

행동주의 이론가들은 인간의 성격이 어떻게 형성되는가에 대한 관심보다는 인간이 특정한 상황에서 특정한 행동을 하게 되는 이유에 보다 많은 관심을 기울인다. 앞서 언급한 바와 같이 행동주의 이론에서는 인간행동의 대부분은 학습되거나 학습에 의해 수정된다는 기본 전제에 근거를 두고 있다. 따라서 좋거나 바람직한 행동뿐만 아니라 부정적이거나 나쁜 행동 또한 학습의 결과로 간주하고 있다. 즉, 바람직하지 않은 행동은 그러한 행동에 대하여 직접적인 강화를 제공 받았거나 타인의 행동을 모방하였든 간에 학습의 결과로 나타난다고 인식한다. 이와 같이 바람직하지 못한 행동이 학습의 결과라고 한다면 학습의 과정을 통하여 개개인에게 바람직한 행동을 가르치는 것 또한 가능하다는 입장을 취하고 있다.

(1) 파블로프 이론의 적용

고전적 조건형성과 관련해서 살펴보면, 교사들은 유아의 바람직하지 않은 인성 및 사회성 요인을 파악한 후에, 적절한 상황을 마련하여 바람직하지 않은 사회성을 바람직한 사회성으로 대체해가는 방안을 모색할 수 있다. 교사들이 사회성 교육을 위해 활용할 수 있는 방법으로 울페(Wolpe)의 체계적 둔감법이 있다. 체계적 둔감법은 근본적으로 이완된 상태에서 불안을 유발하는 장면을 상상하도록 함으로써 그러한 장면에 대한 특이한 반응을 둔감화시키는 일종의 역조건형성에 해당한다. 이 방법에서는 이완유도와 불안을 유발하는 사상이나 장면의 위계를 만드는 것이 중요하다. 주로 불안치료를 위해 널리 사용되었으나, 수줍은 사람, 성격장애, 말더듬이를 치료하는 데도 효과적이라는 보고가 많다.

(2) 스키너 이론의 적용

스키너가 제시한 강화와 벌은 일상생활에서 매우 광범위하게 활용되고 있다. 행동주의 이론가들은 강화에 비하여 처벌의 효과가 그리 강하지 않기 때문에 가급적이면 강화를 이용하는 것이 더 효과적이라고 조언하고 있다. 즉, 아동이 수업시간에 산만한 것에 대해 처벌하기보다는 주목하는 것에 강화를 주는 것이 바람직하지 않은 행동을 억제시키고 바람직한 행동을 이끌어내는 데 더 효과적이다.

그러나 어떠한 상황 때문에 처벌을 사용해야만 한다면, 다음 사항을 고려하여야 한다. 첫째, 행동 직후에 조기에 개입해야 한다. 즉, 행동 직후에 바로 벌을 주어야 한다. 오랜 시간이 지난 후에 처벌이 주어지면 그 행동이 잘못 되었다는 생각보다는 그 행동을 들켰다는 데 의미를 부여할 가능성이 커진다. 따라서 '앞으로는 절대 그런 행동을 하지 말자'는 생각보다는 '앞으로는 절대 들키지 말자'는 생각을 할 가능성이 커진다. 둘째, 부정적인 행동이 나타날 때마다 일관성 있게 벌이 주어져야 한다. 특정 행동이 일어날 때마다 벌이 주어졌을 때 그러한 행동의 결과가 별로 좋지 않다는 생각을 강화할 수 있다. 셋째, 벌을 주는 동안 냉정한 태도를 견지해야 한다. 성냥을 가지고 노는 아이를 나무라는 엄마가 아이의 손등을 찰싹 때리며 성냥만 빼앗고 단호하게 잘못된 행동임을 알려주지 않는다면, 아이는 성냥을 갖고 노는 것이 오히려 엄마의 관심을 받을 수 있다고 오해할 수도 있다. 따라서 특정 행동에 대한 반응이 오히려 그 행동을 강화할 수 있다는 점에 유의하여야 한다.

(3) 반두라 이론의 적용

공격적인 성향을 지닌 아동들의 공격성은 공격적인 모델을 관찰하고 그 모델이 언제 강화를 받는지를 주시함으로써 학습된다. 이런 관점에서 가족구성원 간에 발생하는 신체적 공격은 자녀에게 공격적 행동의 모델을 제공할 뿐 아니라 가족 내에서 그런 행동이 당연히 일어날 수 있다는 정당성을 제공해 준다. 또한 가정 내에서 폭력적인 아버지 밑에서 자란 아들은 논쟁이나 좌절이 있을 때 폭력을 사용하는 행동을 자연스럽게 학습하게 되며, 폭력적인 아버지 밑에서 자란 딸은 결혼 후에 발생하는 배우자의 폭력에 대하여 훨씬 수용적인 반응을 보인다는 연구결과는 가정 내에서 이루어지는 학습의 결과를 잘 설명해 주는 예라고 할 수 있다.

이러한 연구결과들은 아이들은 어른이 수행하는 도덕적 가치를 포함한 모든 행동들을 관찰하고 모방함으로써 가족과 지역사회의 생활방식을 내면화하고 있음을 의미한다. 따라서 부모 혹은 교사는 아동들이 도덕적 규칙과 사회의 바람직한 가치를 배울 수 있도록 역할모델(role model)의 제공자 역할을 충실하게 수행할 필요성이 있다.

3. 인지발달적 접근

인지발달이론에서는 정신구조가 매우 중요한 의미를 가지고 있으며, 특히 합리적인 사고과정을 강조한다. 인지는 인간의 정신적 사고과정을 의미하는 광범위한 개념으로 사고하기, 기억하기, 추론하기, 문제해결하기, 창조적 사고 등 인간의 모든 정신활동을 일컫는다. 인지적 성장은 영아기에 급속도로 성장하는데, 이를 설명하는 이론적 틀은 피아제의 인지발달이론이 대표적이다.

1) 피아제의 인지발달이론

피아제(Piaget)

피아제(Jean Piaget, 1896~1980)는 생물학자로서 훈련을 받았으나, 자신의 세 자녀가 성장하는 과정을 지켜보면서 인간의 적응에 관심을 돌렸으며, 점차 아동의 사고는 성인의 사고와는 매우 다르다는 것을 발견하였다. 즉, 피아제의 이론은 전적으로 자신의 자녀들의 성장과정을 자연관찰에 의해 수립된 연구결과이기 때문에 일반화에는 문제가 있었지만 이후 많은 연구를 통해 피아제의 이론이 상당히 정확한 것으로 나타났다.

(1) 주요개념

피아제의 인지발달이론에서는 도식(schema), 적응(adaptation), 동화(assimilation), 조절(accommodation), 평형(equilibration)의 개념이 중요한 의미를 갖는다. 피아제 이론의 기본개념인 도식은 사물이나 사건에 대한 전체적인 윤곽을 말한다. 즉, 도식은 지식의 기본단위로서 유기체가 외계의 사물을 인지하기 위해 사용하는 '이해의 틀'에 해당한다. 빨기나 잡기와 같은 최초의 도식들은 본질상 반사적이다. 유아는 많은 도식을 가지고 태어나며, 적응의 과정을 통해 새로운 도식을 개발하고 기존의 것들을 변화시킨다.

적응은 환경과의 직접적인 상호작용을 통해 도식이 변화하는 과정이다. 적응은 개인의 욕구를 충족시키기 위해 이루어지는 개인 또는 환경의 수정을 포함하는 매우 복잡한 과정이다. 적응은 동화와 조절이라는 두 가지 수단을 통해 진행된다. 동화는 새로운 환경자극에 반응함으로써 기존의 도식을 사용해 새로운 자극을 이해하는 것을 말하며, 조절은 자신이 기존에 가지고 있는 도식으로 새로운 사물을 이해할 수 없을 때 기존의 도식을 변경하는 것을 말한다. 이러한 조절이 나타날 때 도식의 형태에 질적인 변화가 일어나거나 새로운 도식이 획득된다. 마지막으로 평형은 동화와 조절의 균형을 의미한다. 즉, 새로운 환경을 접했을 때 기존의 도식으로 접근할 수 없을 경우에 조절과정이 나타난다. 이 과정에서 불평형(disequilibrium)이 나타나게 되고 이 불평형 상태는 기존의 도식이 변형되거나 새로운 도식을 습득함으로써 평형상태를 이루게 된다.

(2) 인지발달 단계

피아제에 의하면 인지발달은 유기체와 환경과의 상호작용으로 이루어지는 적응과정이다. 여기에는 질적으로 다른 네 개의 단계가 있으며, 이 단계들은 정해진 순서대로 진행되고, 단계가 높아질수록 복잡성이 증가한다고 하였다(표 2-7).

표 2-7 피아제의 인지발달 단계

발달 단계	연령	특징
감각운동기	0~2세	감각운동기능에 의한 반복활동(빨기, 잡기, 물기 등)을 한다. 대상영속성의 개념획득을 획득한다.
전조작기	2~7세	언어를 습득하여 상징적 사고가 가능해지지만, 자기중심적이며, 직접적인 경험에 한정되어 있다.
구체적조작기	7~11세	논리적 사고가 가능해지고, 보존개념을 획득하게 되며, 분류 및 서열에 대한 개념을 습득하게 된다.
형식적조작기	11~15세	추상적 사고가 가능해진다. 과학적 사고를 통해 체계적인 문제해결을 하게 된다. 과거-현재-미래를 연결할 수 있다.

❶ 감각운동기

인지발달의 첫 번째 단계는 감각운동기(sensorimotor stage)로서, 출생 후부터 2세까지이다. 이 시기에 아기들은 출생 시부터 갖고 태어난 기술인 빨기와 잡기를 통해 무엇이든 입안에 넣는 것을 좋아하며, 이를 통해 점차 빨 수 있는 것과 빨 수 없는 것을 구분한다. 또한 이 시기의 영아는 자신이 갖고 태어난 여러 감각 · 지각 및 반사기능을 자신의 신체적 활동을 통해 통합하는 능력을 발달시켜간다. 이러한 방법으로 영아는 자신의 경험을 범주화하고 구조화하기 시작한다. 영아는 자신이 직접 보고, 듣고, 느끼고, 행동하는 것에 의존한다. 즉, 감각기관을 통해 받아들인 정보가 인지발달의 중요한 내용이 된다. 피아제는 이 시기에 단순한 도식들이 결합되어 새로운 도식을 형성하는 독립적이지만 상호 관련된 6개의 하위단계로 구분하여 설명하고 있다(표 2-8).

표 2-8 감각운동기 인지발달의 6개의 하위단계

시기	특징
반사운동기 (출생~1개월)	영아는 선천적인 반사행동(빨기, 잡기, 큰소리에 반응하기 등)을 도식으로 하여 외부세계와 접촉을 하며, 이를 통해 반사행동은 적응적 행동으로 전환된다. 이 하위단계의 중요한 특징은 자신과 외부세계 간의 구분이 없으며, 다양한 반사도식을 사용함으로써 영아는 환경의 요구에 더 잘 적응할 수 있다는 것이다.
일차 순환반응기 (1~4개월)	최초의 순환반응은 영아의 신체에 있기 때문에 '일차' 순환반응이라 한다. 순환반응이란 빨기나 잡기와 같은 감각운동의 반복을 의미하는데, 즉, 영아가 우연한 행동을 통해 만족스러운 결과를 얻게 되면, 그 행동을 반복해서 하게 되는 것을 말한다.

시기	특징
	영아가 습관적으로 손가락을 빠는 것이 그 예가 될 수 있다. 이 하위단계 동안 영아는 다양한 반사들에 숙달하며, 이 반사들은 서로 협응하게 된다. 빨기–잡기 도식과 보기–잡기 도식은 이 단계에서 획득되는 중요한 도식 간의 협응이다.
이차 순환반응기 (4~8개월)	영아가 자신의 외부세계에 대해 관심을 갖는다. 일차 순환반응과 이차 순환반응 간의 주된 차이점은 행동의 초점이다. 일차 순환반응 때와는 달리 자신의 신체 외부에 있는 대상과 사건에 관심을 가진다. 자신이 아닌 외부에서 흥미로운 사건들을 반복하고, 이를 다시 반복하려고 할 때 순환반응이 일어난다. 우연한 행동이 만족스러운 결과를 가져올 경우, 또 다시 그 결과를 유발하기 위해 그 행동을 반복하게 된다. 예를 들어 우연히 딸랑이를 건드렸더니 소리가 나고, 영아는 다시 그 소리를 듣기 위해 딸랑이를 흔드는 행위를 반복하게 된다. 이 하위단계 동안 영아는 외부세계에 있는 어떤 사건들이 자신의 행동의 통제 하에 있다는 것을 인식하게 된다. 즉, 이러한 과정을 통해 자신의 행동이 환경에 영향을 줄 수 있다는 것을 발견한다.
이차 순환반응의 협응기 (8~12개월)	영아는 자신의 목표를 달성하기 위해 이전에 획득한 행동을 통합하기 시작한다. 영아의 행동은 의도적이며 목적을 가지게 된다. 영아는 원하는 장난감을 얻기 위해 방해물을 치우게 된다. 즉, 방해물 치우기와 장난감 잡기의 두 가지 도식을 통합하게 된다. 이 시기의 영아는 목표가 되는 하나의 도식에 도달하기 위해 수단이 되는 다른 도식을 사용할 수 있게 된다. 영아가 방해물을 치우고 장난감을 찾아내는 행위는 대상영속성의 개념이 발달하기 시작했다는 사실을 보여 주는 것이다.
삼차 순환반응기 (12~18개월)	영아는 사물이 왜, 어떻게 그렇게 되는가 등 실험적 사고에 열중하게 된다. 새로운 원인과 결과 간의 관계를 알아보기 위해 여러 가지 시도를 한다. 이 하위단계에서 영아는 매우 적극적이고 목적지향적인 행동을 보이며, 시행착오를 통해 문제해결을 하게 된다. 영아는 새로운 대상이 나타났을 때, 지금까지의 방식으로 목표에 도달할 수 없을 때, 새로운 상황에 적합하도록 수단을 변경할 수 있다. 하지만 아직까지 새로운 수단을 찾기 위한 정신적인 노력은 나타나지 않는다.
정신적 표상 (18~24개월)	영아의 지적능력이 급격하게 성장하는 시기이다. 영아는 사물이나 사건들을 정신적으로 표상해 내기 시작하고, 행동적 시행착오를 하던 영아는 행동을 하기 전에 먼저 생각을 함으로써 문제를 더 빨리 해결할 수 있는 통찰을 얻는다. 정신적 표상이 가능해지면서 어떤 행동을 목격하고 일정한 시간이 지난 다음에 그 행동을 재현해 내는 지연모방(deferred imitation)이 가능하게 된다.

감각운동기 동안에 이루어지는 매우 중요한 인지발달로서 대상영속성(object permanence)개념을 들 수 있는데, 이는 모든 사물은 자신과는 별개의 실체로서 직접 보거나 만질 수 없는 경우에도 여전히 어딘가에 존재하고 있음을 아는 것이다. 이 개념은 인지발달단계와 병행하여 발달하는데, 피아제는 다음과 같이 감각운동기의 하위단계별로 대상영속성 개념의 발달을 설명하고 있다(표 2-9).

표 2-9 감각운동기 하위단계별 대상영속성 개념의 발달

단계	특징
반사운동기	대상영속성의 개념이 전혀 없다. 따라서 바라보고 있던 물체가 사라져도 아무런 반응을 보이지 않는다.
일차 순환반응기	대상영속성의 개념이 어렴풋이 나타난다. 바라보고 있던 물체가 사라지면, 물체가 있던 자리만 응시한다.
이차 순환반응기	물체가 보이지 않아도 어딘가 존재한다는 것을 어렴풋이 안다. 물체를 반쯤 덮어 놓으면 찾아내지만, 완전히 가려 놓으면 찾지 못한다. 대상영속성 개념이 완전히 발달하지 못한 것으로 해석할 수 있다.
이차 순환반응의 협응기	물체가 완전히 덮여 있어도 찾아낼 수 있다. 그러나 영아가 보는 앞에서 그 물건을 다른 곳으로 옮겨도 여전히 처음 감추었던 장소에서 그 물체를 찾는다.
삼차 순환반응기	영아가 보고 있는 상태에서 물건이 이동되면 찾을 수 있으나, 보고 있지 않은 상태에서 이동을 하면 찾지 못한다. 물건의 이동을 시각적으로 추적하는 것은 가능하나 정신적으로 추적하지는 못한다.
정신적 표상	대상영속성의 개념이 완전하게 발달한다. 영아는 물건이 보이지 않는 곳으로 이동해도 예상되는 장소를 탐색한다. 정신적 추적이 가능해진다.

❷ 전조작기

두 번째 단계는 전조작기(peroperational stage)로서 2세에서 7세까지이다. 이 단계에서는 논리적인 조작이 불가능하기 때문에 전조작기라 부른다. 조작이란 과거에 일어났던 사건들을 내면화시켜 서로 관련지을 수 있는 상태를 말한다. 즉, 논리적인 관계를 지을 수 있다는 것을 뜻한다. 이 시기의 사고의 특징은 상징놀이, 자기중심적 사고, 물활론, 직관적 사고를 하는 것 등이다. 피아제는 전조작기를 다시 2세부터 4세까지를 전개념적 사고기(preconceptual period), 4세부터 7세까지를 직관적 사고기(intutive period)로 나누었다(표 2-10).

표 2-10 전조작기의 인지발달 특징

항목	구분	특징
전개념적 사고기	상징적 사고	상징은 어떤 대상을 나타내는 징표를 말하며, 상징적 사고의 가장 중요한 결과 중의 하나는 가상놀이다. 가상놀이란 가상적인 사물이나 상황을 실제 사물이나 상황으로 상징화하는 놀이로서 전조작기 유아의 표상적 발달을 보여준다. 소꿉놀이, 병원놀이, 기차놀이 등이 가상놀이의 예이다. 유아기 동안 가상놀이는 점점 더 빈번해지고, 연령이 증가함에 따라 점점 더 복잡해진다.

항목	구분	특징
	자기중심적 사고	유아는 모든 주변 환경에서의 현상을 자기중심적으로 생각한다. 유아는 타인도 자신과 같이 느끼고, 사고하고, 행동한다고 생각한다. 자기중심적 사고는 다른 사람의 관점을 고려하지 못한 데에 기인한다. 이것은 유아가 일부러 타인의 입장을 생각하지 않는 것이 아니라, 타인의 관점을 이해하지 못하는 것을 의미한다.
	물활론적 사고	물활론적 사고는 무생물이 살아 있다고 생각하는 것이다. 즉, 생명이 없는 대상이 사람처럼 감정이나 의도를 가지고 있다고 생각한다. 예를 들어 공을 차면 아플 것이라고 생각하고, 눈 덮힌 나무는 춥다고 생각하며, 돌에 걸려 넘어진 아이는 돌에게 야단을 치거나 화를 내기도 한다. 또한 가지고 노는 인형에게 음식을 먹이기도 한다.
	인공론적 사고	물활론적 사고와 관련이 있는 것이 인공론적 사고이다. 유아는 세상의 사물이나 자연현상이 사람의 필요에 의해서 만들어진 것이라고 믿는다. 유아는 사람들이 해와 달을 만들었다고 생각하고, 바닷물이 파란 이유는 누군가가 파란색 물감을 풀어놓았기 때문이라고 믿는다.
	전환적 추론	인과개념은 어떤 현상의 원인과 결과 간의 관계를 추론하는 능력을 말한다. 유아는 전개념적 사고의 한계 때문에 귀납적 추론이나 연역적 추론을 하지 못하고 대신 전환적 추론을 하게 된다. 전환적 추론의 특징은 한 사건으로부터 다른 특정 사건을 추론하는 것인데, 예를 들어 아침을 먹지 못한 유아가 오후가 되어서도 자신이 아침을 먹지 않았기 때문에 시간은 아직 아침이라고 말한다.
직관적 사고기	보존개념	보존개념이란 사물의 외형이 변한다고 할지라도 그것의 길이, 양, 크기, 무게 등의 속성이 바뀌지 않는다는 것을 이해하는 능력이다. 예를 들어 전조작기의 유아에게 같은 양의 물을 보여주고, 폭이 좁은 긴 컵과 폭이 넓고 짧은 컵에 각각 부었을 때, 대부분의 경우 폭이 좁은 긴 컵의 물이 더 많다고 대답한다. 이러한 것은 양에 대한 보존개념이 형성되지 않았다는 것을 보여주는 대표적 사례이다.
	유목포함	유목포함은 상위유목과 하위유목 간의 관계, 즉, 전체와 부분의 관계를 이해하는 능력을 말한다. 전조작기의 유아는 상위유목과 하위유목을 동시에 고려할 수 없기 때문에 과제를 위계적으로 분류하지 못한다.
	서열화	서열이란 사물의 특성을 양적 차원에 따라 차례로 배열하는 능력을 말한다. 유아에게 길이가 다른 여러 개의 막대기를 주고 짧은 것에서부터 긴 것까지 나열하게 하면, 3~4세의 유아는 차례대로 나열하지 못하고, 5~6세가 되면 일부는 순서대로 나열할 수 있지만, 전체적으로는 나열하지 못한다.

❸ 구체적 조작기

구체적 조작기는 피아제의 인지발달 단계 중 세 번째 단계이며, 7세부터 12세까지 해당된다. 아동들은 전조작적 사고의 제한된 특성에서 벗어나 논리적인 사고가 시작되고, 추리능력도 정확하고 복잡해지며 융통성을 갖게 된다. 이 시기의 아동은 사고가 자신이 직접 경험한 구체적인 세계에 한정되고 추상적이고 가설적인 문제의 해결에는 아직까지 어려움을 보이기 때문에 구체적 조작기(concrete operational stage)라 부른다. 조작이란 주어진 정보를 특정한 목적을 위해 변형시키거나 관련된 사고로 통합하는 정신적 활동을 의미하는 것으로, 덧셈이나 뺄셈과 같은 능력이 이에 속한다. 구체적 조작기에서 사고의 특성은 보존개념, 조망수용 능력, 유목화, 서열화 개념 등을 습득할 수 있다(표 2-11).

표 2-11 구체적 조작기의 인지적 특성

구분	특징
보존개념	보존개념이 모두 동시에 획득하는 것은 아니다. 일반적으로 수에 대한 보존개념이 가장 먼저 획득되고, 길이, 면적, 양, 무게, 부피의 순서로 획득된다.
조망수용	아동기에는 자기중심적인 사고에서 벗어나 타인의 입장, 감정, 인지 등을 추론할 수 있는 조망수용 능력을 습득하게 된다.
유목화	구체적 조작기의 아동은 대상물이 지니고 있는 공통적인 속성에 따라 물체를 분류할 수 있다. 물체를 한 가지 속성에 따라 분류하는 단순 유목화, 물체를 두 가지 속성에 따라 분류하는 다중 유목화의 개념이나 상위유목과 하위유목 간의 관계를 이해하는 유목포함의 개념을 습득하게 된다.
서열화	구체적 조작기의 또 다른 특성은 사물을 영역별로 차례대로 배열할 수 있는 능력을 획득하는 것이다. 아동기에는 특정한 속성에 따라 유목으로 나누면서, 동시에 거의 시행착오 없이 상호관계에 따라 순서대로 배열하는 것이 가능하다.

❹ 형식적 조작기

피아제의 인지발달 단계 중 마지막 단계이며, 11세부터 15세까지가 형식적 조작기(formal operational stage)에 해당된다. 이 시기가 되면 논리적 사고뿐 아니라 추상적인 방식으로 개념을 조작하고 이해할 수 있다. 이러한 능력으로 인해 세상에 대한 일반적인 법칙을 형성할 수 있으며, 가능한 일들에 대한 검증이 가능해진다. 사고는 더 이상 직접적인 경험에 의존하지 않으며, 가설적인 견지에서 추론하여 문제를 해결할 수 있다.

형식적 조작기의 특징은 첫째, 새로운 상황에 직면했을 때 현재의 경험뿐만 아니라 과거와 미래를 연결하여 사고한다. 즉, 형식적 조작기의 청소년은 시간을 초월하여 문제를 다룬다. 둘째, 체계적인 과학적 사고가 가능하다는 것이다. 문제해결을 위해 계획을 세우고, 체계적인 해결을 해 나간다. 셋째, 추상적인 사고가 가능하다는 것이다. 구체적 조작기의 아동은 눈에 보이는 구체적인 사실들에 대해서만 사고가 가능하지만, 이 시기의 청소년들은 추상적인 개념도 이해할 수 있다. 넷째, 이상주의적 사고를 한다는 것이다. 청소년들은 이상적인 특성, 즉 자신과 다른 사람들에게 이상적이었으면 하고 바라는 특성들에 대해 사고하기 시작한다. 그들은 이상적인 부모상에 대해 생각하고, 이 이상적인 기준과 자신의 부모를 비교한다(정옥분, 2002).

2) 인지발달적 접근과 사회성 발달

피아제의 인지발달이론에서는 아동들의 인지가 어떤 단계를 통해 어떻게 발달하고 있는지에 대해 설명하고 있는 이론이다. 그러나 피아제가 주장한 인지발달이 모든 아이에게 단계별로 발달하지 않는다는 주장도 존재한다. 따라서 인지발달은 단계 간의 단락 구분이 있는 일련의 개개 단계라기보다는 지속적인 과정으로 보는 것이 맞을 것이다. 이런 관점에서 아이들의 사회성을 발달시키기 위해서는 먼저 각 발달 단계에 따라 인지가 발달하도록 지원하는 것이다. 인지의 발달은 사회성 발달의 기초가 되기 때문이다.

그리고 아이들의 사회성 발달을 위해서는 세상을 이해하는 지식의 틀인 도식을 확장시키려는 노력이 필요하다. 도식을 확장하기 위해 영유아기 때 새로운 경험을 많이 할 수 있는 기회를 제공해 주는 것이 유리하다. 그리고 책 혹은 TV를 볼 때 방금 본 것들의 공통점이 무엇이고 차이점이 무엇인지에 대해 설명하는 것이 좋다. 왜냐하면 도식은 동화와 조절에 의해 확장되어 가는데, 여기에서 공통점은 동화를 의미하고, 차이점은 조절을 의미하기 때문이다.

4. 인본주의적 접근

인본주의적 접근은 1950년 미국의 심리학자인 매슬로우(Maslow)와 로저스(Rogers)가 인간에게는 자유 의지가 있으며 무의식적인 동기와 환경적 자극에 의해 움직여지는 존재가 아니라는 생각을 발전시키면서 등장하게 되었다. 인본주의는 현상학적 이론에 근거하고 있는데, 오직 지금 일어나고 있는 경험에 대한 주관적인 해석에 초점을 두고 있다. 즉, 모든 인간은 자기 자신에 대한 주관적인 인식과 자기를 둘러싼 세상에 대한 주관적인 인식에 따라 행동한다는 것이다. 반면에 객관적인 현실은 우리의 행위를 결정하는 중요한 요인이 아니라 그 현실을 우리가 어떻게 보느냐에 따라 행동하게 된다는 것이다.

인본주의는 인간이 통합된 유기체로서 행동하기 때문에 인간을 전체론적 관점에서 접근해야 한다는 입장을 가졌다. 인간이 어떻게 행동하는가는 인간 스스로가 자신의 세계를 어떻게 지각하느냐에 달려 있다고 생각하며, 개인의 행동을 가장 잘 이해하기 위해서는 그 개인이 지니고 있는 내적 준거 틀에 대한 이해가 필요하다는 입장을 취한다.

1) 매슬로우의 욕구위계설

매슬로우(Maslow)

매슬로우(Abraham Maslow, 1908~1970)는 사람들이 동기화되는 요인과 개인을 완전하게 기능하는 삶으로 이끌어가는 동기에 관심을 가졌다. 그는 완전하게 기능하는 사람만이 완전하게 자아실현하는 것으로 보았다. 완전하게 기능하는 사람들은 유기체가 가치를 부여하는 과정에 따라 행동을 조정하며 모든 경험에 개방되어 있고 자아개념이 경험과 일치하며 위협과 불안이 없기 때문에 방어의 필요도 없다고 설명하였다.

매슬로우는 자아실현 동기가 그 사람의 삶을 지배하기까지에는 몇 개의 단계를 거친다고 가정하였다(그림 2-4). 이러한 단계는 욕구위계설이라고 알려져 있으며, 각 단계의 욕구에 의해 인간이 동기화되는 것으로 보았다. 그 욕구들은 음식, 물, 성, 수면, 배설의 욕구 등을 포함하는 생리적 욕구, 구조, 안전, 질서, 고통, 회피, 보호 등의 욕구를 포함하는 안전의 욕구, 타인과 어울리고 어떤 집단에 속하며 애정을 나누고 싶어 하는 소속과 사랑의 욕구(사회적 욕구), 남들로부터 존경받고 자신도 스스로를 능력 있고 가치 있는 사람이라고 느끼고 싶어 하는 존중의 욕구, 자신의 잠재력을 발현시키고 자신의 감정과 제한점을 수용하며 독립적이고 자발적이고자 하는 자아실현의 욕구로 나뉜다.

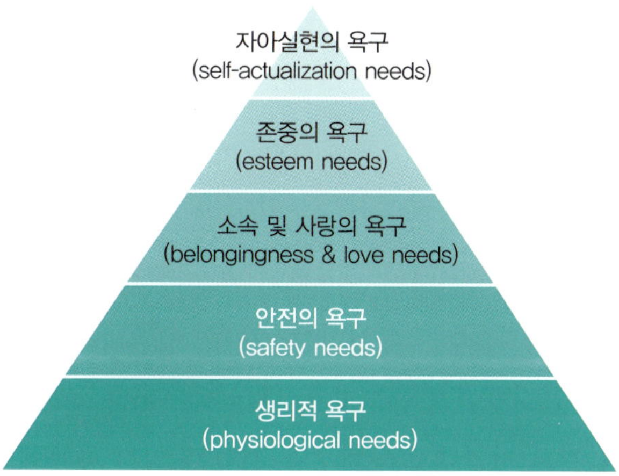

그림 2-4 **욕구위계설**

(1) 생리적 욕구

생리적 욕구는 음식, 물, 성, 수면, 배설의 욕구 등과 같이 인간이 자신의 신체적 균형을 유지하는 데 필요한 욕구를 말한다. 생리적 욕구가 어느 정도 충족되고 나서 다음 단계의 욕구에 관심을 가지는 것이 일반적인 인간의 특성이다.

(2) 안전의 욕구

안전의 욕구는 신체적 · 정서적 위협으로부터 자신을 보호하려는 욕구로 안전, 질서, 보호 등의 차원을 포함한다. 이러한 안전의 욕구가 충족되어야 다음의 상위 단계의 욕구에 관심을 가지게 된다.

(3) 소속 및 사랑의 욕구

사랑의 욕구는 생리적 욕구와 안전 욕구가 충족되었을 때 나타난다. 이 욕구는 타인과 어울리고 어떤 집단에 속하며 타인과 애정을 나누고 싶어 하는 욕구가 포함된다.

(4) 존중의 욕구

사랑의 욕구가 어느 정도 충족되고 나면 존중의 욕구가 나타난다. 이 욕구는 남으로부터 존경받고 자신도 스스로 능력 있고 가치 있는 사람이라고 느끼고 싶어 하는 욕구이다.

(5) 자아실현의 욕구

최상위에 있는 욕구는 자아실현의 욕구로서 하위의 욕구들이 충분히 만족되어야만 나타나는 욕구이다. 이 욕구는 자신의 잠재력을 실현시키고 자신의 강점과 단점을 수용하며 독립적이고 자발적이 되고자 하는 욕구이다. 매슬로우는 자아실현의 욕구를 충족한 사람들도 나름대로의 약점을 지니고 있기 때문에 결코 완벽한 인간이라고 할 수 없다고 하였고, 이 욕구에 도달한 사람은 극소수에 불과하다고 주장하고 있다.

매슬로우는 이러한 욕구가 모든 사람에게 공통적으로 있는 본능과는 달리 개인의 생물학적 특성과 경험에 따라 다르게 결정된다고 보았으며, 변화가 가능한 역동적 과정으로 생각하였다. 또한 한 위계에 있는 욕구가 충족되면 상위의 위계에 있는 욕구를 만족시키고자 동기화된다고 가정하였는데, 이러한 가정은 현상론적인 입장과 일치하는 것이다.

그는 이러한 동기가 결손되면 개인의 행동은 긴장을 감소시키거나 특정 욕구의 일시적인 결핍을 충족시키는 방향으로 나아간다고 가정하였다. 생리적 욕구, 안전 욕구 수준에서는 이러한 결손동기화가 더 강하게 일어나며 소속과 사랑에 대한 욕구나 존중에 대한 욕구에서는 동기화가 보다 약하게 일어나는 것으로 보았다.

2) 로저스의 인간중심상담 이론

(1) 자아발달

로저스(Rogers)

자아(self)는 자신에 대해 갖고 있는 조직적이고 지속적인 인식을 말한다. 자아개념은 현재 자신이 어떤 존재인가에 대한 개인의 개념으로 의식적 지각과 가치를 포함하는 것으로 보았다. 이러한 자아개념에는 자신의 현재 모습에 대한 지각뿐만 아니라 자기가 되어야 한다고 또 되고자 생각하는 것까지도 포함한다. 로저스(Carl Rogers, 1902~1987)는 모든 인간이 지니고 있는 가장 근본적인 동기이자 궁극적 목표를 자아실현으로 보았다. 또한 이러한 자아실현의 구체적인 내용은 각 개인의 주관적 경험 또는 내적 준거체계에 따라 달라진다고 가정하였다.

(2) 긍정적 관심에 대한 욕구

로저스는 모든 인간은 중요한 타인으로부터 따뜻함, 존경, 숭배, 사랑, 수용과 같은 태도를 받고 싶어 하는 기본적 욕구를 갖고 있다고 주장한다. 긍정적 관심에 대한 욕구는 선천적이기 때문에 어린 시절에 자연스럽게 발달하며 자기 주변의 중요한 사람들이 자기에 대해서 가지는 기대와 태도에 많은 영향을 받는다. 아동은 타인으로부터 긍정적인 관심을 얻기 위하여 자신이 경험한 어떤 가치를 부정하고 타인이 생각하는 가치에 따라서 그 경험을 지각하게 되는 경우를 경험하기도 한다. 조건적인 긍정적 관심이 지속되면 그것이 아동에게 내면화되어 규범과 기준이 되며, 심지어는 자신의 행위를 제한시키고 현실을 왜곡하기도 한다. 조건적인 긍정적 관심이 그 사람의 가치부여과정을 지배하게 될 때 그 사람은 자신의 잠재력과의 접촉을 상실하며 자기소외를 경험하게 된다.

(3) 조건적 가치부여

어린아이는 긍정적 관심에 대한 강한 욕구를 가지고 있으며 점차 자신의 인생에서 중요한 사람들의 기대와 태도에 영향 받고 민감해진다. 대부분 어른들이 아동에게 조건적인 긍정적 관심을 보이는 것은 우리가 흔히 볼 수 있는 것으로 이는 전혀 놀라운 일이 아니다. 즉, "네가 내가 바라는 사람이 되면 나는 너를 사랑하고 인정하고 대우할 것이다"라고 어른이 말한다. 이 말은 바꾸어 얘기하면 "너는 내가 원하는 방향으로 성장하지 않으면 절대 사랑을 받을 수 없어"라는 얘기와 같다. 이러한 조건적인 긍정적 관심 또는 조건적 가치부여(conditions of worth)는 아동을 타인의 기대에 따라 행동하게 하고 칭찬을 받고, 주의를 끌며, 인정이나 또 다른 형태의 보상을 받는 상황으로 내몰게 된다.

로저스는 아동에게 부과된 가치의 조건은 아동이 완전히 기능하는 성인으로 성장해 가는데 부정적인 영향을 준다고 주장한다. 이것은 아동이 현재의 자기나 앞으로 되고자 하는 자기를 찾고 그렇게 되고자 노력하기보다 타인이 세운 기준에 맞추려고 애쓰기 때문이다.

(4) 무조건적 긍정적 관심

어떠한 사람도 완전히 조건적 가치부여를 피할 수는 없지만 로저스는 구체적인 어느 개인의 행위에 부여된 가치와는 무관하게 긍정적 관심을 주거나 받는 것은 가능하다고 생각한다. 로저스에 의하면 인간은 무조건적으로 긍정적 관심(unconditional positive regard)을 주는 가정과 사회 환경 속에서 성장할 때 완전히 자신의 잠재력을 발휘할 수 있다고 주장한다. 건강한 성격이 되기 위한 기본적인 요건은 유아기에 무조건적인 긍정적 관심을 받는 것이다. 이것은 아동이 어떻게 행동하느냐에 관계없이 사랑과 애정을 줄 때 발달한다.

3) 인본주의적 접근과 사회성 발달

앞서 설명한 조건적 가치부여(conditions of worth)는 자아와 경험 사이에 불일치를 초래한다. 예를 들어 부모의 가치(운동선수가 되는 것은 공부를 못하는 아이들이 할 수 없이 선택하는 직업이다)를 그대로 내면화시킨 아이는 자신이 운동을 매우 좋아하고 있음에도 불구하고 운동을 포기하고 공부를 열심히 하는 것이 자신의 가치를 지키는 것이라고 생각할 수 있다. 이처럼 자신의 자아개념과 실제의 경험이 일치하지 않을 때, 인간은 불안 그리고 내적인 혼란을 경험하게 된다.

부모가 "만일 네가 이런 짓을 한다면 또는 이렇게 생각한다면 나는 더 이상 너를 사랑하거나 중요하게 생각하지 않을 것이다"라는 말을 하는 것처럼 아동에게 나쁜 것이 없다고 로저스는 생각한다. 로저스는 건강한 인성과 사회성의 발달을 위한 중요한 요소가 무조건적인 긍정적 관심(unconditional positive regard)이라고 하였다. 이것은 어떤 개인에 대하여 조건 없이 있는 그대로 그 사람을 수용하거나 존경하는 것을 의미하며, 어떤 경우에서든 주어지는 완전하고 진실한 사랑과 존중을 의미한다. 이것은 아이에 대한 부모의 양육에 있어서 부모가 항상 아이가 행하는 것은 어떤 것이든 용서하고 수용한다는 것을 의미하는 것은 아니다. 이는 아이가 그 존재 자체로서, 귀중한 한 인간으로서 평가받고 사랑받고 있다는 분위기를 제공하는 것을 의미한다. 아이가 부모로부터 한 인간으로서 무조건적인 긍정적 관심을 받을 때 그 아이는 자신을 가치 있는 존재로 판단하며, 자신의 욕구와 자아개념에 따라 행동하게 되므로 최대한으로 성장할 수 있다.

예를 들어 한 아동이 아버지의 전기톱을 가지고 놀려고 하면 성인은 이를 금지시켜야 한다. 그렇지 않으면 아동은 텔레비전, 집, 자기 자신 혹은 사람들에게 피해를 입힐 수도 있다. 하지만 아동이 행동을 금지 당하면서도 아동에게 긍정적 관심의 욕구가 지속되게 하기 위해서는 어머니의 금지방법에서 아동을 한 인간으로 받아들여 주고 아동에 대한 사랑이 결여되어 있지 않음을 분명히 해야 한다. 만일 그 아동이 아버지의 연장을 가지고 놀려고 하기 때문에 엉덩이를 때려 주거나 나쁜 아이라고 얘기해 버리면 아동은 긍정적 관심을 받는 것이 아니다. 그러나 이와 반대로 어머니가 알아듣게 아버지의 전기톱을 가지고 노는 것은 재미있지만 그것은 위험하다고 얘기해 주면 그 아동은 한 인간으로 대우를 받게 되는 것이다.

매슬로우의 욕구위계론이 사회성 발달에 주는 시사점을 살펴보면, 교사는 유아의 하위욕구를 불안하게 하는 요소가 무엇인지를 찾아 그런 욕구들을 만족시켜 줄 수 있는 방안을 탐색하고, 그런 기반 위에 유아가 상위욕구를 지향할 수 있는 환경을 마련하도록 하는 것이다. 결국 현상학적 입장에서는 유아를 적극적이고 주도적으로 본다는 점에서, 사회성 발달을 위한 교사의 역할은 적극적이라기보다는 지지적인 역할을 하게 된다는 것이다.

Chapter 3

사회성 발달의 영역

배울 내용

1. 기질
2. 애착
3. 자기이해
4. 친사회적 행동
5. 도덕성
6. 공격성

학습목표

1. 기질을 이해하고 올바른 양육행동을 설명한다.
2. 애착을 설명하고 애착에 미치는 요인들을 파악한다.
3. 자아개념과 자아존중감의 구성요소를 이해한다.
4. 친사회적 행동 형성에 영향을 미치는 요인들을 이해한다.
5. 도덕성 발달에 대한 이론의 이해와 도덕성 함양 방안들을 모색한다.
6. 공격성을 이해하고 공격성을 낮출 수 있는 방안들을 모색한다.

사회성이란 영유아가 사회의 한 구성원으로 성장하는 동안에 그 사회의 생활양식을 학습하여 타인과 상호작용하며 건전한 사회생활을 할 수 있는 성향을 의미한다. 이와 같은 사회성 발달영역은 기질, 애착, 자기이해, 친사회적 행동, 도덕성 및 공격성의 발달에 기초하게 된다.

1. 기질

산모의 모체로부터 출생한 신생아 및 영아들은 각각 다른 아이들과 구분되는 독특함을 보이게 된다. 이러한 차이는 출생 전부터 나타나는 현상이다. 즉, 태내기부터 어머니의 배 속에서 활발하게 움직이며 발길질을 심하게 하는 태아가 있는 반면, 조용하고 움직임이 적은 태아도 있다. 영아에게서 나타나는 이러한 차이를 기질(temperament)이라고 한다. 기질이란 성인 성격의 기초를 형성하는 심리적 특성으로 비교적 일관성 있고 기본적으로 선천적 경향성이 강한 것으로 인식된다(장휘숙, 2001). 따라서 기질 연구자들은 영아들이 보이는 기질의 차이점에 많은 관심을 가지고 연구를 진행하고 있는데, 그 이유는 영아들의 기질이 아동과 성인의 성격 형성에 기초가 되기 때문이다(정옥분, 2002).

영아의 기질은 선천적인 요인이 많은 영향을 미치는 것으로 보고되고 있지만 환경도 중요한 역할을 하는 것으로 알려져 왔다. 이것을 뒷받침하는 증거는 일란성 쌍생아의 경우 유전계수가 .40 환경적 영향이 .60으로 환경적 영향이 더 큰 것으로 보고되고 있다(Caspi & Silva, 1995). 또한 영아의 기질은 유아기, 아동기 및 성인기까지도 지속되는 특성을 지니고 있다. 즉, 낯가림이 심한 영아는 유아기에도 여전히 낯선 사람을 두려워하고, 아동기에도 여전히 까다로운 성향을 보이는 것으로 나타났다.

1) 기질의 구성요소

기질이 어떤 요인으로 구성되어 있는가는 연구자들마다 다소 차이를 보인다. 기질의 구성요소에 대한 뉴욕종단연구 모형(NYLS)과 EAS 모형을 살펴보면 다음과 같다.

(1) 뉴욕종단연구 모형(NYLS)

뉴욕종단연구 모형(New York Longitudinal Study: NYLS)이란 토마스와 체스(Thomas & Chess, 1956)에 의해 진행된 연구로 생후 1개월된 141명의 영아를 아동기까지 살펴본 연구이다. 그들은 영아의 부모와 교사를 통한 면접, 각종 심리검사를 통해 기질을 구성하는 9개의 요인을 발견하였고(표 3-1), 이를 바탕으로 세 가지 유형의 아동으로 분류하였다(표 3-2).

표 3-1 NYLS 기질의 구성요인

구성요인	설명
활동성	젖먹기, 목욕하기, 옷입기 등의 일상생활에서 영아가 하는 신체활동의 양
규칙성	수유시간, 수면의 주기, 배변습관 등의 예측 가능성
접근/회피	새로운 사건이나 자극(장난감이나 음식 등)에 영아가 어떤 반응(접근 또는 회피)을 보이는가?
적응성	변화된 상황에 영아가 얼마나 쉽게 적응하는가?
반응강도	영아가 보이는 긍정적 또는 부정적 반응의 강도
반응역치	영아의 반응을 유발하는 데 필요한 자극의 양
기분	영아가 보이는 행복하고 기분 좋은 반응의 빈도와 불행하거나 부정적인 행동의 빈도
주의산만성	외부사건이나 자극에 영아가 현재하고 있는 행동이 쉽게 방해받는 정도
지구력	어떤 활동의 지속시간과 장애에 직면했을 때 그 활동을 계속하려는 의지

출처: 정옥분(2002). 아동발달의 이해. 학지사. p.319

표 3-2 기질의 세 가지 유형

구분	특징
순한 아동 (easy child)	연구대상 중 약 40%의 영아들이 이 유형에 해당된다. 이들은 생물학적 규칙성에 따라 수유나 수면이 가능하다. 그리고 이 유형의 영아들은 명랑하고 혼자 잘 놀며, 낯선 사람에게도 잘 적응하며 좌절에 잘 순응하는 것으로 나타났다.
까다로운 아동 (difficult child)	연구대상의 약 10%의 영아들이 이 유형에 해당된다. 이들은 생물학적 기능이 불규칙적이다. 새로운 사람이나 상황에 위축되며 변화에 대한 적응이 느리고, 기분은 거의 항상 가라앉아 있고 지나치게 강하게 반응하거나 적대적이고 부정적으로 반응하는 경향이 있는 것으로 나타났다.
반응이 느린 아동 (slow-to-warm-up child)	연구대상 중 약 15%의 영아들이 이 유형에 해당된다. 이들은 수동적이고 활동적이지 못하며, 새로운 상황에 대해 위축되는 경향을 보인다. 기분은 저조하고 점진적으로 흥미를 느낄 수 있는 상황에서만 관심을 가지는 것으로 나타났다.

이 연구에서 영아의 기질은 이후에도 지속되는 것으로 나타났는데, 영아기에 까다로운 기질을 보였던 아동은 이후 학교생활에서도 또래와의 관계나 주의집중에 문제를 보였으며, 반응이 느린 아동은 새로운 환경에 적응하는데 문제를 보이는 것으로 나타났다(Thomas, Chess & Korn, 1987). 토마스와 체스(Thomas & Chess)의 연구에 의해 영아는 분명한 기질적 차이를 보이며, 이러한 차이는 10년 이상 지속되는 것으로 나타났다. 그러나 어느 유형에도 분류되지 않는 영아들이 35% 정도가 있었고, '순한-까다로운' 유형의 분류방식은 인간의 기질을 지나치게 단순화시켰다는 비판을 받고 있다.

(2) EAS 모형

부스와 폴민(Buss & Polmin, 1984)은 뉴욕종단연구 모형(NYLS)의 대안으로 EAS 모형을 제시하였다. EAS란 영아의 기질을 정서성(emotionality), 활동성(activity), 사교성(sociability)의 세 가지 구성요소로 구분하는 것으로 특징은 〈표 3-3〉과 같다.

표 3-3 EAS 모형에서의 기질 특성

구분	특징
정서성	정서적 반응의 강도로서 영아가 자극에 대해 얼마나 빨리 부정적인 반응을 보이는가를 말한다. 높은 정서성을 가진 유아들은 잘 울고 쉽게 놀라거나 쉽게 잠에서 깨어나는 과민반응을 보인다.
활동성	일상생활에서의 행동의 속도와 강도로서 활동성이 높은 영아는 잠시도 가만 있지 못하고 계속 움직이며, 과격하고 격렬한 행동을 보인다.
사교성	영아가 타인과 함께 있는 것을 좋아하는 정도로서 사교성이 높은 영아는 사람 만나는 것을 좋아하고 낯선 사람에게도 쉽게 접근한다.

(3) 통합모형

지금까지 살펴 본 모형, 즉, 뉴욕종단연구 모형(NYLS)과 EAS 모형이 기질의 구성요소를 충분히 설명해 주지는 못하고 있다는 비판이 있어 왔다. 따라서 많은 연구들(Ahadi & Rothbart, 1994; Belsky, Hsieh & Crnic, 1996)에 의해 기질에 대한 연구를 진행하도록 하는 동기를 제공하였고, 연구들을 통해 어느 정도 기질의 구성요소에 대해 합의를 보게 되었는데, 그 내용은 〈표 3-4〉와 같다(정옥분, 2002).

표 3-4 통합모형의 기질의 구성요소

구분	특징
활동수준	얼마나 몸을 많이 움직이고 격렬한 활동을 하는가를 말한다.
접근/긍정적 정서성	사람이나 사물에 대해 긍정적 정서반응을 보이는 것을 말한다. EAS 모형의 사교성과 유사하다.
억제	낯선 사람, 낯선 상황, 새로운 물체에 대해 두려워하거나 회피반응을 보이는 것을 말한다. 행동억제에 대해 많은 연구를 진행한 Kagan(1994)에 의하면, 억제는 우리가 일상생활에서 말하는 수줍음과 유사한 것이라고 주장한다.
부정적 정서성	쉽게 화를 내고, 짜증을 잘 내고, 좌절을 견디지 못하는 것을 말한다. EAS 모형의 정서성과 유사하며, NYLS 모형에서 까다로운 영아가 주로 갖는 특성이다.
지구력/끈기	주의를 집중하고 계속 노력하는 능력을 말한다.

2) 기질과 양육행동

영아의 기질은 양육자인 부모의 양육태도에 영향을 미치고, 역으로 부모의 양육태도도 영아의 기질을 변화시킨다. 즉, 수줍고 소심한 기질을 가지고 태어났더라도 부모가 영아에게 점진적으로 주변 환경을 탐색하도록 한다면 이러한 기질은 점차 사라지는 반면, 사교적인 기질을 가지고 태어났더라도 부모로부터 지속적인 거부를 경험하게 된다면 소심한 영아가 될 가능성이 높다. 따라서 영아의 기질이 학습이나 사회성 발달을 방해한다면, 양육자는 그런 성향을 바꾸기 위해 적극적인 개입을 해줄 필요성이 있다.

토마스와 체스(Thomas & Chess, 1977)는 영아의 기질과 환경이 상호작용하여 바람직한 결과를 산출하기 위하여 조화의 적합성 모델(goodness-of-fit model)을 제시하였다. 조화의 적합성은 영아의 기질과 양육환경의 조화 정도를 의미하는데, 부모가 영아의 기질에 따라 양육환경을 조절한다면 조화로운 관계가 되지만, 그렇지 못할 경우는 영아나 부모 모두 갈등을 경험하게 된다는 것이다. 체스와 토마스(Chess & Thomas, 1984)의 연구에 의하면, 까다로운 영아의 부모가 인내심을 가지고 영아의 요구에 민감하게 대처한 경우에는 아동기나 청년기에 더 이상 까다로운 기질을 보이지 않았지만 부모가 쉽게 화를 내거나 처벌을 한 영아는 까다로운 기질을 계속 유지하고 사춘기에는 많은 문제행동을 보이는 것으로 나타났다.

조화의 적합성 모델이 시사하는 바는 영아는 독특한 기질을 타고나며, 부모는 그것을 받아들일 필요가 있다는 것이다. 부모는 아동이 어떤 기질을 가지고 있던 영아가 타고난 잠재력을 최대한 발휘할 수 있도록 양육환경을 제공해 주어야 한다. 예를 들어 수줍어하고 활동성이 낮은 영아나 유아에게는 자주 질문하고, 지시하고, 가르치는 부모행동에 의해 그들의 환경탐색능력이 촉진될 수 있다. 하지만 부모의 이러한 행동이 대단히 활동적인 유아에게는 오히려 호기심을 약화시킴으로써 탐색능력을 저하시키는 결과를 초래한다(장휘숙, 2001).

2. 애착

영아기에 발생하는 가장 중요한 형태의 사회적 발달은 애착(attachment)이다. 애착이란 영아와 양육자 사이에 형성되는 친밀한 정서적 유대관계를 말하며, 영아는 보통 주된 양육자인 어머니와 애착을 형성하게 된다. 인간발달에서 애착형성이 중요한 이유는 인지, 정서, 사회성 발달에 지속적으로 영향을 미치기 때문이다. 일반적으로 안정된 애착관계를 형성한 영아는 이후 정서적인 안정성과 대인관계에서 긍정적인 성향을 보이고, 문제행동을 적게 보이는 것으로 나타났다. 또한 영아기에 형성된 애착은 이후 주변세계에 대한 신뢰감으로 확대된다.

1) 애착발달 이론

(1) 애착의 초기이론들

애착에 대한 초기이론에는 정신분석이론, 학습이론 그리고 인지발달이론이 있다. 정신분석학자인 프로이트와 에릭슨은 수유를 통한 구강만족을 제공하는 대상에게 애착을 형성한다고 본다. 따라서 어머니는 영아에게 음식물을 제공하는 주된 역할을 하기 때문에 대부분의 영아에게 어머니는 가장 중요한 애착대상이 된다는 것이다.

학습이론에서도 수유가 애착 발달에 중요한 요인으로 보고 있지만 그 이유는 정신분석이론과 다르다. 즉, 어머니는 영아의 배고픔을 해결해 줌으로써 어머니는 배고픔의 해소와 짝지워진다. 뿐만 아니라 수유 동안 신체적 접촉을 통해 따뜻하고 부드러운 느낌이나 청각적 자극 등을 제공해 준다. 이런 경험이 반복되면서 영아는 어머니와 좋은 감정을 연결 짓게 되고, 이로 인해 어머니는 이차적 강화인(secondary reinforcer)의 지위를 획득하게 됨으로써 영아는 어머니에게 애착을 형성하게 된다는 것이다. 이차적 강화인이란 처음에는 중립적이던 것이 다른 강화와 짝지어져 강화인의 지위를 얻게 되는 것을 말한다.

인지발달이론에서는 애착은 영아의 인지발달수준에 의존하므로, 영아의 지적발달이 선행되어야 애착을 형성할 수 있다고 본다(Schaffer & Emerson, 1964). 따라서 애착을 형성하기 위해서는 기본적으로 친숙한 사람과 낯선 사람을 구분할 수 있어야 하며, 애착대상이 영속적으로 존재한다는 것을 인지할 수 있는 대상영속성 개념 또한 획득해야 한다. 영아가 최초로 애착형성을 하는 시기가 생후 6~8개월경이라는 것은 애착형성이 대상영속성의 발달에 기초한다는 것을 의미한다.

(2) 동물행동학적 이론

볼비(Bowlby, 1973)의 동물행동학적 이론에 의하면, 애착의 발달은 근본적으로 생존유지 및 보호를 위한 본능적인 반응의 결과로 이미 생태적으로 계획되어 있다고 믿는다. 즉, 양육자에 대한 애착행동은 영아의 생존 가능성을 증가시키므로 진화되었다는 것이다. 그에 의하면 양육자와의 접촉은 영아의 음식물 섭취를 보장하기는 하지만 음식물이 애착형성의 기초는 되지 못한다고 주장한다. 그 대신 애착 유대는 생물학적인 것으로 종의 생존을 증가시키는 진화의 틀 내에서 가장 잘 이해될 수 있다는 것이다. 즉, 애착은 격리되어 양육되지 않는 모든 종에서 나타나며 환경적 변인에 의해 거의 영향을 받지 않는 진화된 행동으로 스스로 보살핌을 이끌어내는 영아와 어머니 사이의 상호관계 내에서 형성된다는 것이다(장휘숙, 2001).

2) 애착형성의 요인

음식물이 어머니와 아이를 연결하는 중요한 맥락이기는 하지만 애착의 결정적인 형성요인은 아니다. 할로우와 짐머만(Harlow & Zimmerman, 1959)의 원숭이 대리모 실험(그림 3-1)은 애착형성요인이 수유나 음식물이 아니라 접촉이 결정적이라는 것을 보여준다.

그림 3-1 원숭이 대리모 실험

이들의 실험에서 어린 원숭이들은 철사로 만든 어미 원숭이와 부드러운 천으로 만든 어미 원숭이에 의해 양육되었다. 어린 원숭이들은 철사로 만든 어머니와 천으로 만든 어머니에게 각각 절반씩 수유를 받았다. 실험결과 어린 원숭이들은 어느 어머니에게서 수유를 받던 상관없이 천으로 만든 어머니를 더 좋아하였으며, 공포자극이 나타났을 때도 모두 천으로 만든 어머니에게 매달렸다. 심지어는 철사로 만든 어머니에게만 우유병이 매달려 있을 때도 몸을 천으로 만든 어머니에게 부착시킨 채 우유를 먹었다. 그리고 천으로 된 어미 원숭이와 함께 있을 때 잘 지내던 아기 원숭이는 철사 어미 원숭이와 지내게 된 경우에는 위축되고 두려워하는 모습을 보였다. 예를 들어 새로운 장난감을 우리에 넣어 주었을 때, 천으로 된 어미 원숭이와 함께 있는 아기 원숭이는 다가가서 탐색하고, 학습의 토대가 되는 전형적인 호기심을 보였다. 그러나 철사 어미 원숭이와 함께 있는 아기 원숭이의 우리에 새로운 장난감을 넣어 주었을 때 아기 원숭이는 두려워하며 우리의 구석으로 가서 웅크리는 모습을 보였다. 이러한 결과는 애착형성에 중요한 요인이 수유나 배고픔의 해소가 아니라 접촉위안(contact comfort)이라는 것을 보여준다.

3) 애착형성의 단계

볼비의 애착이론을 경험적 연구를 통하여 확장한 아인스워스(Ainsworth, 1973)는 영아의 애착행동을 기초로 애착의 발달 단계를 〈표 3-5〉와 같이 4단계로 구분하였다(장휘숙, 2001).

표 3-5 애착의 발달 단계

단계	특징
제1단계 (출생~2, 3개월)	영아는 울음, 발성, 미소, 응시 및 시각적 추적으로 양육자와 접촉을 시도하고 양육자를 그들 곁에 머무르게 하려고 한다. 아직까지 영아의 시각체계가 완전히 기능하지 못하기 때문에 영아는 감각적 접촉에 의해 양육자의 독특한 특성을 인지한다.
제2단계 (2, 3개월~6, 7개월)	영아의 신호와 지향반응은 몇 사람의 친숙한 성인에게 한정된다. 영아는 일차적 양육자는 물론 한두 사람의 다른 성인도 구별할 수 있다. 친숙한 사람이 나타나면 미소짓고 좋아하며 그가 떠나면 싫어하는 표정을 짓는다.
제3단계 (6, 7개월~3, 4세)	양육자에 대한 최초의 분명한 애착을 형성한다. 영아는 기어다닐 수 있기 때문에 어머니 가까이 머물기 위하여 어머니에게 능동적으로 접근한다. 어머니가 떠나면 저항하고, 되돌아오면 어머니를 반갑게 맞이한다. 최초의 애착을 형성한 수주 내에 대부분의 영아는 아버지, 형제자매, 조부모 및 규칙적으로 만나는 사람에게도 애착을 형성한다(Schaffer & Emerson, 1964). 생후 18개월까지 단지 한 사람에게만 애착을 형성하는 영아는 거의 없으며 대부분 여러 사람에게 애착을 형성한다.
제4단계 (3, 4세 이후)	이제 유아와 양육자는 협력자 관계를 형성할 수 있다. 유아는 인지능력의 증대와 함께 타인의 소망이나 목표를 탐지하고 예상할 수 있으며 사회적 관계에 대한 기본이해를 획득한다. 따라서 이 연령의 유아는 부모의 계획과 목표를 고려할 수 있고 애착인물과 최적의 근접을 유지하기 위해 그들의 행동을 조절할 수 있다. 이러한 애착관계의 양상은 일생동안 계속된다.

4) 애착반응

애착반응이란 영아가 특정 인물과 애착을 형성했다는 증거를 의미한다. 이러한 현상으로 나타나는 대표적인 것이 낯가림과 분리불안이다.

(1) 낯가림

낯가림(stranger anxiety)은 낯선 사람이 다가오거나 부모가 낯선 사람에게 자신을 맡길 때 나타내는 불안반응을 의미한다. 영아들은 최초의 애착을 형성하기 전까지는 낯가림 현상을 나타내지 않으며 애착이 형성된 후부터 낯가림을 보인다. 이러한 낯가림은 6~8개월경에 나타나기 시작해서 첫 돌 전후에 최고조에 달했다가 서서히 감소한다.

대부분의 영아가 낯가림 반응을 보이지만, 그 정도는 영아의 기질이나 환경요인에 따라 다르게 나타난다. 기질적으로 순한 영아가 까다로운 영아보다 낯가림을 덜 하는 편이다. 낯가림이 중요시되는 이유는 낯가림은 특정인에 대한 애착형성의 표시일 뿐 아니라 탐색행동(exploratory behavior)과 밀접한 관련이 있기 때문이다. 심한 낯가림은 영아의 탐색행동을 방해하기 때문에 지적 · 사회적 발달을 방해하는 요인이 된다(장휘숙, 2001).

(2) 분리불안

영아가 애착대상 인물과 떨어져 분리될 때의 불안반응이 분리불안(separation anxiety)이다. 분리불안은 돌 전후에 나타나서 14~18개월경에 절정에 도달하고 20~24개월경에 사라진다. 하지만 분리불안이 완전히 사라지는 것은 아니다. 아동이나 청소년들도 오랫동안 부모와 떨어져 있으면 향수에 젖고 슬픔에 빠진다.

영아의 인지능력이 발달함에 따라 어머니는 왜 떠나고 어디로 갔으며 언제 돌아올 것인가를 이해하게 되므로 짧은 기간의 분리는 견딜 수 있게 되지만, 장기간의 분리는 영아의 적응에 문제를 일으킬 수 있다. 부모의 입원이나 별거 혹은 시설기관에 수용되어 양육자와 장기간 분리되어 있으면, 처음에는 어머니를 부르고 울며 찾는 저항행동을 나타낸다. 저항기간이 지나가면 영아는 절망의 기간에 들어간다. 영아의 활동은 감소되고 위축되며 깊은 슬픔에 빠진다. 이때에도 어머니가 돌아오지 않으면 탈애착(deattachment)이 일어난다. 탈애착이 이후에 어머니와 재결합하게 되어도 영아는 어머니를 거부하고 더 이상 어머니와 상호작용을 하려고 들지 않는다. 생후 3개월부터 3세 사이의 분리는 영아의 애착형성을 방해하고 이후의 대인관계에 부정적인 영향을 미치게 된다(장휘숙, 2001).

5) 애착의 질적 특성

아인스워스와 연구진(Ainsworth et al., 1978)은 애착을 질적으로 상이한 세 가지 양식–안정된 애착(secure attachment), 회피적 애착(avoidant attachment), 불안/양가적 애착(anxious/ambivalent attachment)으로 구분을 하였고, 메인과 솔로몬(Main & Solomon, 1990)은 세 가지 양식 중 어느 것에도 포함되지 않는 제4의 애착양식을 발견하고 그것을 불안/혼란된 애착(inseure/disorganized attachment)으로 명명하였다. 애착의 유형과 그 특징은 〈표 3–6〉과 같다.

표 3–6 애착의 유형 및 특징

유형	특징
안정된 애착	이 유형의 영아들은 부모를 안전기지로 사용하여 능동적으로 환경을 탐색하고 낯선 사람과도 상호작용한다. 그러나 영아들은 낯선 사람보다는 부모에 대해 더 강한 선호를 나타낸다. 약 65%의 영아들이 이 유형에 속한다.
회피적 애착	이 유형의 영아들은 부모와 함께 있을 때도 부모에게 무반응적인 것처럼 보이며 부모가 없어도 슬프하지 않으며, 낯선 사람에게도 무반응적으로 행동한다. 짧은 분리 후 재결합하여도 부모를 회피하거나 천천히 부모를 반긴다. 약 20%의 영아들이 이 유형에 속한다.
불안/양가적 애착	이 유형의 영아들은 부모 가까이 있으려 하고 탐색을 하지 못한다. 부모와 분리되었다가 부모를 다시 만났을 때 그들은 화를 내고 저항적 행동을 하며 자주 발로 차고 미는 행동을 한다. 안아주어도 계속해서 울고 쉽게 달래지지 않는다. 약 10~15%의 영아들이 이 유형에 속한다.
불안/혼란된 애착	이 유형은 가장 큰 불안정성을 나타내는 애착유형으로 이 유형의 영아들은 재결합 시에 여러 가지 혼란되고 모순된 행동을 보인다. 부모가 안아주면 다른 곳을 바라보거나 활기 없고 우울한 표정으로 부모에게 접근하기도 하고 때로 부모로부터 도망쳐서 벽에 머리를 기대기도 한다. 이 아이들은 대부분은 멍한 표정을 짓고 있어 무엇을 생각하는지 알 수가 없다. 약 5~10%의 영아가 이 유형에 속한다.

6) 애착에 영향을 미치는 요인

애착형성에 영향을 미치는 요인으로 영아의 기질, 영아와 부모의 특성 그리고 양육의 질 등을 들 수 있다. 조산이나 출산합병증, 발달지체 혹은 신체적 · 심리적 장애가 있는 영아의 경우 안정된 애착형성을 방해한다. 또한 부모의 경제적 수준이 낮고 스트레스가 많은 가정의 영아들도 불안정한 애착을 형성하기 쉽다. 그러나 이러한 조건에서도 부모가 여유와 인내를 가지고 적절한 양육을 한다면, 안정된 애착을 형성할 수 있다(Pederson & Moran, 1995).

영아의 기질적 특성이 애착형성에 미치는 영향에 대해서는 논란이 많다. 영아의 적응성은 안정애착과 정적 상관이 있으며, 영아의 활동성은 불안정애착과 정적 상관이 있는 것으로 나타났다. 하지만 영아의 기질적 특성은 애착유형에 큰 영향을 미치지 않는 것으로 보이는데, 이는 조화의 적합성으로 설명할 수 있다. 즉, 어떤 영아라도 양육자가 영아의 기질을 잘 파악하여 적합한 양육을 제공하게 되면 영아가 안정된 애착을 형성할 수 있게 되지만, 그렇지 못할 경우(예: 까다로운 기질의 영아)에는 애착문제가 발생할 수 있다는 것이다(Seifer & Schiller, 1995).

어머니의 특성도 애착의 형성에 영향을 미치는 요인이다. 즉, 어머니의 성격, 연령, 경제적 지위, 어머니 자신의 양육과정 등이 애착형성에 영향을 미치는 요인으로 나타났다. 특히 어머니의 성격특성 가운데 영아가 나타내는 행동이나 반응에 대한 민감성과 반응성이 중요하다(Valenzuela, 1997). 어머니와 영아를 대상으로 한 66개 연구의 결과를 종합한 연구(van IJzendoorn & De Wolff, 1997)에서 민감한 양육(sensitive caregiving)이 안정애착을 촉진시키는 것으로 나타났다. 즉, 어머니가 아이의 반응에 민감하고 적절하게 잘 대처하면 안정된 애착을 보이는 반면, 불안정 애착을 보이는 영아의 어머니는 화를 잘 내고 아이와의 신체적 접촉을 회피하며 자신의 감정을 표현하는 데 어려움이 있는 것으로 나타났다.

회피적 애착을 보이는 영아들은 과도하게 자극적이고 강제적인 보살핌을 받는 경향이 있으며, 불안/양가적 애착을 형성한 대부분의 영아들은 부모의 일관성 없는 양육을 경험한다. 이 영아의 어머니는 양육에 거의 참여하지 않으며, 영아가 탐색을 하려고 하면 오히려 방해하고 영아의 관심을 어머니 자신에게 향하게 하려고 노력한다.

아동학대나 무시와 같은 극단적인 부적절한 양육은 모든 불안정한 애착의 형성을 유발하며, 특히 학대받는 아동들 중에는 불안/혼란된 애착양식을 갖는 아동이 많다(Lyons-Ruth & Block, 1996).

아버지의 특성 또한 애착형성에 영향을 미치는 것으로 나타났는데(van IJzendoorn & De Wolff, 1997), 아버지가 영아에게 보이는 애착행동은 어머니와는 다르며, 주로 영아와 놀이를 하는 것으로 나타났다. 또한 부모가 영아와 함께 하는 놀이의 본질도 서로 다른데, 어머니는 장난감 놀이 혹은 언어를 사용하는 놀이를 주로 하는데 반해, 아버지는 영아와 함께 신체적인 놀이들(거꾸로 들기, 무등태우기 등)을 주로 하게 된다. 이와 같은 차이로 인해 영아는 스트레스를 받는 상황에서는 어머니를 찾고, 재미있는 자극을 원할 때는 아버지를 찾게 된다(Lamb, 1977).

3. 자기이해

출생 시 신생아는 자기에 대한 개념이나 느낌을 가지지 못한다. 영아가 처음으로 자기를 주변 세계와 분리된 독립된 개체로 인식하게 되는 자기인식(self-recognition)은 생후 2, 3개월경에 나타나며, 이 시기부터 자기에 대한 이해가 시작된다. 자기인식은 자아개념과 자아존중감 발달의 출발점이 된다.

1) 자아개념

자아개념(self-concept)은 자신의 특성, 즉, 신체적 특징, 정서적 특징, 가치관, 태도, 능력 등에 대해 가지고 있는 내재화된 스스로에 대한 생각을 의미한다. 영아기의 자기개념은 아주 피상적이지만, 유아기의 자기개념은 아주 구체적이다. 대부분 영아들 자신을 표현해 보라고 하면, '인형을 가지고 논다'와 같은 자신이 좋아하는 행동으로 표현을 하지만, 유아기는 자신의 이름, 소유물, 활동 등을 통해 자신을 묘사한다. 이와 같이 자아개념은 연령이 증가함에 따라 점차 안정적이고, 추상적인 개념을 사용하여 자신을 기술한다. 유아기에는 주로 신체적 특징이나 소유물 등으로 자신을 설명하지만, 아동기가 되면 자신의 능력이나 심리적 특성, 타인과의 관계 등으로 자신을 묘사하게 된다(Montemayor & Eisen, 1977).

자아개념에 영향을 주는 요인으로는 첫째, 발달된 인지능력이 자아개념에 영향을 미치는데, 이는 인지능력의 발달로 인해 자신의 여러 특성을 잘 통합할 수 있게 되고, 개인의 특성을 더 잘 이해할 수 있게 되기 때문이다. 둘째, 자기의 주변 인물들로부터 주어지는 피드백의 영향을 받는다. 사회학자인 미드(Mead, 1934)는 개인의 자아개념은 중요한 타인(significant others)과의 상호작용을 통해 형성된다고 주장하였다. 학령기 이전에는 부모로부터의 피드백이 많은 영향을 주지만, 아동이 학교에 들어가면서부터는 또래의 피드백에 더 많은 영향을 받게 된다.

2) 자아존중감

자아존중감(self-esteem)이란 자기가치에 대한 판단으로 긍정적 또는 부정적 판단을 말한다. 자아개념이 자신에 대한 인지적 개념이라면, 자아존중감은 자신에 대한 감정적인 느낌이라고 할 수 있다(Simmons & Blyth, 1987). 자아존중감은 인간의 기본욕구로서 정신건강에 매우 중요한 역할을 하고, 개인의 심리적 적응을 알기 위해서는 개인의 자아존중감을 알아야 한다(Branden, 1969). 매슬로우(Maslow)는 자아존중감이 충족된 사람은 스스로를 능력이 뛰어나고 가치 있는 사람이라고 생각하는 반면, 자아존중감이 충족되지 못한 사람은 열등감으로 인해 스스로를 가치없는 사람이라고 생각한다고 하였다.

자아존중감은 크게 세 가지로 구분이 되는데, 학업적 자아존중감, 사회적 자아존중감, 신체적 자아존중감이며, 이는 연령이 증가할수록 세분화된다(Marsh, 1990). 하터(Harter, 1998)에 따르면, 자아존중감의 형성은 분리된 자아존중감이 먼저 형성되고, 아동기 동안 전반적 자아존중감으로 통합이 된다고 주장한다(그림 3-2).

자아존중감은 연령의 증가에 따라 그 수준이 변화한다. 일반적으로 유아기에 자아존중감이 가장 높고, 아동기가 되면서 점차 현실적인 수준으로 맞춰진다. 이는 아동이 또래들과 어울리게 되면서 자신의 외모, 능력, 행동 등 여러 영역에 걸쳐 타인과 비교하는 사회적 비교(social comparisons)가 가능하기 때문이다.

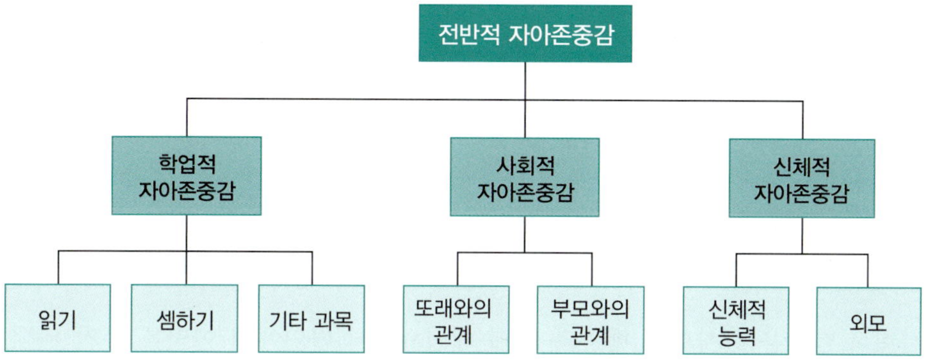

그림 3-2 아동기 자아존중감의 위계적 구조

아동의 자아존중감 발달에 영향을 주는 요인으로는 첫째, 부모의 양육태도이다. 일반적으로 부모가 온정적이고, 수용적인 태도를 가진 자녀들은 높은 자아존중감을 보이지만, 부정적이고, 거부적이며, 무시하는 태도를 가지는 부모들의 자녀들은 낮은 자아존중감을 보인다(Bishop & Ingersoll, 1989). 둘째, 아동의 자아존중감은 또래, 교사, 중요한 타인 등으로부터 받는 피드백이 중요한 영향을 미친다. 주변 사람들로부터 긍정적인 피득백을 받는 아동은 자아존중감이 높은 반면, 그렇지 못한 아동은 낮은 자아존중감을 가진다. 특히 또래로부터의 피드백은 연령이 증가할수록 그 영향은 더욱 커진다(Thorne & Michaelieu, 1996). 이 외에도 자아존중감에 영향을 미치는 요인으로는 아동의 출생 순위와 가정의 사회경제적 지위 등이 있다. 출생순위를 보면 일반적으로 맏이나 외동인 경우 자아존중감이 높았으며, 사회경제적 지위에 있어서는 지위가 높은 집단에 비해 낮은 집단의 아동이 낮은 자아존중감을 보였다(어주경 · 정문자, 1999).

4. 친사회적 행동

1) 친사회적 행동의 개념

친사회적 행동의 개념은 '반사회적 공격성'과 '친사회적 공격성'을 구별하면서 처음 나온 개념이다. 즉, 폭력성, 파괴, 이기심, 무책임 등과 다른 심리적 차원인 도움주기, 나누기, 기부 또는 조력 등의 다양한 행동이 긍정적인 사회적 결과를 낳는다고 주장한 사회심리학자들에 의해 긍정적 행동(positive behavior) 또는 친사회적 행동(prosocial behavior)이라고 명명되기 시작하였다(이경은, 2007). 이런 맥락에서 많은 연구들은 친사회적 행동을 반사회적 행동과 반대 개념으로서 타인에게 이익을 주기 위해 자발적으로 하는 행동이며, 사회적으로 긍정적인 결과를 가져오는 행동으로 보았다.

친사회적 행동을 보는 입장에 따라 행동적 측면을 강조하는 입장과 동기적 측면을 강조하는 입장으로 나눌 수 있는데, 행동적 측면을 강조하는 입장은 친사회적 행동을 이타행동과 구별하며 동기와 상관없이 다른 사람을 이롭게 하는 모든 행동을 친사회적 행동으로 보고 있고, 동기적 측면을 강조하는 입장은 외적 강화물 없이도 내적 동기에 의해 다른 사람을 돕는 행동, 즉 이타성과 친사회적 행동을 동일한 개념으로 간주하는 차이점이 있다.

이와 같이 친사회적 행동의 정의와 유형을 종합해 보면, 친사회적 행동이란 다른 사람과 관계를 형성하고 유지하기 위해 나타나는 긍정적인 사회적 행동이며, 외적인 보상을 기대하지 않고 타인에게 도움이나 이익을 주기 위해 자발적으로 수행되는 것으로 긍정적인 결과를 가져오는 행동을 의미한다.

2) 친사회적 행동의 구성요소

친사회적 행동의 구성요소는 다양하지만 일반적으로 친절하기, 도와주기, 공감하기, 나눠주기, 보호하기, 협동하기의 6가지 유형으로 구분하고 있다. 친사회적 행동의 구성요소를 구체적으로 살펴보면 〈표 3-7〉과 같다(강병수 외, 2013: 구명희, 2013; 위지혜, 2014; 현지영, 2013).

표 3-7 친사회적 행동의 구성요소

유형	특징
친절하기	사전적 의미의 친절이란 다른 사람의 필요한 욕구에 대한 배려와 우호적이고 관대한 대접을 의미하며 여러 방법으로 상대방의 생활을 편안하게 해 주는 행동으로 정의된다. 따라서 친절은 상대방의 기대를 초과하는 인간 상호 간의 배려행위로 감정이 이입되어 있고, 자발적 행동이라고 볼 수 있다.
도와주기	도와주기는 상대방의 과제를 돕는 정보나 행위를 주는 것으로 어려운 상황에 있는 사람에게 자발적으로 협력하여 그 상황에서 벗어나게끔 해 주는 행동으로 정의된다. 또한 도와주기는 이타적인 성향 또는 타인의 기대, 외적인 보상의 다양한 동기의 결과로 타인에게 정서적 혹은 물리적으로 도움을 주는 행동이다.
공감하기	공감(共感)은 '감정을 공유한다'는 뜻이다. 즉, 자신이 직접 경험하지 않았더라도 다른 사람의 감정을 이해하고 느끼며 표현하는 것이다. 유아의 친사회적 행동은 타인에 대한 공감적 관심에 의해 자극되며 공감은 유아가 타인의 사고와 감정을 추론하고 이해하는 인지적 능력과 다른 사람의 감정을 대신해서 나누어 가질 수 있는 감정적 요소로 구성된다. 공감개념에 세 가지 요소로는 첫째, 다른 사람의 정서적 상태를 분석하는 능력, 둘째, 첫 번째 요소 보다 좀 더 높은 수준의 인지요소인 타인의 조망과 역할을 가정해 보는 능력, 셋째, 정서적 요소로서 타인에 대한 정서적 반응이다.
나눠주기	나눠주기란 가르다, 분배하다, 쪼개다, 주고받다 등의 다양한 뜻을 내포하고 있으며 '주고받는다'라는 뜻에서 상호작용을 의미한다. 자선이나 기부처럼 전통적 차원의 개념을 넘어서는 진화된 개념으로써 나눔을 자발성과 책임감을 바탕으로 한 생명존중과 시민성 구현으로서의 민주적 가치행동으로 정의된다. 나누기 행동이란 행위자가 자신이 소유한 물건을 희생하는 것을 말한다. 즉, 타인을 위해 일부를 나누어 주는 행동이며 다른 사람을 이롭게 하는 것으로 돕기, 관용, 자선, 동정심, 위안 등과 함께 친사회적 행동의 범주에 속한다.
보호하기	보호하기란 위험이나 곤란 따위가 미치지 않도록 잘 보살펴 돌본다는 뜻으로 정의된다. 비슷한 뜻을 가진 용어로는 돌보다, 지키다, 수호하다 등이 있으며, 괴롭힘을 당하는 친구를 볼 때 그 상황에서 벗어나게 도와주거나 위험한 물건이나 안전하지 못한 상황에서 친구에게 알리는 행동 등이 보호하기에 해당된다.
협동하기	협동은 한 학급 전체 또는 몇 명으로 이루어진 그룹의 공동의 목적을 달성하기 위해 서로 협력하는 행동을 의미하며 협동은 인간의 가장 기본적이고 긍정적인 상호작용 형태의 하나로 보고 인간사회를 유지하고 발전시키는 데 있어 필수적인 기술로 간주된다. 특히 상호작용이 확대되기 시작하는 유아기의 협동은 적극적이고 긍정적인 타인과의 교류를 경험하게 함으로써 자신의 삶을 확장시켜 나갈 수 있게 한다고 보았다. 따라서 협동하기의 개념을 종합해 보면, 집단 구성원들이 공동의 목표에 대해 함께 의논하고 수행해 가는 학습방법이라고 할 수 있다.

3) 친사회성의 발달이론

오늘날 많은 발달심리학자들은 감정이입, 동정심, 자아존중감 등의 긍정적인 감정은 도덕성 발달과 정적 상관이 있고, 분노, 수치심, 죄책감 등의 부정적인 감정은 도덕성 발달과 부적 상관이 있다고 믿는다(정옥분, 2011). 친사회성 발달이론에서 정신분석이론, 인지발달이론, 사회학습이론의 입장에서 친사회적 행동은 유전적인 것이 아니라 학습된 것이라 주장한다.

정신분석이론에서는 인생의 초기단계에 유아가 부모의 기준이나 사회 규범에 적응하게 되면서 도덕성의 발달이 이루어진다고 보았다. 이와 같이 도덕성이 발달함에 따라 유아는 사회의 규범을 내면화하여 반사회적 행동을 억제하고 이를 위반했을 때는 불안감과 죄책감을 느끼게 된다고 보았다. 따라서 죄책감이 형성되면 유아는 이로부터 벗어나기 위해 더욱 더 사회의 규범에 순응하게 되고 그렇게 함으로써 도덕성 발달이 이루어진다는 것이다(정옥분, 2011). 정신분석이론에서는 인간은 본능적으로 이기적이며 공격성을 가지고 태어난다고 보았으므로 나이 어린 유아에게는 친사회적 행동을 기대하기 어렵지만 유아의 초자아가 발달하면서 성인의 친사회적 도덕 가치를 동일시하는 과정을 통해 친사회적 행동을 내면화하기 시작한다고 주장한다. 즉, 정신분석이론에서는 유아는 타인과 상호작용 속에서 초자아가 발달하면서 성인의 도덕적 가치를 동일시하고 내면화하는 과정을 통해 친사회적 행동이 발달한다고 보는 것이다.

사회학습이론에서는 아동이 도덕적 갈등 상황에 직면했을 때 어떻게 사고하고 행동하느냐 관심을 둔다. 법이나 사회관습에 일치하는 행동이 보상을 받으면 유아는 그 행동을 계속하게 되고, 도덕적으로 행동하는 모델에 지속적으로 노출되면 아동은 그러한 행동을 따라하게 된다. 사회학습이론에서는 친사회적 행동을 모델링이나 모방을 통한 학습의 과정으로 설명한다. 즉, 보상에 의해 강화됨으로써 바람직한 행동이 학습된 결과로 친사회적 행동이 나타난다는 것이다. 예를 들어 관찰과 모방 학습이 뛰어난 유아는 친사회적 행동을 스스로 습득하며, 직접경험을 통해 친사회적 행동을 증진시키게 된다(Perry & Bussey, 1984).

인지발달이론에서는 인지발달과 사회성 발달을 상호 의존적으로 보기 때문에 조망

수용, 역할수용, 도덕적 판단능력 등을 친사회적 행동 발달의 선행조건으로 본다. 이는 유아가 다른 사람의 요구나 관점과 감정에 대한 이해를 할 수 있어야만 친사회적 행동이 가능하게 된다는 것이다. 인지발달이론에서는 아동의 연령증가와 친사회적 행동이 밀접한 관련성이 있다고 주장한다. 즉, 아동의 연령이 증가함에 따라 사회구성원 간의 상호작용의 증가로 인해 사회인지 능력 또한 발달된다는 것이다(송종란, 1999).

4) 친사회적 행동에 영향을 미치는 요인

유아의 친사회적 행동에 영향을 미치는 요인을 양육방식, 모델링, 훈련 및 프로그램의 효과로 구분하여 살펴보면 다음과 같다.

(1) 양육방식

부모의 양육방식과 친사회적 행동 간의 관련성을 살펴본 연구들을 종합해 보면, 친사회적 행동을 하는 아동들의 부모는 대체로 성숙, 사려 깊음, 도움을 주는 행동 등을 요구하는 경향이 강한 것으로 나타났다(김영옥 · 이은화, 1998). 즉, 부모가 아동에게 친사회적 행동을 하도록 요구하거나 아동이 불친절하거나 공격적일 때 잘못에 대한 노여움 혹은 화난 감정을 표현하는 것은 친사회적 성향을 발달시키는 데 도움을 준다. 하지만 부모가 자녀에게 지나치게 힘을 행사하는 것은 오히려 부정적인 결과를 보일 수 있기 때문에 부모는 도움이 되거나 돌보는 행동을 요구함과 동시에 순종하도록 최소한의 권위를 사용하는 것이 친사회적 행동에 긍정적인 영향을 미치게 된다. 다시 말해 부모의 적절한 제한이나 규제는 부모의 허용이나 지나친 제한보다는 이타적인 성향의 발달에 더 효과적인 것임을 밝히고 있다(최기영 외, 2008).

(2) 모델링

남을 돕는 바람직한 사회적 행위를 하는 모델을 관찰한 유아가 그렇지 않은 유아에 비해 모델과 비슷한 행동을 더 많이 한다는 것은 당연하다. 유아에게 온정적인 상호작용을 하며 이타적인 모범을 보이는 성인의 실제 행동은 유아의 이타적인 행동에 영향을 미친다. 모델에 의한 행동은 유아가 다양한 상황에서 다른 사람들이 다양한 이타적 행동을 하는 것을 보게 될 때 훨씬 더 효과적이다(Perry & Bussey, 1984). 이와 더불어 단순히 모델링을 제시하는 것보다 동시에 실제 상황에 사용해 본 기회를 함께 갖는 것이 중요하다는 결론을 밝혔으며 돕기나 주기와 같은 행동을 실행해 볼 수 있는 체계적인 기회가 유아의 친사회적 성향을 고취시킬 수 있다고 주장한다.

(3) 훈련 및 프로그램의 효과

유아에게 실제생활에서 성인을 돕는 행동의 기회를 제공하면서 흉내 내기(simulations)를 하는 것이 흉내 내기를 통해 훈련만을 제공하는 것보다는 돕는 행동의 지속적 증가에 있어서 훨씬 더 효과적이다(Zain-Wangler & Radke-Yarrow, 1982). 또한 유아들이 친사회적 행동을 습득함에 있어 부모들의 친사회적 행동의 강요나 두드러진 보상보다는 유아 스스로 친사회적 행동을 찾을 수 있도록 허용적 태도를 취할 때 유아의 친사회적 동기는 더 오래 지속된다(Dis & Grusec, 1985). 단기개입프로그램으로써 유아들에게 협동놀이, 나누기, 차례 바꾸기 등의 강화가 바깥의 자유놀이 상황에서 공격적 행동을 감소시켰음을 보고하고 있다(최기영 외, 2008). 위지혜(2014)는 유아 50명을 두 집단(실험집단과 비교집단)으로 구분하여 총 12회기 나눔 교육 활동 프로그램을 운영한 결과 나눔 교육활동이 유아의 친사회적 행동 증진에 긍정적인 영향을 미치는 것으로 나타났다. 이는 나눔 교육 활동이 유아의 나눔에 대한 인식을 긍정적으로 변화시키고, 친사회적 행동을 증진시키는 데 효과적인 방법이기 때문에 유아교육 현장에서 친사회적 행동 증진을 위해 나눔 교육 활동을 보다 적극적으로 활용할 필요성이 있음을 시사한다.

5. 도덕성

어린 아이들은 항상 자기중심적인 것처럼 보이고 매사에 부모에게 인내심을 요구하는 것처럼 보인다. 또한 쉽게 말하진 못하지만 부모들의 고민은 아이가 혼자만 과

자를 먹으려고 한다거나 장난감을 다른 아이와 나눠 갖는 것을 너무나 싫어해서 뭔가 문제가 있는 것이 아닐까라고 생각하기도 한다. 아이가 좀 더 자라면 남의 물건을 아무 생각 없이 가져오고 그것을 자기 것이라고 생각하는데 혹시 도벽이 있는 것은 아닌지 고심하기도 한다. 어른의 시각에서 본다면 이러한 행동은 분명 사회적으로 용납 받지 못할 행동이지만 아이들에게는 다른 잣대가 필요하다. 그 이유가 무엇일까? 그것은 아이에게는 어른들과 달리 그 연령에 맞는 도덕적 기준이 있기 때문이다.

도덕성이란 선악을 구별하고, 옳고 그름을 바르게 판단하며 인간관계에서 지켜야 할 규범을 준수하는 능력을 말한다. 도덕성 발달은 자신이 속한 사회의 문화규범에 따라 행동하도록 배우고 이를 자신의 것으로 받아들이는 과정을 통해 이루어진다.

1) 피아제의 도덕성 발달

도덕성 발달이론을 최초로 제안하고 연구를 가장 먼저 시작한 사람은 피아제이다. 그는 아동의 도덕성 발달이 세 단계를 거쳐서 이루어진다고 주장하였다. 첫 번째 단계는 규칙이나 질서에 대한 도덕적 인식이 전혀 없는 단계이다.

두 번째 단계는 타율적 도덕성 단계(heteronomous morality stage)로 4~7세의 유아가 이 단계에 해당한다. 이때 아이들은 규칙이란 것은 부모님이나 신과 같이 힘이 있는 사람들에 의해 만들어진다고 생각한다. 그래서 규칙은 절대로 변경될 수 없고 규칙을 어기면 벌을 받게 된다고 생각한다. 이들에게 있어 도덕적인 문제는 항상 '옳고, 나쁜' 방향이 있다고 믿고 규칙에 잘 따르는 것이 항상 옳다고 생각한다. 그리고 이때에 아이들은 행위의 의도에는 관심이 없고 결과만으로 옳고, 나쁜 쪽을 판단한다. 예를 들어 이 단계의 유아들은 엄마의 설거지를 도우려고 하다가 접시를 10개 깬 것과 엄마 몰래 과자를 꺼내려고 하다가 접시 1개를 깨뜨린 상황에 대해 전자가 더 큰 잘못을 했다고 판단한다. 의도와 상관없이 깨진 접시의 개수만으로 잘못의 크기를 판단한다. 또한 이 시기에는 잘못을 저지르면 반드시 벌을 받게 된다고 믿는다. 주변에 자신을 보고 있는 사람이 없어도 이 시기의 아이들은 하느님이 항상 보고 있으므로 먹지 말라는 과자를 몰래 꺼내 먹다가 넘어져 무릎에 피가 나면 이것이 벌을 받고 있는 것이라고 판단하게 된다.

세 번째 단계는 자율적 도덕성 단계(autonomous morality stage)이다. 10세경부터 이 단계로의 발달을 보이는데, 이 단계의 아이들은 규칙은 사람들이 만든 것이고 그것은 변경될 수 있으며 상황적 요인을 고려하여 도덕적 판단을 내릴 수 있는 융통성을 발휘하게 된다. 옳고 그른 것에 대한 판단도 행위의 결과가 아닌 의도에 의해 판단하게 된다. 이제 아이는 엄마를 돕기 위해 일하다가 접시를 깬 것이 과자를 몰래 먹다가 접시를 깬 것보다 잘못이 적다는 것을 알게 되며, 구급차나 소방차가 응급상황에서 속도나 신호를 위반해도 그것이 잘못된 것이 아니라는 것을 알게 된다. 점차 규칙이란 것은 변경될 수도 있고 상황에 따라 도덕적 판단이 달라질 수 있다는 것도 알게 된다. 타율적 도덕성 단계와 자율적 도덕성 단계 사이에 있는 7~10세 사이의 아이들은 과도기적 단계로서 타율적 도덕성과 자율적 도덕성이 함께 나타나는 시기이다.

피아제는 도덕성 발달은 인지적 성숙과 사회적 경험이 중요한 역할을 한다고 하였다. 즉, 자기중심성의 감소와 역할수용 능력의 발달과 같은 인지적 성숙과 또래 아이들과의 상호작용 같은 사회적 경험이 도덕성의 발달에 영향을 준다는 것이다.

2) 콜버그의 도덕성 발달

콜버그(Lawrence Kohlberg, 1927~1987)는 도덕성 발달을 6단계로 구분하였다. 이러한 구분은 인습 이전, 인습, 인습이후라는 세 가지 수준이 있고 그 하위에 각각의 두 가지 하위단계가 포함된다고 설명하였다. 인습(conventional)이란 사회규범, 기대, 관습, 권위에 순응하는 것을 뜻하는 것이다.

콜버그는 도덕성 발달 단계를 구분하기 위해 많은 연구를 시도하였다. 예를 들어 〈표 3-8〉과 같이 "하인즈가 약을 훔치다"는 이야기를 10~16세 사이의 아동 16명에게 들려주고 몇 가지 질문을 함으로써 남편(하인즈)의 행동이 옳은지 여부를 판단하게 하고 그렇게 판단한 이유를 물었다. 아이들이 대답한 판단과 추론을 분석하였다. 여기서 응답자의 판단이 다르더라도 추론이 비슷한 경우에는 같은 단계의 발달수준으로 보았다.

표 3-8 "하인즈가 약을 훔치다"의 이야기와 질문

하인즈가 약을 훔치다
유럽의 한 부인이 특수한 종류의 암에 걸려 거의 죽어가고 있었다. 그 부인의 병을 치료하는 데는 오직 한 가지 약밖에 없는 것으로 알려져 있었다. 이 약은 같은 마을에 사는 어느 약사가 최근에 발명한 라디움 종류의 약이었다. 그 약을 만드는 데는 원가가 상당히 비쌌데다가, 그 약사는 약값을 원가의 10배나 요구하였다. 즉, 약사는 라디움을 200달러에 구입하여 2,000달러에 팔려고 한 것이다. 병든 부인의 남편인 하인즈는 돈을 구하기 위해 아는 사람들 모두 찾아 다녔으나 그 약값의 절반밖에 안 되는 1,000달러밖에 마련하지 못했다. 할 수 없이 하인츠는 그 약사에게 가서 자기 부인이 죽어가고 있다고 설명하고 그 약을 1,000달러를 받고 싸게 팔거나, 아니면 외상으로라도 자기에게 팔아주면 다음에 그 돈을 갚겠다고 간청했다. 그러나 그 약사는 "안 됩니다. 그 약은 내가 발명한 약인데, 나는 그 약으로 돈을 벌어야 합니다"라고 대답했다. 절망에 빠진 하인즈는 결국 약국 문을 부수고 들어가서 자기 부인을 위하여 그 약을 훔쳤다.
〈질 문〉 • 남편은 약을 훔쳤기 때문에 벌을 받아야만 하는가? • 약사는 그렇게 터무니없이 비싼 약값을 요구할 권리를 가지고 있는가? • 약사가 부인을 죽인 것이나 다름없다고 비난하는 것은 정당한가? • 만약 정당하다면 그리고 부인이 중요한 인물이었다면, 약사를 더 심하게 처벌해야 하는가?

(1) 전인습적 수준

첫 번째 수준은 전인습적 수준(pre-conventional level)으로 이 수준의 사람은 사회규범이나 기대를 잘 이해하지 못하고 매우 자아중심적이어서 다른 사람의 입장을 이해하지 못하고 자기욕구충족에만 관심이 있다. 9세 이전의 아동과 일부 청소년, 그리고 성인 범죄자가 여기에 해당한다.

전인습적 수준의 하위단계에는 1단계로 벌과 복종 지향의 도덕 단계이다. 이 단계에서는 처벌을 피하기 위하여 규칙이나 기준을 따르는데, 엄마에게 야단을 맞지 않기 위하여 동생을 괴롭히지 않는다. 또한 이 단계의 아동은 결과만으로 행동을 판단하므로 보상을 받는 행동은 올바른 것이고 처벌을 받는 행동은 나쁜 것이라고 생각한다. 2단계는 개인적 보상 지향의 도덕 단계인데, 자신의 흥미와 욕구를 만족시키기 위해 규범을 준수한다. 자신이 원하는 보상을 주는 행동을 하려는 경향을 보이므로 동생을 괴롭히지 않으면 엄마가 과자를 준다고 했기 때문에 동생을 괴롭히지 않는 원리로 행동하는 단계이다. 이 단계부터 다른 사람의 입장을 고려하기 시작하지만 완전하지는 않다.

(2) 인습적 수준

두 번째 수준은 인습적 수준(conventional level)이다. 10~13세 아동들이 이 수준에 해당한다. 이 수준은 다른 사람의 입장을 더 잘 이해하게 되고 사회적 관습에 맞는 행동을 도덕적 행동이라고 생각하므로 사회적 권위와 내면적 기준으로 도덕적 판단을 추론하게 된다. 그러므로 가정, 사회집단 등의 기대에 따르는 것이 결과와는 상관없이 가치가 있다고 판단한다.

이 수준의 하위단계로서 3단계는 대인관계조화 지향 도덕 단계로 올바른 행동이란 다른 사람을 기쁘게 하거나 다른 사람에게 인정받는 행동이라고 판단하기 때문에 타인의 기대에 부합하고자 노력한다. 동기나 의도가 중요하며 신뢰, 충성, 존경, 감사의 의미를 중요하게 생각한다. 4단계는 법과 질서 지향 도덕 단계이다. 이 단계는 자신의 의무를 다하고 법과 질서를 따르는 것이 옳다고 판단한다. 이 시기에는 추상적 사고가 발달하기 시작하기 때문에 자신을 사회의 일원이라고 생각하고 사회기준에 따라 행동을 평가하게 된다. 대부분의 성인도 이 단계에 해당된다.

(3) 후인습적 수준

세 번째 수준은 후인습적 수준(post-conventional level)이다. 이 수준에서는 도덕적 가치나 권위가 개인이나 집단의 권위와는 관계없이 그 자체로서 타당성을 가진다는 것을 깨닫게 된다. 이 수준에 도달하는 시기는 개인에 따라서 차이가 있으며 이 수준까지 도달하지 못하는 사람도 있다.

이 수준의 하위단계인 5단계는 사회계약 지향 도덕 단계인데, 올바른 행동이란 사회 전체가 합의한 기준에 따르는 행동이라고 판단하며 개인의 권리를 중요시하고 합리성에 따라 법과 규칙 등의 사회적 기준이 달라질 수 있다고 생각한다. 모든 사람의 복지와 권리를 보호하기 위해 법을 준수하는데 때로는 법적 견해와 도덕적 견해가 서로 모순됨을 깨닫고 갈등 상황에 놓이기도 한다. 다음 6단계는 보편적 원리

지향 도덕 단계이다. 이 단계에서는 사회계약과 법은 보편적인 윤리기준에 맞는 것이기 때문에 정당하다고 믿으며 인간의 존엄성, 인간의 평등성, 정의 같은 것이 해당된다고 본다. 도덕성이란 양심에 따라 이루어지는 결정이라고 보기 때문에 타인들의 생각이나 법의 제약과는 관계없이 자신이 선택한 도덕원리에 따라 행하는 행동이 올바른 행동이라고 판단한다. 예수나 석가모니와 같은 소수의 성인(聖人)만이 이 단계에 도달하게 된다고 보았다.

3) 도덕성의 발달이론

(1) 정신분석적 관점

프로이트는 인간의 성격구조가 원초아와 자아, 초자아로 구성이 되고 도덕성 발달은 초자아가 나타나기 시작하면서 이루어진다고 보았다. 초자아는 남근기(3~6세)에 발생하는 오이디푸스 콤플렉스(Oedipus complex)를 해결하는 과정에서 형성된다. 이 시기에 아동들은 무의식적으로 이성부모에 대한 근친상간적 욕망 때문에 동성부모에 대한 경쟁심을 경험하게 된다. 남자아이의 경우, 아버지에 대한 두려움 때문에 오이디푸스 콤플렉스와 적대감이 형성되고, 이 공포에서 벗어나기 위해 아버지를 동일시할 수밖에 없다. 이 과정에서 아동들은 아버지의 도덕기준을 포함한 여러 속성을 내면화시킨다. 프로이트는 남성의 초자아가 유아초기에 출현해서 6~7세에 성숙되며 이에 따라 오이디푸스 콤플렉스가 해소된다고 가정했다. 여자아이들은 아버지의 애정을 두고 엄마와 경쟁하기 시작하는 남근기 동안에 비슷한 갈등을 경험하는 것으로 추측되고 있지만, 남자아이들이 아버지에 대해서 느끼는 것만큼 어머니를 그렇게 두려워하지는 않는다. 왜냐하면 최악의 상황에서라도 어머니들은 여자아이들을 결코 거세할 수 없기 때문이다. 여자아이들도 엘렉트라 콤플렉스(Electra complex)를 해결하기 위해 어쩔 수 없이 엄마를 동일시하면서 두려움을 해결하게 된다. 이런 이유로 프로이트는 여성들의 초자아가 남성들에 비해 더 약하다고 믿었다. 따라서 정신분석이론에서는 인생의 초기 단계에 아동이 부모의 기준이나 사회의 규범에 적응하게 되면서 도덕성 발달이 이루어진다고 보았다.

(2) 사회학습 관점

사회학습이론가들은 어떻게 아동들이 나쁜 행동을 억제하고 유혹에 저항하면서 도덕적으로 행동하는가에 초점을 두었다. 사회학습 이론에서는 도덕성 발달은 다른 모든 행동과 마찬가지로 강화, 처벌, 모방에 의해 설명될 수 있다고 믿는다. 법이나 사회관습에 일치하는 행동이 보상을 받으면 그 행동은 지속되고 도덕적으로 행동하는 모델을 보게 되면 아이들도 역시 그러한 행동을 취하게 된다는 것이다. 그러나 비도덕적 행동이나 바람직하지 못한 행동으로 처벌을 받게 되면 그 행동은 하지 않게 된다고 설명한다(Bandura, 1977).

6. 공격성

1) 공격성의 개념

유아의 공격성은 가정을 벗어나 새로운 교육기관에 적응하면서 가장 많이 발생하는 발달적 경향성 중의 하나이다. 특히 유아 공격성은 사회관계에서 이루어지는 상호작용에 어려움을 주는 부정적인 행동 속성으로 유아기 사회 · 정서적 부적응을 나타내는 지표로 또래 관계를 판단하는 주요한 요소이다.

공격성에 대한 개념 정의는 많은 학자의 견해에 따라 다르지만 반두라와 워터(Bandura & Walter, 1963)에 따르면, 일반적으로 두 가지 접근방법이 있다. 첫째는 단지 관찰할 수 있는 특성이나 행동 등 우발적인 사고로 인한 상해까지 공격적 행동에 포함시켜 정의하는 접근방법이고, 둘째로는 상해를 끼치지 않지만 행위자의 의도나 동기를 포함시켜 정의하는 방법이다(조은하, 2017). 따라서 최근 유아의 공격성에 대한 정의는 외현적 행동뿐만 아니라 의도나 동기까지도 포함되어 사용되고 있고 이에 대한 공격성의 유형도 다양하게 정의되고 있다. 그러나 일반적으로 유아의 공격성은 의도를 가지고 타인에게 자신의 감정이나 행동을 신체적 · 언어적 또는 관계적으로 부정적인 표현을 하는 행위를 포함한다는 점에서 같은 맥락으로 공격성을 개념화하고 있음을 알 수 있다(박윤조, 2007). 따라서 유아에게 나타나는 공격적 행동은 우연적 · 표현적 · 도구적 · 적대적 공격성 등의 유형으로 구분할 수 있다(표 3-9).

표 3-9 공격성의 유형

구분	특징
우연적 공격성	의도적이지 않게 타인에게 피해를 주는 것이다.
표현적 공격성	공격자의 분노, 좌절, 적대적 감정 없이 신체적 경험을 즐거워하는 것을 말하며, 이 경우에 상대방이 즐겁지 않다는 것을 알지 못한다.
도구적 공격성	사물, 영역, 권리를 갖거나 보호하기 위하여 상호작용을 하다가 발생된 분쟁에서 일어나는 것이다.
적대적 공격성	다른 사람에게 상처를 주거나 협박해서 힘을 얻고자 하는 고의적인 행동이며, 이는 타인에게 신체적인 상해를 주거나 입히겠다고 타인을 위협하는 외현적 공격성과 소문이나 거짓말 등 사실이 아닌 사회적으로 거짓된 조작을 통해 타인의 지위나 자아존중감에 부정적인 영향을 주는 관계적 공격성으로 나뉜다.

2) 공격성의 발달

유아기의 공격성은 미성숙한 유아가 아직 자신의 감정을 완벽하게 조절하기 힘들고 자기중심적인 사고에서 벗어나지 못했기 때문에 발생하는 경우가 흔하다(박윤조, 2007). 유아들은 유아교육기관에서 또래와의 사회적 관계를 본격적으로 시작하게 되는 3~6세 사이에 친사회적 행동이 두드러지게 발달할 때 이에 반한 공격성의 행위가 두드러지게 외현화되어 발달되는 경향이 있다.

유아의 공격성 발달을 연구한 여러 학자에 의하면 유아가 생후 7개월경에 욕구좌절의 상황에 놓이면 거친 행동을 하고, 18개월 전후에서 공격적 행동이 나타나기 시작한다. 유아기의 공격성은 만 2~4세 사이에는 던지고, 물고, 꼬집고, 때리고, 밀치거나 당기는 등 물리적인 공격 행동이 주로 나타나고, 이것은 주로 신체적인 불편을 호소하거나 주의를 끌기 위한 목적에서 비롯된다(조은하, 2017). 만 4~5세 사이에서는 또래 친구들과의 갈등과 사물의 소유에 대한 욕구 및 갈등이 주요 원인이 되어 욕하거나 짜증내기, 흉보기, 상대방에게 언어적으로 모욕주기 등의 언어를 사용한

외현적 공격행동을 보인다.

유아의 공격성은 특히 유아기 동안 계속 증가하여 만 4세경이 되면 절정에 이른다. 이 시기의 유아들은 역할놀이와 같은 사회적 놀이를 보다 많이 하는 시기로 유아 서로 간에 상호작용을 할 기회가 많기 때문으로 보인다(이지연, 2010; Maccoby, 1980). 따라서 만 4세경에는 자신의 분노를 표현하기 위해서나 다른 유아들의 물건을 빼앗기 위해서 신체적 공격성을 많이 나타내는 경향이 있다. 이러한 신체적인 공격성은 점차적으로 언어적 공격으로 바뀐다. 예를 들어 또래 친구에게 소리를 지르거나 모욕주기, 비속어 사용 등 자신의 자존감을 회복하려는 언어적인 공격성이 증가하게 된다. 이처럼 유아들이 만 2~3세에는 신체적 공격이 많다가 만 3~5세에는 신체적 공격이 점차 줄어드는 이유는 유아 주변의 성인들, 즉, 부모, 교사, 친척, 이웃 등이 신체적 공격행동에 대하여 물리적인 제재와 부정적인 반응을 보이기 때문이다(이지연, 2010). 또한 유아들이 성장해 가면서 경험한 것을 통해 목적을 달성하는 데 타협하는 것이 고통이 적고 훨씬 효율적인 방법이라는 것을 터득하게 되는 것도 그 이유가 된다.

카린스(Carins, 1989)는 유아의 공격성에 대해 2세경에 공격적이었던 유아는 5세경에도 공격적이었으며 6~10세 사이에는 신체 및 언어적 공격행동의 양이 학교 폭력이 많이 일어나는 중학생과 고등학생의 공격적 행동의 지표가 된다고 하였다(조은하, 2017 재인용). 이러한 공격행동의 원인은 유전적 · 기질적 원인과 욕구좌절, 공격적 모델링, 권위주의적이거나 무조건 허용적인 가정환경 등에 기인한다고 볼 수 있다. 즉, 인간은 유전적으로 공격성을 가지고 있으며, 자신의 안전이나 기본적인 욕구를 충족하는 데 위협을 받을 경우 공격 행동이 유발될 수 있다(이지연, 2010). 또한 유아교육기관, 방송매체, 지역사회 등에서 또래나 성인의 공격적 행동을 모방할 경우와 가족상황에서 강압적인 상호작용을 유지할 경우 공격행동이 나타날 수 있다(이지연, 2010). 유아의 공격성 행위가 지속적으로 증가하는 이유, 즉 공격성 행동의 원인을 〈표 3-10〉과 같이 제시하고 있다(서선이, 2012; 주혜린, 2018).

표 3-10 공격적 행동의 원인

- 가정 내에서 발생하는 여러 문제들이 공격적 행동의 원인이 된다. 예를 들어 불안정한 애착형성, 가정 내의 불화, 부모의 이혼, 경제적 결핍 등 유아를 둘러싼 가정환경의 불만족스러움에 대한 불만이 공격적 행동으로 표출되는 경우가 있다.
- 대중매체로부터 공격성, 폭력성 등을 학습하는 경우가 있다. 영화 속 공격적인 인물이나 폭력으로 문제가 해결되는 TV 프로그램을 시청하는 동안 모방하여 공격적 행동이 증가한다.
- 좌절이 공격성의 근원이 되기도 한다. 부모가 평소에는 자녀에게 무심한 태도를 보이다가 자녀가 공격적인 행동을 할 때 많은 관심을 보인다면 유아는 부모의 관심과 사랑을 얻기 위한 방법으로 계속 공격적인 행동을 반복한다. 또한 부모의 감정에 따라 유아에게 허용의 여부가 달라지는 등 비일관적인 양육태도를 보이게 되면 유아는 이러한 과정에서 좌절을 경험하고 이것이 공격적인 행동을 나타나기도 한다.
- 때로는 유아에게 문제 상황을 공격적으로 해결하라는 직접적인 가르침이 유아의 공격성을 증가시키기도 한다.
- 공격적인 행동을 하였을 때 상대방이 바라던 대로 갈등 상황에서 물러나거나 양보하면 공격적인 행동에 대한 강화가 작용하므로 이러한 일은 공격적인 행동을 금지시하기보다는 더욱 강화해 주게 된다.
- 하고 싶은 것을 못 하게 되었거나 상대방에게 공격을 받았을 때 어떻게 해결해야 하는지 모르기 때문에 공격성이 발생하기도 한다. 이러한 지식과 기술의 부족으로 오는 공격성은 유아의 미성숙함이나 경험의 부족에서 영향을 받는다.

최근 저출산으로 인해 가정 내 유아가 한 명밖에 없는 가정이 지속적으로 증가하였고 가정에서 유아를 소황제처럼 대우하는 현상이 생기면서 이들이 가정을 벗어나 유아교육기관에 다양한 공격적 행위를 본격적으로 나타내고 있다. 유아의 공격성은 가정과 유아교육기관이 지속적으로 연계활동을 전개해야만 감소될 수 있는 대표적인 유아의 사회성과 반대되는 발달적 특성이다. 따라서 영유아의 공격성을 감소시키기 위해서는 가정에서 양육자와 유아 간에 지속적인 대화가 필요하고 유아의 공격성에 대비한 부모교육 등이 적극적으로 이루어져야 할 필요성이 있다.

Chapter 4

사회성 발달에 영향을 주는 요인

배울 내용

1. 가정 내 요인
2. 가정 외 요인

학습목표

1. 사회성 발달에 영향을 미치는 가정 내 요인을 파악하고 지원방안을 모색한다.
2. 사회성 발달에 영향을 미치는 가정 외 요인을 파악하고 지원방안을 모색한다.

유아의 사회성 발달은 가정 내 요인과 가정 외 요인에 의하여 영향을 받는다. 가정 내 요인으로는 성별, 출생순위, 부모, 가족유형 등이 포함되며, 가정 외 요인으로는 또래 관계, 유아교육기관의 경험, 스마트폰과 전자미디어 등이 포함된다(홍진영, 2012). 영유아는 가정이라는 작은 사회적 공동체를 벗어나 새로운 사회적 관계를 형성하는 유아교육기관에 등원하여 또래 관계를 통해 자기중심적인 생각에서 점차 벗어나 타인과 함께 어떻게 관계를 형성하고 유지하는가를 배우기 시작하면서 또래 친구에게 관심을 가지기 시작한다(김윤희, 2013). 그 이후 사회적 요인과 집단의 영향에 의해 영유아의 사회성이 발달하게 된다.

1. 가정 내 요인

1) 성별

성별에 따른 기질을 살펴보면, 남아가 여아보다 공격성, 과잉행동, 주의력 결핍, 산만, 배척됨이 높게 나타났고 친사회성, 사회적 정서, 긍정행동 등은 여아가 높은 것으로 나타났다. 특히 유아의 사회성 발달은 언어의 발달과 매우 밀접한 관련성이 있다. 즉, 영역별 발달은 독립적으로 이루어지는 것이 아니라 상호 보완적으로 발달하는 경향성을 지니고 있기 때문이다. 유아의 언어적 발달은 가족 혹은 또래 등과 상호작용하는 중요한 매개체이다. 따라서 유아의 언어발달은 사회성 발달의 기본적인 수단이 된다고 할 수 있다. 언어발달 측면에서 보면 여아가 남아보다 언어발달이 더 빠른 경향을 보인다.

이러한 기질과 언어발달에는 성차가 발생하는데, 이러한 차이는 놀이 활동에서도 관찰이 되는 현상으로 이를 선천적인 것으로 보는 관점이 지배적이다. 구체적으로 남아와 여아의 경우 역할 놀이의 주제에서도 다소 차이가 있으며, 놀이 친구의 수에서도 남아는 더 큰 집단을 선호하면서 경쟁적인 활동에 집중하는 것으로 보고되고 있다(표 4-1).

표 4-1 성별에 따른 놀이 활동의 차이

구분	여아	남아
집단 역동성	협동적	경쟁적
신체적 공격성	낮음	높음
놀이 상대의 수	2~3명	집단
역할놀이	가족역할, 가게놀이, 병원놀이	영웅놀이, 전투
장난감	인형, 옷입히기, 부엌놀이	액션 인형 놀이, 장난감 자동차
성인과의 근접성	가깝다	멀다

이상과 같이 영유아의 기질, 언어발달, 놀이 활동에서의 성별 차이는 결과적으로 사회성 발달에 성별이 영향을 미친다고 할 수 있다.

2) 출생순위

유아의 형제관계도 사회성 발달에 영향을 미치게 된다. 왜냐하면 부모는 유아의 출생순위나 성별에 따라 양육방식을 다르게 할 수 있고 자녀에 대한 기대 수준이 다를 수 있기 때문이다. 대체로 어떤 특정한 출생순위에 태어난 아이들은 다음과 같은 일반적인 특징을 가지고 있다(하수연 외, 2015).

(1) 첫째(맏이)

첫째 아이는 잠시 동안 부모의 사랑을 독차지하지만 동생이 태어나면서 동생에게 사랑을 빼앗긴 경험으로 권리와 권력의 중요성을 알게 되고, 그 결과 스스로 고립해서 적응해 나가며 다른 사람의 애정이나 인정을 얻고자 하는 욕구에 초연해 혼자 생존해 가는 전략을 습득해 간다. 때문에 일반적으로 다른 성인들과 좋은 관계를 맺으며 타인의 기대에 쉽게 순응하고 사회적인 책임을 잘 감당하는 특징을 보인다.

(2) 둘째

둘째 아이의 특성은 경쟁이다. 맏이와 경쟁을 해야 하는 상황에서 태어나기 때문에 도전적이고 야심이 강하다. 또한 손위 형제 때문에 협동과 타협의 기술도 더 쉽게 배울 수 있다. 그리고 둘째는 자신을 보호하고 자신의 위치를 확보하기 위해 사교적이 된다. 이러한 이유로 첫째보다 훨씬 빠른 발달을 보이기도 한다. 그 결과 아주 경쟁심이 강하고 대단한 야망을 가진 성격이 되기 쉽다. 둘째 아이의 생활양식은 자신의 형보다 낫다는 것을 증명하기 위해 노력하게 된다.

(3) 막내

막내는 부모의 관심과 사랑을 동생에게 빼앗기는 비극적 상황 자체가 없는 유리한 상황에 있다. 또한 다른 형제들과 나이 차이가 많이 날 경우, 부모뿐만 아니라 손위 형제들의 보살핌도 받을 수 있다. 따라서 과잉 보호를 받아서 과도하게 의존적이 될 가능성이 크며, 다른 사람이 자기 대신 자기의 생활을 만들어 주기를 바라는 경향을 지니게 된다.

(4) 외동

외동은 경쟁할 형제가 없고 부모의 사랑을 잃어버릴 가능성이 전혀 없기 때문에 자기중심적인 응석받이로 자라기 쉽다. 나누어 가지거나 다른 영유아와 협동하는 것을 배우지는 못하나 어른들을 어떻게 다루어야 하는지는 잘 배우게 된다. 사교적 · 협조적 · 독립적인 성향을 가진 외동이 있는가 하면, 의존적 · 경쟁적 · 비사교적 성향이 나타나기도 한다. 항상 무대의 중앙에 있기를 원하며, 그 위치가 도전을 받으면 그것을 불공평하다고 느끼기 쉽다.

3) 부모

영유아가 출생하면서 가장 먼저 만나게 되는 인간관계 중의 하나가 가족이며, 처음 접하게 되는 환경이 바로 가족 환경이다. 따라서 영유아기의 사회적 관계는 부모, 형제와 같은 소수의 중요한 인물들과의 관계로 한정된다. 이와 같이 영유아는 세상에 태어나서 맨 처음 자신의 존재를 인식하게 되고 나아가 세상에 관한 최초의 지각을 형성하는 시기에 가족과의 관계를 맺음으로써 자신의 존재에 대한 긍정과 타인에 대한 믿음을 가지고 안정된 관계를 형성해가는 바탕을 이룰 수도 있지만 이 시기에 관계형성이 잘 이루어지지 못하면 자신에 대한 부정적 존재감과 타인에 대한 불신감이 만들어질 수도 있는 중요한 시기에 해당한다. 다시 말해 영유아기는 모든 사회적 관계의 바탕이 되는 신뢰감 혹은 불신감이 형성되는 매우 중요한 시기이다.

영유아 사회성발달에 영향을 주는 요인은 주양육자 요인보다는 가정환경 요인이 더 중요하다고 주장한다. 즉, 부모가 어떤 양육태도를 가지고 아이와 어떻게 상호작용하는지가 중요하다는 것이다. 부모가 유아의 요구에 민감하게 반응할수록 유대관계는 더 친밀해진다. 이는 부모가 자녀에게 따뜻하게 긍정적으로 반응하고 애정을 보이면 아이의 정서적 건강이나 사회성이 좋아지는 것은 물론이고 인지능력도 발달할 수 있다.

(1) 양육태도

바움린드(Baumrind, 1971)는 부모의 양육행동과 유아들의 사회적 능력 간의 관계를 알아보기 위해 구조화된 실험실과 자연스러운 현장인 가정에서 부모와 유아 간의 상호작용을 관찰한 결과, 부모의 양육행동과 그에 따른 영유아의 행동 특성을 〈표 4-2〉와 같다고 주장하고 있다.

표 4-2 부모의 양육행동과 영유아의 행동 특성

부모의 양육행동	부모 특성	영유아 행동 특성
권위 있는 양육행동	애정적 태도와 통제적 태도 모두 많은 양육행동이다. 가장 바람직한 양육행동으로 유아의 양육행동에 규칙이 있으며 규칙을 명확히 전달한다. 그리고 유아의 고집에 굴복하지 않으며, 잘못된 행동은 엄격히 통제하고 유아의 관점을 이해하고 존중하며 애정적이고 반응적이다.	자신감이 높고 책임감이 높으며 자기통제력이 발달되어 있고 사회활동 수준이 높다. 그리고 명랑 쾌활하며 또래 친구와 잘 지낸다. 스트레스에 잘 대처하고 새로운 환경에 흥미와 호기심이 높으며, 성인과 협조적이며 사회성이 높다. 또한 목적이 있고 성취도도 높다.

부모의 양육행동	부모 특성	영유아 행동 특성
독재적인 양육행동	통제적 태도는 많으나 애정이 없는 양육행동이다. 이러한 양육행동의 부모는 규칙을 맹목적으로 강요하고 나쁜 행동을 즉각 지적하고 처벌한다. 그리고 분노와 불쾌감을 그대로 유아에게 표현하고 논리적으로 설명하지 않으며, 심한 처벌과 훈육을 가한다. 또한 애정과 긍정적인 관심이 낮으며, 유아와 함께 하는 활동이 없는 편이고 칭찬에 인색하다.	전반적인 발달과 행동에서 부정적인 모습을 보인다. 공포와 두려움이 있으며 부정적인 자아개념을 가지고 있고 자신감이 낮다. 그리고 긴장하고 항상 불안해하며 직접 표출하지는 않으나 적의적이고 배타적이며 지나치게 복종적 · 의존적이거나 반대로 반항적인 행동을 보일 수 있다. 또한 대인관계 능력이 부족하고 사회성도 낮다.
허용적인 양육행동	애정적 태도는 많으나 통제적 태도가 없는 양육행동이다. 이러한 부모는 규칙을 명시하거나 부과하지 않으며 유아에 대한 통제가 거의 없고 유아의 울음, 고집에 굴복한다. 또한 유아지도능력이 부족하고 부모교육에 대한 가치관이 뚜렷하지 않아 자녀에게 허용적인 양육태도 보인다.	어른에 대해 저항이나 불복종을 보이며 자기중심적이고 자기 통제력이 부족한 편이다. 그리고 충동적이고 공격적이며 쉽게 화를 내지만 회복도 빠른 편이다. 또한 목적이 없거나 목표지향적 활동이 적으며 자립심 및 성취 수준이 낮고 규칙을 무시하고 제멋대로 행동한다.
무관심한 양육행동	애정적 태도와 통제적 태도 모두 없는 양육행동이다. 이러한 부모는 유아에 대한 애정이 부족하거나 표현이 부족하며 규칙을 명시하거나 부과하지 않는다. 그리고 유아에 대한 통제가 거의 없으며 냉담하거나 무관심하고 칭찬하거나 처벌하지 않는다. 또한 유아와 함께 하는 활동이나 대화가 매우 부족하다.	자기 통제력이 부족하고 적개심이 많으며 반항적이다. 그리고 혼란스러워하고 좌절감을 많이 느끼며 세상과 타인에 대한 불신이 높으며 학업성취도가 낮다. 그리고 장기적인 목표를 갖지 못하고 반사회적 행동을 많이 한다.

출처: 하수연 외(2015). 유아사회교육. 공동체. pp.90-92.

(2) 어머니의 영향

영아기에 영아와 주 양육자인 어머니와의 관계를 통해서 애착(attachment)관계가 형성된다. 이때의 애착관계를 기초로 신체발달, 인지발달, 정서발달이 집중적으로 이루어진다. 출생 후 자신의 존재와 타인의 존재에 대한 구분이 되지 않은 상태에서 양육자인 어머니와의 상호작용을 통해서 자신의 존재감을 확인(즉, 자아의 인식)하게 되고 나아가 타인의 존재를 인식하게 된다. 그리고 환경에 대한 탐색을 통해서 세상에 대한 지식을 습득하고 인간의 기본적인 능력과 기술을 배움으로써 사회화의 기초를 형성하게 된다. 따라서 어머니는 영아발달의 가장 중요한 생태학적 맥락에 해당한다. 즉, 아이와 어머니의 상호작용의 질이 좋아야 한다. 아이들은 기저귀 갈아주기, 우유 먹이기, 잠자리에서 책 읽어주기 등과 같은 어른들과의 단순한 만남을 통해서도 많은 것을 배운다. 말을 배우고, 감정을 느끼며, 남에게 어떻게 대해야 하는지를 알게 된다. 또한 세부 사항을 관찰하는 법을 배우고, 사건들을 기억하며 문제를 해결하는 방법도 배우게 된다.

가장 좋은 어머니란 잘 돌보고, 많은 시간을 투자하여 아이들의 활동에 깊이 관여하고, 아이들의 요구에 잘 반응하고, 상황에 맞는 행동을 하고 독립심을 키우기를 원하고 명확한 기준을 세운 뒤 아이들이 따라오는지를 파악하면서 요구하는 부모이다. 그리고 영유아 사회성발달에 도움이 되는 어머니의 태도는 발달 단계에 따라 달라 질 수 있는데 일반적인 사항은 〈표 4-3〉과 같다.

표 4-3 사회성 발달에 도움이 되는 어머니의 태도

구분	내용
애정과 관심	아이들은 어머니가 자신을 잘 돌봐주기를 원한다. 잡아주고, 안아주고, 속삭여주면 아이들은 활짝 웃음을 짓게 된다. 애정과 관심을 항상 받고 자란 아이들은 지능도 그만큼 발달한다. 생후 1년 이내에는 아기들의 시각과 청각의 발달이 제한되어 있기 때문에 육체적 접촉은 아기들에게 단순히 안락감만 제공하는 것이 아니라 배움의 기회도 제공한다는 측면에서 매우 중요한 요인이다. 애정과 관심 및 칭찬은 걸음마 단계의 아기들이나 학교에 가기 직전의 아이들에게도 매우 중요하다. 사랑을 듬뿍 받은 아이일수록 사회 적응력과 지능이 높은 것으로 나타난다.
반응성	어머니의 반응성이 중요하다. 반응성이 아이들의 육체적 요구, 즉, 배고프다, 자고 싶다, 기저귀를 갈아 달라 등에 재빨리 반응하는 것만을 의미하지는 않는다. 아이가 자극받고 싶어 하고 같이 놀고 싶어 하는 요구를 들어주는 것이 포함된다. 아기들은 지루하면 울게 된다. 아기들이 괜히 옹알이를 하는 것이 아니며 아기들은 우리가 대답해 주기를 기대하고 있다. 즉, 우리를 자신의 대화 속으로 끌어들여 우리가 짓는 재미있는 표정을 보고 즐기고자 하는 욕구가 내포되어 있다. 아이들에게 대답해 주는 것은 아이들의 언어발달에도 중요하지만 아이들의 정서적 반응이나 자기 존재를 인식하는 데도 매우 중요한 요인이다. 반응이 좋은 어머니란 결국 아이들의 말을 잘 들어주는 것을 뜻한다. 좋은 어머니가 되려면 시간을 들여서 아이들이 말하고자 하는 것을 듣고 대화를 나누려는 시도를 해야 한다.

구분	내용
관여	좋은 어머니의 또 다른 특성은 관여이다. 그러나 어떻게 관여하는 것이 좋은지에 대해서는 명확하지 않다. 아이들을 밖으로 데리고 나가고, 노는 시간을 정해 주기만 하면 되는 것은 아니다. 책을 읽어주고 노래를 부르고 모래성을 쌓고 숲을 거니는 등 아이와 함께 친밀하게 양방향 상호작용을 하는 것이 중요하다. 아이들이 어머니와 함께 보내는 시간과 지능은 매우 밀접한 관계가 있다는 보고가 많다. 따라서 걸음마 단계에서는 아이들과 같이 즐길 수 있는 놀이를 하는 것이 좋다.
심리상태와 양육행동	어머니가 우울상태에 있는 아이들은 정상적인 어머니를 둔 아이들에 비해서 우울한 기분, 무기력감, 흥미결여, 위축 등의 특성을 보여 불안정 애착이 나타난다고 보고되고 있으며, 어머니의 우울증상은 자녀의 정신병리 발병의 위험성을 높이며 또래 관계의 어려움, 기타 사회적 관계 및 학업적 성취에도 부정적 영향을 미치는 것으로 나타나고 있다. 또한 자아존중감이 높은 어머니는 애정적이며 긍정적인 양육행동을 보이지만 낮은 자아존중감을 지닌 어머니는 영유아의 자아존중감에도 영향을 미치기 때문에 영유아가 낮은 자존감을 갖는 데 영향을 미치는 것으로 나타나고 있다. 그리고 어머니의 자기효능감은 어머니의 양육행동과 영유아의 자기효능감에 영향을 미치는 것으로 보고되고 있다. 즉, 자기효능감이 높은 어머니는 바람직한 양육행동을 보이지만 낮은 자기효능감을 지닌 어머니는 주로 강압적인 양육행동을 보인다.

(3) 아버지의 영향

영유아기의 발달에 영향을 미치는 가족구성원으로서는 어머니의 영향이 가장 크지만 아버지의 영향도 매우 중요하다. 최근에는 아버지의 역할에 많은 관심을 가지고 있으며 실제적으로 육아에 많은 참여를 하고 있는 것은 매우 바람직한 현상이다. 최근 연구에 따르면 한부모가정에서 자란 아이들이 양친이 모두 있는 아이들보다 학업 성취가 낮다고 알려지고 있다.

아버지가 자녀 교육에 적극적인 가정의 아이들은 아버지가 전통적 · 권위적인 가정의 아이들보다 지능지수가 높으며 자긍심이나 자기절제도 강하고 사회성도 뛰어난 것으로 보고되고 있다. 양육특성에 있어 어머니와 아버지는 서로 다른 차이가 나타나는데, 어머니는 보다 애정적이고 언어적인 상호작용이 중심인 경우가 빈번하지만 아버지의 경우는 놀이 활동이나 신체적 활동이 중심이며 어머니에 비해 거칠고 격한 활동이 동반되는 경우가 많다. 이와 같이 어머니와 아버지 각각의 상호작용은 영유아의 건전한 성장발달에 중요하다. 그리고 아버지가 아들에게는 남성다움을 배우는 성역할 모델이 되고, 딸에게는 첫 이성의 본보기가 된다. 특히 아버지의 역할로서는 성역할 발달의 안내자 및 사회적 관계의 형성에 중요한 역할을 하는 것으로 확인되고 있다.

4) 다양한 가족유형

1970년대 세계화가 시작되면서 우리 사회가 산업사회에서 정보화 사회로 전환되었고 가족구조에서도 근본적인 변화가 나타나게 되었다. 가족구조의 변화 내용을 살펴보면, 산업사회의 획일화된 가족구조에서 벗어나 결혼률의 저하, 이혼율 증가, 동거생활과 계약결혼의 증가, 혼외 혹은 혼전 자녀의 증가와 같은 가족구조의 다양화가 나타났다. 다시 말해 오늘날 우리 사회는 한부모가족, 조손가족, 재혼가족 등과 같이 가족유형이 다양화되었으며, 가족유형의 변화는 가족유형 내의 부모-자녀 관계에 변화를 가져오게 되었고 결국 영유아의 사회성 발달에 영향을 미치게 되었다.

(1) 이혼가족의 증가

이혼가족이란 이혼한 부모의 어느 한쪽과 그 자녀로 구성된 가족을 의미한다. 우리나라의 경우 2000년에 들어오면서 이혼율이 급속히 증가하고 있는 것으로 나타났다. 이혼은 자녀에게 큰 심리적 상처를 남길 수 있다. 이혼가족의 아이들은 개인내적 발달과정뿐 아니라 이혼으로 달라진 가정변화에도 적응해야 한다는 부담감을 가지게 된다. 또한 자녀들은 부모의 이혼이 자기 자신 때문이라고 생각하는 경우가 많기 때문에 공격적이고 반항적인 행동 특성과 불안이나 우울의 정서적 장애 및 자존감의 저하의 인지적 장애를 경험할 가능성이 매우 높다. 따라서 이혼가정의 자녀들에 대해서는 스트레스 대처 교육과 대안적 지지체계를 마련해 주는 것이 매우 중요하다.

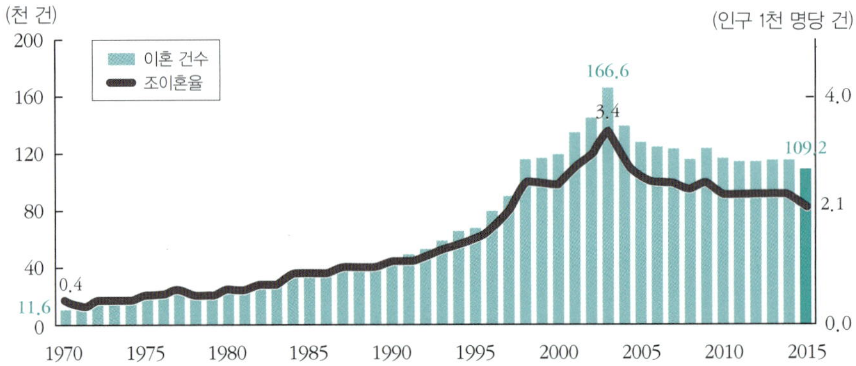

1970년에 이혼 건수는 11.6천 건에서 2003년 166.6천 건으로 증가하였다가 2015년 109.2천 건으로 다소 낮아지고 있는 경향을 보이고 있음

그림 4-1 이혼 건수 및 조이혼율 추이(1970~2015)

출처: 통계청(2016). 2015년 혼인 · 이혼통계.

(2) 한부모가족의 증가

한부모가정이란 이혼, 사별, 유기, 미혼모에 의해 발생되는 가정으로 현재 18세 미만의 자녀와 살면서 자녀를 부양하고 부모 역할을 담당하고 있는 한부모와 자녀의 가정을 의미한다. 예전에는 사별에 의한 한부모 가족이 많았지만 현대로 오면서 사별에 의한 한부모가족은 감소하고 있으며, 이혼과 미혼에 의한 한부모가족이 증가하는 추세를 보이고 있다. 이러한 증가 추세와는 달리 이들에 대한 사회적 인식은 매우 낮다고 할 수 있다. 이처럼 다문화의 증가는 다문화 가정 자녀들의 증가로 이어지고 있으며, 다문화가정의 영유아들은 사회적 적응과 언어적 문제를 겪고 있는 부모와의 상호작용으로 긍정적이지 못한 영향을 받을 가능성이 있다. 특히 다문화가족의 영유아들은 외모의 차이, 의사소통의 어려움, 소극적 대인관계, 정체성의 혼란, 심리적 위축, 고립감 등으로 사회성 발달 측면에서 많은 어려움을 겪고 있다(한정애, 2009). 그러나 한부모가정은 배우자와의 이혼이나 사별 등으로 심리적인 갈등상태에 놓여 있는 것이 사실이지만 이러한 갈등 상황은 한부모가정이 발생한 후 1~2년 사이에 거의 사라지고, 가족의 지지와 사회의 지원이 제공된다면 현실에 잘 적응해 나갈 수 있다.

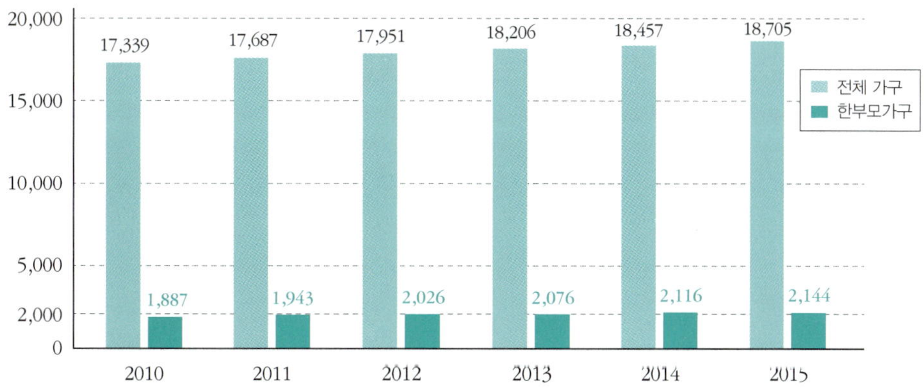

한부모가족은 2015년 전체 가구 18,705천 가구 중 2,144천 가구로 전체 가구 중 9.5%로 나타났으며, 2010년 9.2%에서 꾸준히 증가하고 있는 것으로 나타남

그림 4-2 한부모가구 현황

출처: 통계청(2016). 인구주택총조사.

(3) 재혼가정의 증가

최근 남녀 모두 초혼 구성비는 감소하고 있지만 재혼은 계속 증가하는 추세이다. 즉, 혼인 8쌍 중 1쌍은 남녀 모두 재혼으로 보고되고 있다. 재혼가정은 동반 자녀가 없이 재혼하는 경우에도 여러 가지 문제가 발생할 수 있는데, 재혼하는 성인에게 동반자녀가 있을 경우에는 훨씬 복잡한 가족관계가 나타나기 때문에 재혼생활에 영향을 미치게 된다. 따라서 행복한 재혼 생활을 위해서는 부부간의 노력뿐만 아니라 자녀들의 입장에서 이해하고 그에 따른 적절한 도움이 필요하다.

재혼가정의 자녀들이 경험하게 되는 특징은 발달 단계에 따라 좀 다르게 나타난다. 학령기 이전의 아이들은 현실과 상상을 구분할 수 있는 능력이 부족하기 때문에 자신의 잘못으로 인해 가족이 분리되었다고 생각하여 죄책감을 경험할 수 있다. 학령기(초등학교) 시절은 친부모의 재결합을 강하게 꿈꾸기 때문에 한쪽 부모의 재혼은 상실감을 느끼게 하여 우울해하거나 공격성향을 나타낼 수 있다. 마지막으로 청소년기 자녀들은 발달 단계상 자아정체성을 발달시키고 성에 대해 관심이 높아지는 시기이기 때문에 자녀와의 약해진 친밀감과 이성가족에 대한 거리감을 재혼한 부모와 가족에 대한 거부감으로 오해하고 지나치게 친밀해지려고 노력하는 행동으로 인해 가족관계가 매우 어색해질 수 있다. 따라서 자녀의 발단단계에 따른 특징을 이해하고 이에 대해 적절하게 대처하여 행복한 재혼가정을 이룰 수 있도록 노력해야 한다.

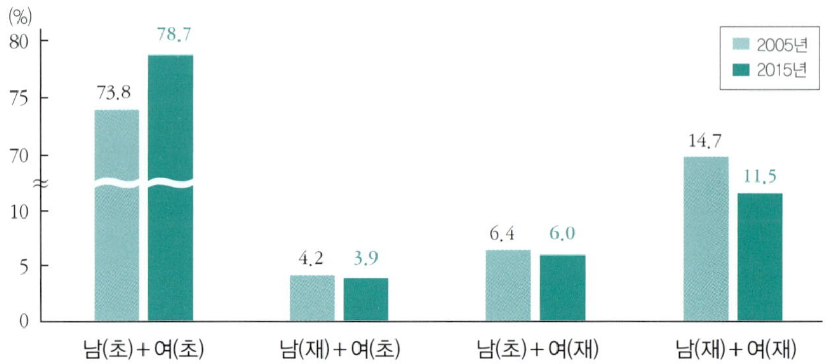

혼인 종류별 구성비를 살펴보면, 2015년 현재 남(초혼)+여(초혼)이 78.7%로 가장 많았으며, 남(재혼)+여(재혼)이 11.5%, 남(초혼)+여(재혼) 6%, 남(재혼)+여(초혼)이 3.9%로 나타남

그림 4-3 혼인종류별 구성비

출처: 통계청(2016). 2015년 혼인 · 이혼통계.

(4) 다문화가족의 증가

다문화가족이란 국제결혼이나 입양 등에 의해서 가족구성원 간에 여러 문화가 존재하게 된 가족을 말한다. 즉, 우리와 다른 민족의 사람들로 구성된 가족을 말한다. 요즘에는 한국인 남성과 결혼한 이주여성가족, 한국인 여성과 결혼한 이주남성가족, 이주노동자, 유학생, 북한이탈주민 등을 포함해 그 범위를 확대하여 사용하고 있다. 우리나라의 경우 1990년대 이후, 세계화의 물결을 타고 유학, 여행, 취업 등으로 인해 국제결혼이 증가하고, 외국인 근로자의 유입이 지속적으로 늘면서 다인종, 다문화사회로 접어들기 시작했다. 국제결혼의 비율은 2002년부터 점점 증가하다가 최근에는 다소 감소하는 경향을 보이고 있다.

다문화가족은 문화적 차이나 경제적인 어려움을 경험할 가능성이 매우 높다. 그리고 언어적 장벽을 극복하지 못해 정서적인 단절을 경험하기도 한다. 따라서 최근에는 한글교실을 비롯한 문화체험 등 다양한 행사를 통해 다문화가족의 사회적응력을 높이려는 시도가 증가되고 있다. 특히 다문화가족의 어려움 중의 하나가 자녀양육이다. 자녀양육에 있어서 언어발달이 지체됨으로 인해 학습이해도가 낮으며 경제력도 낮으므로 교육에 힘쓰지 못하는 경우가 많다. 그리고 혼혈아에 대한 사회의 부정적인 인식으로 집단 따돌림을 당하는 등 상처받는 경우도 많다. 그러나 서로 다른 문화를 접할 수 있으며 관계성의 폭도 넓게 경험할 수 있다는 장점도 있다.

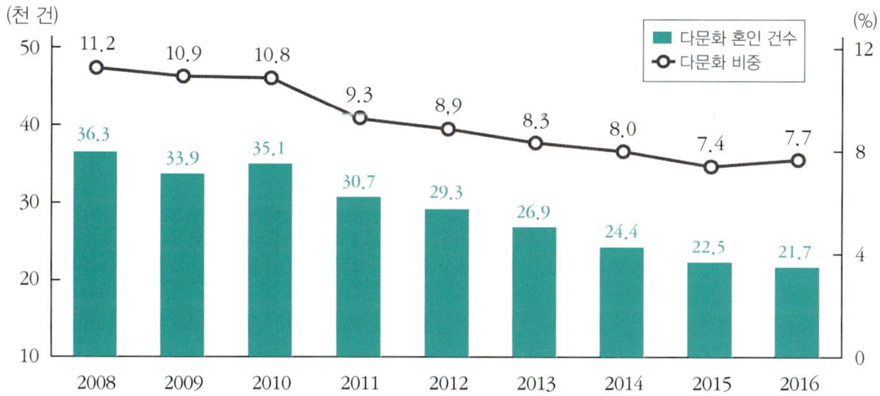

다문화 혼인은 2008년 36.6천 건에서 2016년 21.7천 건으로 감소(다문화 비중도 2008년 11.2%에서 2016년 7.7%로 감소)하고 있는 것으로 나타남

그림 4-4 다문화 혼인 추이(2008~2016)

출처: 통계청(2017). 2016년 다문화 인구동태 통계.

2. 가정 외 요인

1) 또래

페리와 부시(Perry & Bussy, 1984)는 사회성이 발달한 아동은 또래 관계를 형성함에 있어 자신이 원하는 사회적 목표와 목적을 달성하는 데 필요한 기술을 가지고 있으며, 우정을 형성하고 유지하는 데 필요한 기술이 사회성의 대부분과 관련이 있다고 주장하면서 사회적 상호작용 측면 중 특히 또래 친구와의 관련성을 강조하였다(조성자, 2003 재인용). 피아제(Piaget, 1954)는 유아의 또래 집단 경험이 사회성 발달에 중요하다고 하였는데, 그에 의하면 유아들은 다른 유아와의 상호작용 과정에서 자신의 견해와는 다른 관점이 많이 있다는 것을 알게 되어 지적 · 정서적 · 사회적 발달에 필요한 탈중심화가 촉진된다고 주장하였다. 그리고 또래 집단의 관계가 강조되는 이유는 또래 집단 경험이 성인과의 경험에서 제공될 수 없는 발달을 촉진시켜주기 때문이라고 주장한다. 이렇게 유아기는 사회성 발달에 있어서 매우 중요한 시기이며, 특히 부모와 교사, 또래는 이 시기의 사회성 발달에 큰 영향을 주는 요인이 된다.

(1) 또래 관계

유아는 또래와 사회적 상호작용을 하면서 보내는 시간이 많아진다. 또래는 주로 나이, 학년 등과 같은 영역에서 동등한 지위에 있는 동년배 집단을 의미한다. 이들은 정신적 · 신체적 발달과 행동이 유사하고 사회적 관계도 동등함으로써 유아 발달에 중요한 영향을 미친다. 특히 발달적인 측면에서 볼 때, 유아기는 또래 집단이 형성되는 시기이기 때문에 또래와의 관계 형성이 매우 중요하다(강란혜, 2008).

또래 관계는 성인의 지시나 주도에 의하여 일방적으로 형성되는 수직적인 관계가 아니라 또래끼리 서로의 의견을 자유롭게 표현하는 수평적인 관계이다. 그래서 유아는 또래와 효과적으로 관계를 형성하고 유지하는 능력을 습득하는 방법을 터득해야 한다. 그리고 유아는 이러한 또래와의 상호작용을 통하여 많은 지식과 기술을 습득하고 또래로부터 여러 가지 사회적 지원을 제공받는다. 그 외에도 유아는 또래와의 관계에서 사회적 역할과 규범을 배우고 사회적 조망 능력을 발달시키며 사회적 기술을 습득하게 된다(문혁준 외, 2013). 또한 Perry & Bussey(1984)에 의하면 유아는 또래와의 상호작용을 통하여 자기중심성에서 벗어나 또래와의 관계를 이해하게 되고, 또래와의 관계에서 나타나는 다양한 문제를 해결할 수 있는 능력을 발달시킬 수 있게 된다. 그리고 유아에게 새로운 형태의 행동을 가르치고 상황에 따라서 어떠한 행동이 적합한지를 알게 하므로 유아 자신의 유능성을 평가할 수 있는 기준을 형성하게 된다. 더불어 유아는 자신감도 형성하게 된다(강란혜, 2008 재인용).

한편 부모는 자녀의 또래 관계에 다양한 방식으로 영향을 미칠 수 있다. 부모는 자녀와의 상호작용, 부모가 자녀의 생활에 관여하는 방법, 자녀에게 주는 기회 등을 통해 자녀의 또래 관계에 영향을 미친다. 그리고 긍정적인 부모와 자녀와의 관계는 유아에게 있어서 또래 관계를 탐색하고 즐기도록 이끌어 준다. 다시 말해 부모가 유아에게 건네는 따뜻한 말 한마디, 유아에게 좋은 기회를 제공하기, 앞으로 유아에게 다가올 사회적 승인과 같은 것들은 유아의 또래 관계에 긍정적인 영향을 미친다. 반대로 부정적인 부모와 자녀와의 관계는 유아에게 있어서 또래 관계를 공격적으로 이끌어 갈 수 있다. 예를 들어 부모가 유아에게 부정적이고 권위주의적이며 가족관계에서 불안정한 경우 유아는 또래에게 공격적인 행동이 나타나기도 한다. 따라서 자녀의 원만한 또래관계 형성을 위해서는 부모의 긍정적 상호작용이 매우 중요하다.

(2) 또래의 기능

유아는 시간이 지남에 따라 동일한 나이나 동일한 정신연령을 보이는 또래들과 보내는 시간이 점점 더 많아진다. 또래 집단의 중요한 기능은 유아들은 가족 밖의 세상에 대한 정보와 가족과 비교할 수 있는 자원을 제공받는다는 것이다. 유아는 또래 집단으로부터 자신의 능력에 대하여 피드백도 받는다. 유아는 자신이 또래의 유아보다 더 잘하는지 혹은 못하는지에 따라서 유아 자신을 스스로 평가한다. 왜냐하면 대체로 형제자매는 유아 자신보다 나이가 많거나 어려 가정에서는 이러한 판단이 어렵기 때문이다(이경민 외, 2014). 그리고 원만한 또래 관계를 가진 유아는 사회성 발달을 잘 형성할 수 있다. 반면에 그렇지 못한 유아는 사회성 발달에 심각성을 가져올 수 있다. 만약 또래로부터 거부되어 외로움을 느끼는 유아는 우울증이 나타나기도 한다. 또한 또래와의 관계에서 공격적인 행동을 하는 유아는 비행이나 유아교육기관 부적응과 같은 문제가 발생할 수 있다. 결국 또래로부터 거부되거나 멸시를 당하는 유아는 스스로 소외감과 적대감을 느끼며, 그것이 원인이 되어 부적응적인 심리상태와 문제행동을 일으킬 수 있다.

(3) 또래 수용 유형과 특성

또래 수용성은 유아가 또래 집단 구성원과의 관계에서 수용되는 정도를 말한다. 이것은 대체로 두 가지 변인으로 구분될 수 있는데, 하나는 다른 유아가 선호하는 정도를 나타내는 사회적 선호도이고 또 다른 하나는 또래에서 수용되거나 거부되는 정도에 따라서 유아가 집단 내에서 차지하는 위치를 나타내는 사회적 지위이다(문혁준 외, 2013). 이러한 수용도는 유아가 자라서 아동기와 청소년기에 이르러 사회적 적응 정도를 예측할 수 있는 변인이 될 수 있다. 또한 또래 수용도가 낮게 되면 아동기와 청소년기가 되는 과정에서 건강한 발달을 저해하는 요인이 될 수 있다. 주로 또래 관계를 이해하기 위한 방법으로 활용되는 사회적 측정법이 있다. 이것은 '가장 좋아하는 아이'와 '가장 싫어하는 아이'를 찾도록 하여 그것을 근거로 선호와 배척의 정도를 측정하는 것이다. 그 기준에 따라 4가지 유형으로 구분하면 〈표 4-4〉와 같다(김경화 외, 2013).

표 4-4 또래 수용 유형의 특성

유형	특성
인기아동	• 놀이 상황에서 주도적이며, 사회적 접촉을 많이 한다. • 놀이 상황에서 리더십을 발휘하며 활동을 이끈다. • 언어를 많이 사용하며, 또래의 관심을 주도하고 유지하는 데 뛰어나다. • 우호적이고, 지지적이며, 남을 괴롭히는 행동을 피한다. • 또래의 의견을 수용하고 대안을 제시하면서 다른 사람의 견해에 반대한다. • 비공격적인 방법으로 갈등을 해결한다. • 그룹활동에 흥미를 가지고 조심성 있게 개입한다. • 사회적 상황과 또래의 특성을 정확하게 파악하고, 갈등해결을 위한 적절한 행동을 선택한다.
배척/거부아동	• 부정적이고, 불쾌감을 많이 표현한다. • 불평이 많고, 칭얼거리며, 비밀을 잘 누설한다. • 이유 없이 때리고, 밀고, 물며, 언어적 폭력을 사용한다. • 사회적 상황을 잘못 이해하고, 친절한 또래의 행동을 적대적인 의도로 오해한다. • 또래를 회피하고 혼자 놀이를 좋아한다.
고립아동	• 혼자 놀고, 또래가 접근할 때 물러선다. • 사회적 상황에서 말이 없고, 염려를 많이 보인다. • 놀이 상황에 개입하는 데 능력이 부족하다. • 또래의 관심을 끌고 유지하는 데 능력이 부족하다. • 또래의 놀이를 이끌고 놀이 제안을 하는 등 사회적 기술과 주도성이 부족하다.
특이아동	• 인기 아동 특성과 배척 아동 특성을 동시에 지닌다.

출처: 권민균 외(2005). 아동발달. 창지사.

첫째, 또래로부터 인기가 있는 인기 아동(popular children)은 사회적 행동을 한다. 예를 들어 또래와 놀이를 할 때 인기 아동은 또래 활동에 자신을 맞추어 자신의 행동을 조절하기 때문에 놀이 활동에 거부감이나 방해 없이 함께 어울릴 수 있다. 또한 의사소통기술도 뛰어나기 때문에 또래 집단이나 또래 아동을 설득하거나 또래 아동의 행동을 이해하기 어려울 경우에는 설명을 요구하기도 한다. 이러한 특성으로 인하여 인기 아동은 또래에게 동반자, 지도자로 평가를 받는다.

둘째, 또래로부터 싫어하는 아동으로 인식되는 배척아동(rejected children)은 또래와 상호작용을 할 때 공격적인 행동이나 과잉행동을 나타낸다. 그렇기 때문에 이러한 아동은 부정적인 사회적 행동을 한다. 또한 배척 아동은 스스로 또래 아동을 오해하거나 적대적으로 생각하여 공격적인 행동과 성숙하지 못한 사회적 행동을 한다. 그래서 배척 아동은 공격적인 행동 패턴에 익숙하기 때문에 또래 집단 구성원의 의도를 파악하는 기술이 부족하다.

셋째, 또래로부터 소외되는 고립 아동(neglected children)은 배척아동과 비슷한 특성을 보이기는 하지만 공격적인 행동은 하지 않는다. 고립 아동은 또래와 상호작용을 하는 것보다 혼자 놀거나 자기 자신에게만 집중하는 경향이 있다. 따라서 또래와 상호작용하는 행동이 적다고 하여 외로움을 호소하지는 않는다. 그리고 고립 아동의 경우 가끔 심리적인 문제로 위기상황에 처하기도 하고 의도적으로 또래를 피하거나 배척 아동보다 적절하지 못한 행동을 보이기도 한다. 그러나 대체로 이러한 아동은 사회적으로 유능하고 사회생활에 잘 적응하는 편이다.

넷째, 또래로부터 좋아함과 싫어함을 함께 느끼게 하는 특이 아동(controvesial children)은 긍정적인 평가와 부정적인 평가를 동시에 받는다. 이것은 경우에 따라 또래와의 상호작용에서 긍정적 행동과 부정적 행동을 모두 하기 때문이다. 또한 특이 아동은 인기 아동의 특성과 배척 아동의 특성을 동시에 지닌다고 볼 수 있다. 그래서 또래로부터의 평가도 좋아하는 또래와 싫어하는 또래로 극명하게 나누어 나타난다.

2) 유아교육기관의 경험

최근 맞벌이 가정의 증가로 영유아기부터 유아교육기관에 맡기는 대리양육이 증가하면서 많은 부모가 걱정하는 것 중의 하나가 유아교육기관의 경험이 아이의 발달에 부정적인 영향을 미치지는 않을까 하는 걱정이다. 그러나 최근의 연구에 의하면 양질의 교육과 보육경험은 영유아의 애착과 제반 발달영역에 부정적인 영향을 미치지 않는 것으로 나타났으며, 오히려 가정에서 양육되는 영유아보다 기관에서 양육되는 영유아들이 어떤 면에서는 긍정적인 영향을 받는 것으로 보고되고 있다. 그러므로 영유아발달에 있어 중요한 요인은 유아교육기관의 경험 유무라기보다는 어떠한 보육, 교육 서비스를 제공받았는지 그 내용의 질이 더 중요한 요인으로 인식되고 있다. 구체적으로 유아교육기관의 서비스 질이 유아의 사회적 능력과 정적인 상관이 있는 것으로 나타났는데, 기관의 질적 수준이 우수할수록 유아의 사회적 능력이 더 우수한 것으로 나타났으며, 기관의 질, 보육, 교육경험, 유아의 사회성 발달과의 관계에서 기관의 전반적인 질적 수준이 높을수록 유아의 협력성이 높았고 불안정성이 낮은 것으로 나타났으며 교사 경력이 오래될수록 유아의 사회적 활동성이 높고 실내 면적이 넓을수록 협력성이 높았다.

이와 같은 연구결과를 종합해 보면 교사대 영유아비율, 교사의 경력, 물리적 환경 같은 유아교육기관의 질을 결정하는 요인이 적절하게 갖추어져 질 높은 서비스를 제공할 때 영유아는 안정적으로 상호작용을 하게 된다. 이와 같은 안정적 상호작용은 스트레스 지수, 또래 관계, 긍정적 자아개념 및 친사회성과 같은 사회정서적 능력 등에 긍정적인 영향을 미치게 된다.

3) 스마트폰과 전자미디어 및 TV

많은 사람은 유아기부터 기계인 컴퓨터를 접하는 것에 상당한 거부감을 가지고 있다. 비록 상호작용적인 전자미디어를 사용한다고 할지라도 진정한 상호작용을 제공하기보다는 기계적 반응만을 제공하고, 비인간적 문화에 대한 영향으로 사회성 발달을 저해하며, 심지어는 유아들이 느끼고 누려야 할 중요한 사회적 경험을 빼앗기게 될 수 있다고 보기 때문이다.

(1) 휴대전화와 전자미디어

현대인의 삶에 있어 디지털사회로 불리는 21세기는 스마트폰 사용이 매우 중요한 능력으로 인식되고 있다(최혜순 외, 2013). 이러한 스마트폰을 중심으로 한 현대 디지털문명의 발전은 생활상의 편리함뿐만 아니라 의사소통방식의 변화, 시공간 제약의 극복, 패러다임의 전환 등 사회 전반에 걸쳐 획기적인 변혁을 가져오고 있다(한국정보화진흥원, 2011). 현대인들은 거의 모든 생활이 대중매체와 관계 속에서 이루어진다고 하여도 과언이 아닐 것이다. 영유아들은 대중매체에 반응할 정도의 전반적인 발달이 이루어지지 않았기 때문에 일반적인 매체와는 접촉할 기회가 거의 없다. 그러나 특히 최근 폭발적으로 증가한 스마트기기의 사용은 우리 생활에 엄청난 변화를 가져오고 있으며, 영유아들 또한 스마트기기의 사용을 피해갈 수가 없다. 스마트기기는 작은 기기이면서 다양한 자극물을 제공하는 장점으로 인해서 영유아들도 관심을 가질 뿐만 아니라 잦은 접촉으로 인해 중독의 위험성도 있다.

영아기부터 스마트기기에 노출되면 신체활동은 줄어들고 끊임없이 변화하는 자극적인 자극물에 익숙해지면서 중독에 빠지기 쉽다. 이러한 중독현상은 영아들의 신체활동을 줄어들게 해서 비만이 되게 할 뿐만 아니라 주의집중력의 문제도 가져올 수 있다. 즉, 끊임없이 변화하는 자극물에 익숙해짐으로써 한 가지 사물이나 상황에 집중하는 능력이 줄어들게 될 가능성이 높아진다.

스마트폰은 손 안의 PC로 기존의 휴대전화에 PC와 같은 고도화된 기능을 결합한 것으로 앱을 설치하고 동작시켜 다양한 기능을 수행할 수 있도록 만든 모바일기기로 정의된다(방송통신위원회 · 한국인터넷진흥원, 2012). 따라서 스마트폰은 기존의 휴대전화 기능을 수행할 수 있으며, PC와 유사한 기능 및 사양을 가진 것이 특징이고, 모바일 인터넷 기능을 활용하여 언제 어디서나 인터넷에 접속할 수 있다는 장점을 가지고 있다(권기덕 외, 2010; 이주연, 2011).

우리나라의 경우 2009년 스마트폰이 보급되기 시작하면서 2018년 현재 가입자가 5천만명에 도달했으며, 이러한 사용자의 확대와 더불어 스마트폰을 경험하는 유아의 수 또한 증가되고 있는 실정이다(구현영, 2011; 방송통신위원회 · 한국인터넷진흥원, 2012). 유아기는 건강한 신체, 인지, 사회 · 정서발달 등 전인적인 발달을 지향해야 하는 매우 중요한 시기이며, 이 시기에 스마트폰 등의 전자 미디어의 사용은 유아 전인적 발달에 긍정적인 영향과 부정적인 영향을 동시에 주게 된다. 구체적으로 긍정적인 측면은 스마트폰을 비롯해 전자 미디어가 유아의 신체발달(눈과 손의 협응력 발달에 필요한 조작능력, 공간 이해력 등)과 인지발달(언어적 기술, 문제해결능력, 수학적 능력 등)에 긍정적인 영향을 미치고 학습동기 유발 효과가 있기 때문에 전통적인 수업보다 학업성취도 향상에 영향을 미친다(고은이, 2012; 이주연, 2011; 이한나, 2011; Grey, 2011; Haugland, 2000; Wohlwend, 2010; Yelland, 2011)는 주장이다. 이에 반해 부정적인 측면은 유아의 스마트폰 사용이 단기적 학습효과를 보장할 뿐, 장기적인 학습효과는 보장할 수 없으며(고은이, 2012), 신체발달(어깨, 손목, 손가락 등에 통증, 눈의 충혈, 시력저하 등), 인지발달(일생생활에서 부적응 문제나 일탈행동 등), 사회 · 정서발달(산만함, 대인관계문제, 폭력성 등)에 부정적인 영향을 미친다(강신영, 2000)는 주장이다. 두 측면 중 스마트폰 이용의 역기능적 특성은 어린 연령일수록 심화되고 빠른 속도로 증가하며, 성인기로 이어질 경우 심각하고 다양한 사회적 문제로 확대될 가능성이 높은 것으로 보고되고 있다(김주연, 2002),

(2) TV

유아의 행동 양상 변화 중 TV가 영유아의 생활에 미치는 영향은 엄청나게 크다고 할 수 있다. 이러한 영향이 부정적이냐, 긍정적이냐에 대해서는 의견이 다양하다.

❶ 공격적인 행동 학습

많은 문헌연구에 따르면 TV가 아동의 공격적인 행동 학습에 영향을 준다는 주장이 지속적으로 보고되고 있다. 그 중 대표적인 것으로는 반두라(Bandura, 1977)의 연구로써 영유아를 대상으로 공격적인 행동의 모델을 단기간 보여준 후에는 이를 시청한 아동들의 행동이 보다 공격적이 된다는 주장이다. 그러나 TV의 폭력적인 장면이 모든 아동에게 똑같이 부정적인 행동 학습으로 연결되는 것은 아니다. 아동의 성격이 이미 공격성이 강한 아동들만이 공격적인 행동모델을 시청한 경우 더욱 심한 폭력적 반응을 나타낸다는 것이다.

한편 폭력적인 TV를 시청한 아동들의 장기적인 효과에 대해서 종합적으로 분석해 보면, 역시 폭력적 장면의 TV 시청과 공격적인 행동 학습 사이에는 상관성이 있는 것으로 나타났다. 특히 8세를 전후로 TV를 시청한 아동이 성인이 되었을 때 반사회적 행동양식을 많이 나타났기 때문에 폭력물 시청의 효과가 성인기까지 지속되는 민감기는 8세 전후인 것으로 분석되었다.

❷ 친사회적 행동 학습

TV의 프로그램 중 친사회적 행동의 내용이 영유아에게 미치는 효과에 관한 연구도 꾸준히 보고되고 있다. 이에 관한 종합적인 견해로는 친사회적 행동 프로그램 시청을 통해 아동들은 나누어 갖기, 협력하기, 자기통제하기, 타인의 감정 존중하기 등의 친사회적인 행동습득이 가능하다는 것이다. 따라서 프로그램 제작자와 교육전문가의 협조로 친사회성이 강한 프로그램을 영유아들에게 공급함으로써 친사회적 행동학습의 기회를 보다 증대하는 것이다.

PART 2

유아사회교육의 계획 및 운영

Chapter

5

교육 및 보육과정에서의 유아사회교육

▶▶ 배울 내용

1. 누리과정의 사회관계 영역
2. 표준보육과정의 사회관계 영역

▶▶ 학습목표

1. 국가수준의 교육과정에서 제시하고 있는 유아사회교육 관련 영역의 성격 및 목표를 안다.
2. 교육과정에서 제시된 사회관계 영역의 세부내용을 파악하고 유아 지도 시 주안점에 대해 이해한다.

영유아기는 인지, 정서, 사회영역 등의 기초능력이 집중적으로 형성되는 시기이다. 특히 영유아 시기의 중요성은 여러 가지 연구로 입증되고 있는데, 그 중 하나가 가정환경과 소득 격차로 인해 기본학습능력에 격차가 발생했을 경우, 이후 시기에 누적적 교육 격차를 발생시킨다는 것이다. 또한 각 생애단계별로 투자비용을 동일하게 산정할 경우, 영유아기의 인적자원 투자 대비 회수비율이 가장 크게 나타난 것도 영유아기 교육의 중요성을 입증한다. 이런 이유로 정부는 5세 누리과정 도입에 이어 2013년부터 만 3, 4세까지 누리과정을 확대 시행하였고, 현재 우리나라의 모든 만 3~5세 유아들에게 유아교육 · 보육과정이 통합된 '3~5세 누리과정'을 제공하고 있다. 이는 취학 전 교육의 질을 제고하고, 생애 초기의 공정한 출발선을 보장하기 위함이다. '3~5세 연령별 누리과정'은 질서, 배려, 협력 등의 기본생활습관 형성과 인성교육에 주안점을 두고 있으며, 다원화된 사회에서 미래 민주 시민의 기초를 형성할 수 있도록 다른 사람과 화목하게 지내며 나와 다른 사람과의 차이를 존중하는 내용을 강조하고 있다. 또한 누리과정에서는 '타인을 배려하고 존중하며 공감하는 역량을 기르기 위한 인성교육을 대폭 강화(교육과학기술부, 보건복지부, 2013)' 한다고 명시하고 있다. 이것은 누리과정의 5개 영역 모두가 중요하지만 특히 '사회관계' 영역이 강조되고 있다고 해석할 수 있다.

1. 누리과정의 사회관계 영역

1) 성격

사회관계 영역은 유아가 자신을 알고 소중하게 여기며 가족, 또래와 함께 원만하게 지내는 방법뿐 아니라 공동체에서 함께 살아가는 방법을 익히고 사회에 관심을 가지며 적응해 나갈 수 있는 기초능력과 인성을 기르기 위한 영역이다. 따라서 사회관계 영역에서는 자신과 타인에 대한 존중과 배려, 협력, 질서 등 타인과 더불어 살아가기 위해 필요한 기초 예절과 소양을 기르기 위해 힘쓴다. 즉, 유아가 원만한 대인관계 속에서 건강한 자아를 지닌 유아로 성장할 수 있도록 인성교육에 강조점을 둔다.

사회관계 영역은 '나를 알고 존중하기', '나와 다른 사람의 감정 알고 조절하기', '가족을 소중히 여기기', '다른 사람과 더불어 생활하기', '사회에 관심 갖기'의 다섯 가지 내용 범주로 구성된다. 처음 내용 범주는 유아가 스스로를 존중하는 것과 관련된 내용이고, 두 번째 내용 범주는 자신 및 타인의 정서에 대한 이해를 바탕으로 상황에 맞게 감정을 조절하는 데 필요한 내용으로 구성되어 있다. 나머지 세 가지의 내용 범주에서는 유아가 주변의 사람들과의 신뢰를 바탕으로 사회를 편견 없이 바라보도록 하는 내용을 다루게 된다. 이러한 내용을 유아가 가족, 친구와 교사, 지역사회, 우리나라 그리고 세계로 점차 관심을 확장해 나갈 수 있도록 동심원적 접근 방식[1]으로 전개해 나간다.

동심원적 접근 방식	내용 범주	내용	
자기 존중	나를 알고 존중하기	나를 알고, 소중히 여기기	긍정적인 자아 존중감 형성
		나의 일 스스로 하기	
자신과 타인의 정서 이해 및 감정조절	나와 다른 사람의 감정 알고 조절하기	나와 다른 사람의 감정 알고 표현하기	타인과 원활한 관계 형성
		나의 감정 조절하기	
주변 사람들과의 신뢰를 기반으로 한 편견 없는 시각	가족을 소중히 여기기	가족과 화목하게 지내기	자신의 가족배경과 구성원에 대하여 편견 없는 태도 형성
		가족과 협력하기	
	다른 사람과 더불어 생활하기	친구와 사이좋게 지내기	타인 존중, 배려, 협력, 갈등 조절 능력, 문제해결능력 함양
		공동체에서 화목하게 지내기	
		사회적 가치를 알고 지키기	
	사회에 관심 갖기	지역사회에 관심 갖고 이해하기	사회 구성원으로서의 정체감 형성
		우리나라에 관심 갖고 이해하기	

그림 5-1 누리과정의 동심원적 접근

출처: 교육과학기술부 · 보건복지부(2013). 3~5세 연령별 누리과정 해설서. pp.86-90.

1) 먼저 유아의 생활주변세계를 다루고, 유아가 연령적으로 성장한 후에 시간과 공간적으로 유아와 원거리에 있는 내용을 다룬다. 유아의 제한된 경험과 자기중심성으로 인해 직접 접한 환경을 이해한 후 점차 주변세계로 확대되어야 한다는 생각에서 나온 접근방법이 동심원적 접근 방식이다.

2) 목표

사회관계 영역의 목표는 자신을 존중하고, 자신과 타인의 감정을 알고 적절하게 표현하며 다른 사람과 더불어 생활하기 위해 필요한 능력과 기본적인 태도를 기르는 데 있다(표 5-1).

표 5-1 누리과정의 사회관계 영역의 목표

• 자신을 존중하고 다른 사람과 더불어 생활하는 능력과 태도를 기른다.

사회관계 영역에서는 유아가 자신을 소중하게 여기고 자신의 감정과 타인의 감정이 다를 수 있음을 이해하며, 자신의 감정을 조절하고, 적절한 방법으로 표현하게 함으로써 더불어 살아가는 능력과 바른 인성을 기르는 데 강조점을 둔다. 이를 바탕으로 유아는 가족, 또래, 이웃과 협력하며 타인들과 더불어 지내는 능력을 기르도록 해야 한다. 더 나아가 지역사회와 우리나라 및 세계 여러 나라에 대해 관심을 갖고 공동체 의식을 갖춘 유능한 시민 의식을 기르는 데 중점을 둔다.

❶ 자신을 소중히 여기며 자율성을 기른다

유아가 자신에 대하여 알아보고 스스로를 소중하게 여기며, 자신이 스스로 해야 할 일을 알아보고 계획하여 실천해 보는 데 강조점을 둔다.

❷ 자신과 타인의 감정을 알고, 자신의 감정을 적절하게 표현하고 조절한다

유아가 자신의 감정을 알고 표현하며, 타인의 감정에 대하여도 관심을 갖고 공감할 수 있도록 하고, 자신의 감정을 상황에 적합하게 조절할 수 있도록 한다.

❸ 가족과 화목하게 지내며 서로 협력한다

유아가 가족에 대한 이해를 바탕으로 가족구성원과 화목하게 지내며 가족을 기쁘게 하는 일을 찾아보고, 가족이 어려움에 처했을 때 서로 위로하며 협력할 수 있도록 한다.

❹ 친구, 공동체 구성원들과 서로 돕고, 예의 · 규칙 등 사회적 가치를 알고 지킨다

유아가 친구와 협력하여 놀이하는 상황에서 갈등이 발생할 경우 이를 긍정적으로 해결하는 방법을 습득하도록 한다. 교사나 이웃과도 협력하며 화목하게 지내도록 하고, 정직, 배려, 예의, 공공규칙 등 사회적으로 중요하게 공유하는 가치를 실천하며 공동체 의식을 갖춘 민주 시민으로 성장하는 데 중점을 둔다.

❺ 우리 동네, 우리나라, 다른 나라에 관심을 가진다

유아가 자신이 속한 동네와 직업의 종류에 대하여 알아보도록 한다. 그리고 우리나라의 전통에 대한 이해와 자부심을 토대로 편견 없이 다양한 나라, 인종, 문화에 관심을 갖고 존중할 수 있도록 하는 데 중점을 둔다.

3) 내용

3~5세 연령별 누리과정 사회관계 영역은 '나를 알고 존중하기', '나와 다른 사람의 감정 알고 조절하기', '가족을 소중히 여기기', '다른 사람과 더불어 생활하기', '사회에 관심 갖기' 5개의 내용 범주로 이루어져 있으며, 각 내용에 따른 세부내용이 연령별로 제시되어 있는데 구체적인 내용은 〈표 5-2〉와 같다.

표 5-2 3~5세 연령별 누리과정의 사회관계 영역의 내용 범주 및 연령별 세부내용

<table>
<tr><th>내용 범주</th><th>내용</th><th>3세</th><th>4세</th><th>5세</th></tr>
<tr><td rowspan="5">나를 알고 존중하기</td><td rowspan="3">나를 알고, 소중히 여기기</td><td>나에 대해 관심을 갖는다.</td><td colspan="2">나에 대해 알아본다.</td></tr>
<tr><td>나와 다른 사람의 차이에 관심을 갖는다.</td><td>나와 다른 사람의 차이점을 알아본다.</td><td>나와 다른 사람의 신체적 · 사회적 · 문화적 차이를 존중한다.</td></tr>
<tr><td>나를 소중하게 여긴다.</td><td colspan="2">나에 대해 긍정적으로 생각하고 나를 소중하게 여긴다.</td></tr>
<tr><td rowspan="2">나의 일 스스로 하기</td><td>내가 할 수 있는 일을 알아본다.</td><td>내가 할 수 있는 일을 해 본다.</td><td>내가 할 수 있는 일을 스스로 한다.</td></tr>
<tr><td>내가 하고 싶은 일을 선택해 본다.</td><td colspan="2">하고 싶은 일을 계획하고 해 본다.</td></tr>
</table>

내용 범주	내용	3세	4세	5세
나와 다른 사람의 감정 알고 조절하기	나와 다른 사람의 감정 알고 표현하기	자신에게 여러 가지 감정이 있음을 안다.	자신의 감정을 알고 표현한다.	
		다른 사람의 감정에 관심을 갖는다.	다른 사람의 감정을 안다.	다른 사람의 감정을 알고 공감한다.
	나의 감정 조절하기	자신의 감정을 조절해 본다.		자신의 감정을 상황에 맞게 조절한다.
가족을 소중히 여기기	가족과 화목하게 지내기	가족의 소중함을 안다.		가족의 의미와 소중함을 안다.
		–	–	가족과 화목하게 지낸다.
	가족과 협력하기	가족구성원을 알아본다.	가족구성원의 역할에 대해 알아본다.	다양한 가족구조에 대해 알아본다.
		가족을 위하여 내가 할 수 있는 일을 알아본다.	가족을 위하여 내가 할 수 있는 일을 알아보고 실천한다.	가족은 서로 도와야 함을 알고 실천한다.
다른 사람과 더불어 생활하기	친구와 사이좋게 지내기	친구와 함께 놀이한다.	친구와 협동하며 놀이한다.	
		나와 친구의 의견에 차이가 있음을 안다.	친구와의 갈등을 긍정적인 방법으로 해결한다.	
	공동체에서 화목하게 지내기	–	도움이 필요할 때 다른 사람과 도움을 주고받는다.	다른 사람과 도움을 주고받고, 서로 협력한다.
		교사 및 주변 사람과 화목하게 지낸다.		
	사회적 가치를 알고 지키기	–	정직하게 말하고 행동한다.	
		다른 사람의 소유물을 존중한다.	다른 사람의 생각, 행동을 존중한다.	다른 사람을 배려하여 행동한다.
		–	친구와 어른께 예의 바르게 행동한다.	
		약속과 규칙을 지켜야 함을 안다.	다른 사람과 한 약속이나 공공규칙을 지킨다.	
		–	자연과 자원을 아끼는 습관을 기른다.	
사회에 관심 갖기	지역사회에 관심 갖고 이해하기	우리 동네의 이름을 안다.	우리 동네에 대해 알아본다.	
		우리 동네 사람들에 관심을 갖는다.	우리 동네 사람들이 하는 일에 관심을 갖는다.	다양한 직업에 관심을 갖는다.
		–	물건을 살 때 돈이 필요함을 안다.	일상생활에서 돈의 쓰임에 대해 안다.

<table>
<tr><th>내용 범주</th><th>내용</th><th>3세</th><th>4세</th><th>5세</th></tr>
<tr><td rowspan="5"></td><td rowspan="3">우리나라에 관심 갖고 이해하기</td><td>우리나라를 상징하는 것에 관심을 가진다.</td><td>우리나라를 상징하는 것을 안다.</td><td>우리나라를 상징하는 것을 알고 예절을 지킨다.</td></tr>
<tr><td colspan="2">우리나라의 전통놀이와 풍습에 관심을 갖는다.</td><td>우리나라의 전통, 역사, 문화에 관심을 갖는다.</td></tr>
<tr><td>–</td><td colspan="2">우리나라에 대해 자부심을 갖는다.</td></tr>
<tr><td rowspan="2">세계와 여러 문화에 관심 가지기</td><td>–</td><td>세계 여러 나라에 대해 관심을 갖는다.</td><td>세계 여러 나라에 대해 관심을 갖고, 서로 협력해야 함을 안다.</td></tr>
<tr><td>–</td><td>다양한 인종과 문화에 관심을 갖는다.</td><td>다양한 인종과 문화를 알아보고 존중한다.</td></tr>
</table>

출처: 교육과학기술부 · 보건복지부(2013). 3~5세 연령별 누리과정 해설서. pp.91-108.

(1) 나를 알고 존중하기

'나를 알고 존중하기'는 유아가 자신을 아는 것으로부터 출발하여 자신을 소중히 여기는 태도를 갖게 하며, 이러한 자아존중감을 바탕으로 자신의 일을 스스로 계획하고 실천하는 자기 주도성을 형성하도록 하는 데 초점을 둔다. 특히 나와 다른 사람에 대해 긍정적으로 생각하고 존중하는 마음과 태도를 갖도록 하는 데 중점을 둔다. 나를 알고 존중하기의 지도 지침은 〈표 5-3〉과 같다.

표 5-3 나를 알고 존중하기의 지도 지침

- 내가 할 수 있는 일과 하고 싶은 일을 알아보고 스스로 선택하고 계획해서 실행해 보는 데 주안점을 둔다.

❶ 나를 알고 소중히 여기기

'나를 알고 소중히 여기기'에서는 나에 대하여 관심을 갖고 알아보며, 나와 다른 사람의 차이에 관심을 가져보도록 한다. 또한 나와 다른 사람의 차이점을 알아보고, 신체적 · 사회적 · 문화적 차이를 알고 존중하며, 나아가 나를 긍정적으로 생각하고 소중하게 여기도록 하는 내용으로 구성되어 있다(표 5-4, 표 5-5). 여기에서는 유아들이 나를 알아보는 다양한 활동을 통해 나에 대해 탐색해 보는 활동과 나와 다른 사람과의 차이를 알아보고 경험하는 활동 등으로 구성된다.

표 5-4 연령별 학습 내용

3세	4세	5세
나에 대해 관심을 갖는다.	나에 대해 알아본다.	
나와 다른 사람의 차이에 관심을 갖는다.	나와 다른 사람의 차이점을 알아본다.	나와 다른 사람의 신체적 · 사회적 · 문화적 차이를 존중한다.
나를 소중하게 여긴다.	나에 대해 긍정적으로 생각하고 나를 소중하게 여긴다.	

표 5-5 학습의 구체적인 내용

구분	구체적인 내용
나에 대해 관심을 갖는다	유아가 자신에 대한 관심을 기초로 긍정적인 자아개념을 형성할 수 있도록 하는 내용이다. 만 3세 유아는 나의 몸에는 무엇이 있는지, 하루 동안 무엇을 하고 지내는지, 무엇을 먹는지, 어디서 누구와 사는지 등을 이야기해 보거나, 나의 이름, 나이, 성별이나 모습 등 기초적인 내용을 살펴봄으로써 자신에 대해 관심을 가질 수 있게 된다.
나에 대해 알아본다	자신이 언제, 어디서 태어났는지 자신의 출생에 대해 이야기해 봄으로써 현재 자신의 존재가 어디에서부터 시작되었는지 알 수 있도록 하는 내용이다. 만 4, 5세 유아는 나의 몸의 신체적 특징들을 살펴보고, 몸 이외에 나의 생각과 마음에 대해서도 이야기해 본다. 자신이 아기 때 찍은 사진, 입었던 옷이나 신발, 사용했던 물건이나 장난감 등을 현재의 것과 비교해 보면서 자신의 몸과 생각이 성장하고 있으며, 앞으로도 계속 변화된다는 것을 이해하게 된다. 이와 함께 현재 모습 및 다양한 욕구나 필요, 그에 따른 행동들이 인정받고 존중받고 있음을 느끼게 하는 것이 중요하다.
나와 다른 사람의 차이에 관심을 갖는다	유아가 자신 이외의 사람과 다르다는 것에 관심을 가지고 타인을 이해하고 존중하는 태도의 기초를 기르기 위한 내용이다. 만 3세 유아는 일상생활 속에서 가족이나 친구들과 생활함으로써 다른 사람의 생김새나 성별, 성격, 생각의 차이에 관심을 갖고 다른 사람들의 생각과 특징이 나와 다름을 서서히 인식할 수 있게 된다.
나와 다른 사람의 차이점을 알아본다	나와 다른 사람의 같은 점을 알아보는 것을 시작으로 차이점에 대해서도 알아보는 내용이다. 만 4세 유아는 나이, 성별, 사는 곳, 가족 형태, 생일, 좋아하는 음식이나 놀이, 잘하는 것 등을 이야기 나눔으로써 서로의 차이를 인정하고, 서로 다르지만 함께 살아가는 것이 중요함을 알게 된다.

구분	구체적인 내용
나와 다른 사람의 신체적 · 사회적 · 문화적 차이를 존중한다	자신에 대한 이해를 바탕으로 사람은 누구나 각기 생김새나 성격, 성별, 사고방식, 문화 등에 차이가 있는 서로 다른 고유한 존재임을 알고 그 차이를 존중하도록 하는 내용이다. 만 5세 유아가 자신의 성에 대해 명확히 알 수 있도록 남 · 녀의 신체적 차이나 양성 평등에 대한 활동 및 사회적 · 문화적 관점을 찾아보고 존중할 수 있는 다양한 활동 경험을 하게 된다.
나를 소중하게 여긴다	자신이 소중하며 가치 있는 존재라고 느끼도록 자신을 이해하며 자신의 생각과 마음에 귀 기울이는 태도를 기르기 위한 내용이다. 만 3세 유아가 자신이 가지고 있는 능력을 인정받고 만족감을 느낄 수 있도록 유아 자신이 한 일이나 활동 결과물을 친구 또는 다른 사람들에게 소개하고 지원 받을 수 있는 기회를 제공하거나 유아의 장점과 능력을 다른 사람 앞에서 격려해 주어 유아에게 서로를 칭찬할 수 있는 기회를 만들어 성취와 기쁨을 느끼도록 한다. 이를 통해 유아는 자신이 소중한 사람이라는 자존감과 자신감을 형성할 수 있다.
나에 대해 긍정적으로 생각하고 나를 소중하게 여긴다	자신의 외모, 성, 행동, 정서, 능력, 흥미 등에 대한 긍정적인 자아존중감을 형성할 수 있도록 돕는 내용이다. 이는 주로 친밀한 관계 형성과 활발한 사회적 상호작용을 통해 긍정적인 정서를 경험함으로써 이루어진다. 따라서 만 4, 5세 유아 스스로가 자신이 소중한 이유에 대해 생각해 볼 수 있는 활동을 제공하거나 다양한 친구 관계의 체험을 통해 자신을 둘러싼 사람들에게 사랑받고 소중하게 여겨지고 있다는 것을 확인할 수 있도록 한다.

❷ 나의 일 스스로 하기

'나의 일 스스로 하기'에서는 내가 할 수 있는 일을 알아보고 직접 경험해 보며 내가 할 수 있는 일은 스스로 하도록 한다. 또한 여러 가지 일 중에서 내가 하고 싶은 일을 선택해 보고 계획하여 실행해 보는 내용으로 구성되어 있다(표 5-6, 표 5-7).

표 5-6 연령별 학습 내용

3세	4세	5세
내가 할 수 있는 일을 알아본다.	내가 할 수 있는 일을 해 본다.	내가 할 수 있는 일을 스스로 한다.
내가 하고 싶은 일을 선택해 본다.	하고 싶은 일을 계획하고 해 본다.	

표 5-7 학습의 구체적인 내용

구분	구체적인 내용
내가 할 수 있는 일을 알아본다	식습관, 청결, 휴식, 배변, 의생활 등 일상생활에 필요한 기본생활습관 등과 같이 자신이 할 수 있는 일을 스스로 할 수 있도록 돕는 내용이다. 음식을 제자리에 앉아서 먹기, 식사 후 뒷정리하기, 손 씻기, 필요할 때 휴식하기, 스스로 옷 입고 벗기 등 만 3세 유아가 일상생활에서 스스로 할 수 있는 일들을 자발적으로 실천하며 성취감을 느낄 수 있도록 한다.
내가 할 수 있는 일을 해 본다	유아가 할 수 있는 일을 경험하고 생활화함으로써 자율성과 독립성을 발달시키는 내용이다. 이를 위해 만 4세 유아가 스스로 경험할 수 있는 환경과 기회를 제공하고 노력을 기울여 이루어 놓은 행동이나 활동의 결과물에 대해 인정과 격려를 함으로써 유아가 스스로 능력이 있다고 느끼고 자신을 조절할 수 있도록 돕는다.
내가 할 수 있는 일을 스스로 한다	가정과 기관에서 다양한 과제를 시도하고 이를 통하여 성공적인 경험을 함으로써 자신의 능력에 대한 자신감을 갖게 하는 내용이다. 만 5세 유아는 일상생활에 필요한 기본생활습관뿐만 아니라 가정과 기관에서 내가 스스로 할 수 있는 일에 대해 알아봄으로써 자신의 역할에 대해 생각해 보고, 유아 자신의 임무나 의무를 중요하게 여겨 책임 있게 행동하도록 한다.
내가 하고 싶은 일을 선택해 본다	유아가 자신이 하고 싶은 일을 고민해 보고 선택함으로써 자율성을 향상시키는 내용이다. 만 3세 유아가 '무엇을 할 것인가'를 생각해 보고 자유선택활동 시간에 하고 싶은 놀이를 자유롭게 선택해서 놀이해 보거나, 극 놀이에서 하고 싶은 역할을 선택하여 참여하는 것 등이 해당한다.
하고 싶은 일을 계획하고 해 본다	유아가 하고자 하는 일들을 스스로 계획하고 실천하며 활동의 과정과 결과를 평가해 볼 수 있는 경험을 통해 주도성을 발달시키기 위한 내용이다. 이를 위해 만 4, 5세 유아 자신이 시작한 일을 스스로 끝까지 마무리 할 수 있는 기회를 제공하여 자신이 이룬 것에 대해 긍정적으로 생각할 수 있는 내용을 포함한다. 자유선택활동 시간에 하고 싶은 놀이를 계획해서 놀이한 후 평가해 볼 수 있게 하거나 일과 속에서 갈등이 발생했을 때 스스로가 일의 우선순위를 정해 보도록 하여 자신의 선택에 따른 결과를 예측해 보는 기회를 갖도록 한다.

(2) 나와 다른 사람의 감정 알고 조절하기

'나와 다른 사람의 감정 알고 조절하기'는 다른 사람과의 원만한 관계를 형성하기 위한 기초로써, 유아가 자신과 다른 사람의 감정을 알고 자신의 감정을 긍정적으로 조절하여 표현하는 내용으로 구성되어 있다. 나와 다른 사람의 감정 알고 조절하기의 지도 지침은 〈표 5-8〉과 같다.

표 5-8 나와 다른 사람의 감정 알고 조절하기의 지도 지침

- 자신과 다른 사람의 감정에 대해 이해하고 긍정적인 방법으로 표현할 줄 알며 유아의 공감 능력을 신장하는 데 초점을 둔다.
- 사회적으로 수용 가능한 방법으로 나의 감정을 조절할 수 있는 능력을 기르는 데 주안점을 둔다.

❶ 나와 다른 사람의 감정 알고 표현하기

'나와 다른 사람의 감정 알고 표현하기'는 자신에게 여러 가지 감정이 있음을 알고 자신의 감정을 표현할 줄 알며, 다른 사람의 감정에 대한 관심과 이해를 바탕으로 다른 사람의 감정을 공감하는 내용으로 구성된다. 유아는 자신의 감정을 알고 이를 언어적으로 또는 비언어적으로 표현하는 방법을 익힌다(표 5-9, 표 5-10).

표 5-9 연령별 학습 내용

3세	4세	5세
자신에게 여러 가지 감정이 있음을 안다.	자신의 감정을 알고 표현한다.	
다른 사람의 감정에 관심을 갖는다.	다른 사람의 감정을 안다.	다른 사람의 감정을 알고 공감한다.

표 5-10 학습의 구체적인 내용

구분	구체적인 내용
자신에게 여러 가지 감정이 있음을 안다	유아가 자신의 다양한 감정에 대해 알아보는 내용이다. 만 3세 유아가 자신에게 슬프고, 기쁘고, 화나는 등 다양한 감정이 있음을 알도록 하는 내용을 다룬다. 또한 유아는 다양한 상황에 따라 감정이 다르게 나타난다는 것을 알고, 때에 따라서는 속상하면서도 슬프고, 화가 나서 눈물이 나는 등 복합적인 감정이 있음을 아는 내용을 다룬다.
자신의 감정을 알고 표현한다	유아 자신이 느끼는 감정을 알고 이를 표현하는 능력을 기르기 위한 내용을 다룬다. 만 4, 5세 유아가 자신에게 다양한 감정이 있음을 인식하고, 이러한 감정은 동일한 것이 아니라 상황에 따라 변화될 수 있음을 이해하도록 하는 내용이다. 기쁠 때는 기쁜 표현을 하고 슬플 때는 억누르거나 참기보다 슬픔을 표현하며 화가 날 때도 화를 표현할 수 있다는 것을 알도록 한다. 나아가 슬플 때에 항상 눈물이 나는 것이 아니라 기쁠 때도 눈물이 날 수 있고, 놀라거나 걱정이 되어도 화가 날 수 있는 것처럼 복합적인 감정에 대해서도 이해하는 내용을 포함한다. 이를 통해 유아는 복합적인 정서 상태를 이해하고 건강한 정서 발달을 이루어 나갈 수 있다.

구분	구체적인 내용
다른 사람의 감정에 관심을 갖는다	자신의 감정을 바탕으로 다른 사람의 복합적인 감정에 대해서도 관심을 가질 수 있도록 하는 내용이다. 만 3세 유아가 자신과 마찬가지로 타인에게도 기쁘고, 슬프고, 화가 나는 등 다양한 감정이 있다는 것에 관심을 갖는 내용을 담고 있다.
다른 사람의 감정을 안다	다른 사람도 자신과 마찬가지로 다양한 감정을 느낀다는 것을 아는 내용이며 이러한 감정이 상황에 따라 변화될 수 있다는 것을 알도록 하는 내용이다. 만 4세 유아가 타인이 기쁘거나 슬픈 감정을 표현하는 것을 아는 것뿐 아니라 슬플 때만이 아니라 화가 날 때도 우는 등 표현되는 감정과 실제 감정이 다를 수 있다는 것을 이해하는 내용도 포함된다.
다른 사람의 감정을 알고 공감한다	다른 사람이 느끼는 감정을 이해하고 공감하는 기초 능력을 기르기 위한 내용이다. 이 내용에는 만 5세 유아가 사회적 상호작용에서 가장 중요한 능력인 상대방의 정서 이해와 공감, 그리고 표현에 관한 경험이 포함된다. 자신 외에 다른 사람의 다양한 감정을 느껴 보고 이해하며, 자신이 이해한 타인의 감정을 표현해 봄으로써 공감을 경험해 보는 내용도 포함된다.

❷ 나의 감정 조절하기

'나의 감정 조절하기'는 자신의 감정을 상황에 맞게 조절해 보는 내용이다. 유아가 사회적 · 문화적으로 수용될 수 있는 감정 표현을 알고 조절해 본다(표 5-11, 표 5-12).

표 5-11 연령별 학습 내용

3세	4세	5세
자신의 감정을 조절해 본다.		자신의 감정을 상황에 맞게 조절한다.

표 5-12 학습의 구체적인 내용

구분	구체적인 내용
자신의 감정을 조절해 본다	유아가 자신의 감정과 타인의 감정에 대한 이해를 바탕으로 부정적인 감정을 그대로 표현하기보다는 조절해 볼 수 있도록 하는 내용이다. 만 3, 4세 유아가 감정을 긍정적으로 표현하는 방식과 부정적으로 표현하는 방식에 차이가 있음을 알고 부정적인 표현을 긍정적으로 조절하는 방법에 대한 내용을 포함한다. 자신의 감정을 조절해 봄으로써 자기 조절력 발달을 도모할 수 있다.

구분	구체적인 내용
자신의 감정을 상황에 맞게 조절한다	유아가 속한 사회 및 문화에서 수용되는 방식을 알고 자신의 감정 및 관련된 행동을 통제하고 조절할 수 있도록 하는 내용이다. 유아는 자신이 느끼는 감정이 긍정적인 감정이든 부정적인 감정이든 이를 있는 그대로 받아들이는 것이 중요하다. 그러나 만 5세 유아는 자신이 가지고 있는 다양한 감정을 상황에 맞게 적절하게 표현해야 하며, 사회적으로 수용될 수 있는 올바른 감정 표현 방식에 대하여 알아야 한다. 자신의 감정 표현이 다른 사람과의 관계에 어떤 영향을 미칠 수 있는지 생각해 보고, 때와 상황에 맞게 감정을 조절할 수 있도록 한다. 또한 갈등이 발생할 경우 문제해결과정에서 자신의 감정을 적절하게 조절하고 활용할 수 있는 기회를 제공함으로써 자신의 감정 조절 및 활용 능력을 보다 긍정적으로 발달시켜 나간다.

(3) 가족을 소중히 여기기

'가족을 소중히 여기기'는 유아가 가족의 의미를 이해하고 가족을 사랑하고 아끼는 마음과 가족을 신뢰하고 존중하는 태도를 갖도록 하는 내용으로 구성되어 있다. 또한 가족이 행복해지기 위해서는 가족구성원 모두가 사이좋게 지내기 위해 함께 노력해야 함을 인식하고, 가족 간에 서로 도움이 되는 구체적인 방법에 대해서도 알아보는 내용을 다루게 된다. 가족을 소중히 여기기의 구체적인 지도 지침은 〈표 5-13〉과 같다.

표 5-13 지도 지침

- 가족에 대한 의미와 소중함을 알게 함으로써 가족에 대한 자부심을 갖도록 하는 데 주안점을 둔다.
- 가족구성원과 역할, 친구들의 가족에 대하여 알아봄으로써 다양한 가족에 대해 편견 없는 태도를 형성하는 데 초점을 둔다.

❶ 가족과 화목하게 지내기

'가족과 화목하게 지내기'에서는 가족의 소중함을 알고 가족의 의미를 알며 화목하게 지내는 내용으로 구성되어 있다(표 5-14, 표 5-15).

표 5-14 연령별 학습 내용

3세	4세	5세
가족의 소중함을 안다.		가족의 의미와 소중함을 안다.
–	–	가족과 화목하게 지낸다.

표 5-15 학습의 구체적인 내용

구분	구체적인 내용
가족의 소중함을 안다	가족을 아끼고 소중하게 생각하는 마음, 가족구성원 간의 신뢰와 존중에 관한 내용이다. 만 3, 4세 유아가 개인적인 경험을 바탕으로 가족의 고마움과 소중한 마음을 갖도록 하는 내용을 다룬다. 우리 가족이 행복했던 때, 우리 가족의 자랑거리 등을 알고 이를 표현해 보는 경험을 통해 가족이 자신에게 소중한 존재임을 느껴보도록 한다.
가족의 의미와 소중함을 안다	가족은 서로 도우며 살아가고 우리 사회의 가장 기초적인 공동체임을 알게 하는 내용이다. 만 5세 유아가 가족이 왜 중요한지에 대하여 알아보고, 자신에게 주는 의미를 생각하며 가족구성원의 다양한 역할과 관계 등을 만 5세 유아 수준에서 이해하도록 하는 내용을 포함한다. 또한 가족에게 고마움과 소중한 마음을 표현하거나 전달하는 구체적인 방법에 대하여 알아보고 경험하도록 한다. 가족 간에도 감사하고 소중한 마음을 구체적으로 표현할 때 가족관계도 증진될 수 있음을 경험하도록 하는 내용을 담고 있다.
가족과 화목하게 지낸다	유아가 가정에서 부모 및 형제, 자매와 화목하게 지냄으로써 가정 밖에서 다른 사람과도 원만하게 지낼 수 있는 사회적 능력을 기르기 위한 내용이다. 만 5세 유아가 가족과 화목하게 지내기 위해 부모, 형제, 자매 그리고 조부모에게 어떻게 예의를 갖추어 행동하며 애정과 신뢰를 쌓아가는지 알아보는 내용이 포함된다. 가족과 함께 경험한 일, 서로 사랑을 주고받으며 협력한 일, 형제 간의 갈등을 해결하는 방법 등을 알아봄으로써 가족구성원의 감정에 대하여 공감하며 긍정적인 갈등해결 방법을 함께 생각해 보는 내용이 포함된다. 또한 유아가 가족과 화목하게 지낼 수 있도록 가정과 연계한 다양한 경험도 포함한다. 긍정적인 가족과의 관계를 통해 유아의 성격과 인성발달을 도모할 수 있다.

❷ 가족과 협력하기

'가족과 협력하기'는 유아가 자신의 가족구성원과 각자의 역할과 다양한 가족 구조에 대해 알아보고, 나의 가족을 위해 내가 할 수 있는 일을 찾아보고 실천하며 가족 간에 서로 도울 수 있는 방법을 알아보는 내용이다. 유아는 가족구성원을 소개하고 역할을 알아보며 친구들 가족과의 차이를 이해하는 활동을 하고, 가족을 위해 유아 수준에서 할 수 있는 일을 알아보고 실천하며 가족 간에 어떠한 도움을 주고받을 수 있는지에 대하여 알아본다(표 5-16, 표 5-17).

표 5-16 연령별 학습 내용

3세	4세	5세
가족구성원을 알아본다.	가족구성원의 역할에 대해 알아본다.	다양한 가족구조에 대해 알아본다.
가족을 위하여 내가 할 수 있는 일을 알아본다.	가족을 위하여 내가 할 수 있는 일을 알아보고 실천한다.	가족은 서로 도와야 함을 알고 실천한다.

표 5-17 학습의 구체적인 내용

구분	구체적인 내용
가족구성원을 알아본다	우리 가족은 어떤 사람들로 구성되어 있는지를 알아보는 내용이다. 만 3세 유아가 가족이란 누구를 말하는지 알아보고, 자신의 집에 함께 사는 가족 그리고 함께 살고 있지 않더라도 가족에 포함시키고자 하는 구성원에 대하여 알아보는 내용을 다룬다. 그리고 자신의 가족과 친구의 가족구성원이 차이가 있다는 것을 알며 더 나아가 자신의 가까운 친척에 대해서도 관심을 갖도록 하는 내용을 포함한다.
가족구성원의 역할에 대해 알아본다	우리 집 가족구성원들은 어떤 일을 하는지 알아보는 내용이다. 만 4세 유아가 각자의 가족마다 가족구성원이 다르듯이 가족마다 아버지나 어머니가 하는 역할이 각기 다름을 이해하는 내용을 다룬다. 또한 형제, 자매의 역할이나 자신의 역할에 대해서도 알아본다. 이러한 아버지와 어머니의 역할이 가정 안에서와 밖에서도 다양하게 다르다는 것을 알고 이를 인정하는 내용을 다룬다. 또한 아버지나 어머니 이외의 가족구성원들이 하는 일에 대해서도 알아보며, 같은 반 친구들의 가족구성원들이 하는 역할을 비교해 보고 다양한 역할에 대한 이해를 넓힐 수 있는 내용을 포함한다. 가족구성원 내에서 자신의 역할에 대하여 알아봄으로써 자신에 대한 긍정적인 인식 발달과 가족구성원에 대한 자랑스러움도 갖도록 한다.
다양한 가족 구조에 대해 알아본다	모든 가족이 부모-자녀로 이루어지는 것이 아니라 한부모가족, 조손가족, 입양가족, 다문화가족 등 다양한 가족이 있음을 알고 자기의 가족과 다른 가족에 대한 편견을 갖지 않도록 하기 위한 내용이다. 만 5세 유아가 같은 반 친구의 가족 중에는 부모 또는 할머니, 할아버지와 살고 있는 친구 등 다양한 가족 관계로 구성되어 있음을 알도록 하는 내용을 포함한다. 어머니와 둘이서 살고 있는 친구는 어머니가 아버지 역할도 함께 하고 있다는 것에 대해 이야기하는 기회를 제공하고, 할머니와 함께 살고 있는 친구인 경우에는 할머니가 어머니의 역할을 대신 해 주고 있을 뿐 서로 사랑하고 격려하는 것은 다른 가족과 차이가 없다는 것을 이해하도록 하는 내용을 포함한다.
가족을 위하여 내가 할 수 있는 일을 알아본다	집에서 가족을 위해 자신이 할 수 있는 일에 대하여 알아보는 내용이다. 만 3세 유아가 가족구성원의 한 사람으로서 자신의 수준에서 가족에게 도움이 될 수 있는 일에 대하여 알아보고 친구들과 경험을 공유하는 내용을 다룬다. 이를 통해 가족구성원으로서 자부심을 가지며 긍정적인 자존감을 형성하는 기초가 될 수 있다.

구분	구체적인 내용
가족을 위하여 내가 할 수 있는 일을 알아보고 실천한다	가족구성원에게는 부모로서의 역할, 자녀로서의 역할 그리고 형제자매 또는 조부모와의 관계와 역할 등 다양한 관계와 역할이 있음을 이해하고 자신의 가족과 협력하여 잘 지내도록 하는 내용이다. 만 4세 유아가 가족 공동체의 의미와 목표를 이해하고 가족을 위하여 자신이 할 수 있는 일을 알고 실천하는 방법이 포함된다. 가족을 위해 실천할 수 있는 일에 대하여 친구들과 경험을 공유하도록 하는 내용을 포함하고 있다.
가족은 서로 도와야 함을 알고 실천한다	가족은 서로 도움을 주고받는 관계이며 유아 자신도 가족을 위해 도움을 줄 수 있는 존재임을 알도록 하는 내용이다. 또한 유아가 가족에게 도움을 줄 수 있는 구체적인 방법을 찾아서 실천하는 내용을 다룬다. 만 5세 유아가 자신도 가족들로부터 도움을 받고 있고, 구체적으로 받았던 도움들을 기억하며 도움을 받을 때의 기분이나 마음에 대해서도 알아본다. 마찬가지로 부모님이 집안 일로 힘들어 하실 때, 몸이 아플 때, 형제가 속상한 일이 생겼을 때 등 가족에게 도움이 필요한 상황을 알고, 유아 수준에서 도움을 줄 수 있는 방법을 찾아본 후 실천하는 내용을 다룬다. 이를 통해 유아는 가족과 서로 협력하여 지내는 가운데 공동체 생활에 대한 가치와 바람직한 행동의 표본을 알아가도록 한다.

(4) 다른 사람과 더불어 생활하기

'다른 사람과 더불어 생활하기'는 우리 사회가 서로 다른 사람들이 함께 살아가고 있는 공동체임을 알고, 친구와 함께 놀이하며 갈등을 긍정적으로 해결하는 방법을 익히고 다른 사람과 협력하여 화목하게 지내도록 하는 내용을 다룬다. 또한 다른 사람의 생각과 행동을 존중하며 배려할 줄 알고 대인관계에 필요한 기본 예절과 기초 질서 및 공공 규칙을 익히도록 하는 내용을 다루고 있다. 다른 사람과 더불어 생활하기의 구제적인 지도 지침은 〈표 5-18〉과 같다.

표 5-18 다른 사람과 더불어 생활하기의 지도 지침

- 서로 협동하여 놀이하고, 친구와의 갈등을 긍정적으로 해결하는 방법을 익히는 데 초점을 둔다.
- 다른 사람과 도움을 주고받고 화목하게 지내며 더불어 살아갈 수 있는 능력을 기르는 데 초점을 둔다.
- 다양한 능력과 특성을 가진 사람들을 수용하고 존중, 배려할 줄 알게 되어 원만한 인간관계를 유지하는 데 초점을 둔다.
- 사회와 자연환경에 관심을 갖게 하여 사회 적응력을 높이고, 도덕성의 기초를 형성하는 데 주안점을 둔다.

❶ 친구와 사이좋게 지내기

'친구와 사이좋게 지내기'는 유아가 친구의 소중함을 알며, 친구들과 바람직한 관계를 형성하고 유지하는 능력을 기르는 내용이다. 친구들에게 친근감을 표현하고, 협동하면서 놀이하며, 갈등을 해결하는 과정 등으로 구성되어 있다(표 5-19, 표 5-20).

표 5-19 연령별 학습 내용

3세	4세	5세
친구와 함께 놀이한다.	친구와 협동하며 놀이한다.	
나와 친구의 의견에 차이가 있음을 안다.	친구와의 갈등을 긍정적인 방법으로 해결한다.	

표 5-20 학습의 구체적인 내용

구분	구체적인 내용
친구와 함께 놀이한다	유아가 친구를 알고, 친구들과 바람직한 관계를 형성하며 유지하는 능력을 기르는 내용이다. 만 3세 유아가 친구들에게 다가가서 친밀감을 표현하며, 친구들을 사귀고 협력하여 함께 놀이하는 기쁨을 느끼도록 한다.
친구와 협동하며 놀이한다	친구와 서로 협동하며 놀이하는 기쁨과 공동체 의식을 체험하도록 하는 내용이다. 만 4, 5세 유아가 친구들과 함께 생각하고 행동하면서 협동의 즐거움을 느끼고 집단 체험활동을 통해 서로의 흥미와 재주는 다르고 차이가 있지만 함께 참여하는 즐거움을 경험하도록 한다. 더불어 협동하는 속에서 집단의 한 구성원으로 즐겁게 협조하고 친구들의 요청에 자발적으로 응하는 참여와 협력의 자세도 가지도록 한다.
나와 친구의 의견에 차이가 있음을 안다	친구들과 함께하는 과정에서 서로 생각이 다르고 차이가 있으며, 이로 인해 갈등이 생길 수 있다는 것을 아는 내용이다. 만 3세 유아가 나와 친구와의 의견이 다를 때는 나의 의견도 존중하지만 친구의 의견도 존중하며 받아들여야 함을 알게 한다.
친구와의 갈등을 긍정적인 방법으로 해결한다	친구와 다툼이나 갈등이 생겼을 때 긍정적인 방법으로 문제를 해결하도록 하며, 갈등을 해결하는 과정을 통해 배려, 양보, 타협 등 친구와 사이좋게 지낼 수 있는 사회적 기술을 익히도록 하는 내용이다. 만 4, 5세 유아가 친구와 의견 차이가 있을 때는 상대방의 관점에서 생각해 보도록 노력하고, 갈등과 다툼은 반드시 나쁜 것만은 아니며 이러한 갈등과 다툼이 있을 때에는 서로 대화하며 배려하고 양보하는 노력을 통하여 화해하고 상호 협동하는 관계로 되돌아갈 수 있음을 알게 한다.

❷ 공동체에서 화목하게 지내기

'공동체에서 화목하게 지내기'는 도움이 필요할 때는 다른 사람과 서로 도움을 주고받을 수 있으며 상호 협력할 수 있다는 것을 알아보는 내용이다. 또한 교사나 주변 사람들과 서로 화목하게 지내는 것이 중요하다는 것을 아는 내용으로 구성되어 있다(표 5-21, 표 5-22).

표 5-21 연령별 학습 내용

3세	4세	5세
–	도움이 필요할 때 다른 사람과 도움을 주고받는다.	다른 사람과 도움을 주고받고, 서로 협력한다.
교사 및 주변 사람과 화목하게 지낸다.		

표 5-22 학습의 구체적인 내용

구분	구체적인 내용
도움이 필요할 때 다른 사람과 도움을 주고받는다	유아가 도움이 필요할 때는 다른 사람으로부터 도움을 받기도 하고 다른 사람을 도와줄 수 있다는 것을 아는 내용이다. 만 4세 유아가 혼자 노력하는 것도 중요하지만 혼자만의 힘으로는 모든 것을 다 잘할 수 없으며, 때로는 도움이 필요할 때가 생기고 이럴 때는 다른 사람에게 도움을 청하고 받는 것이 바람직한 관계를 형성하고 더 나은 성취와 발전을 이룰 수 있음을 알고 실천하도록 한다.
다른 사람과 도움을 주고받고, 서로 협력한다	우리 사회는 모두가 더불어 사는 공동체로서 가족, 이웃, 친척, 친구, 교사 등 다른 사람들과 서로 도움을 주고받으며 협력하여 생활해야 한다는 내용이다. 만 5세 유아에게 누군가 힘들고 어려운 상황에 처했을 때 상대방에게 도움을 주고, 반대로 내가 곤란한 상황에서 친구, 교사, 이웃 등 다른 사람에게 도움을 청하고 도움을 받는 과정을 통해서 서로 돕고 협력하는 것이 공동체 사회의 중요한 덕목임을 알게 한다. 또한 타인에 대한 공감 능력을 키워 다른 사람이 도움을 요청하기 전에 미리 그들의 어려움을 알고 먼저 다가가 묻고 도움을 줄 수 있는 사회성을 기르도록 한다.
교사 및 주변 사람과 화목하게 지낸다	또래 외에 교사 및 주변 사람과 화목하게 지내며 함께 어울려 사는 공동체의 기쁨을 느끼고, 이를 통해 정서적 지지와 지원, 친밀감 같은 긍정적 경험을 하는 내용이다. 만 3, 4, 5세 유아가 친구 및 교사, 주변의 다른 사람들과 친근감을 갖고 잘 어울릴 수 있도록 다양한 경험을 통하여 긍정적인 마음을 갖도록 하며, 다른 사람에게 쉽게 접근하고 어울릴 수 있는 친밀감 등의 사회성을 기를 수 있도록 한다.

③ 사회적 가치를 알고 지키기

'사회적 가치를 알고 지키기'는 정직하게 말하고 행동하며 다른 사람의 소유물과 생각, 행동을 존중하고 다른 사람을 배려해야 함을 알도록 하는 내용이다. 친구와 어른께 예의 바르게 행동하며 약속과 공공규칙을 지켜야 함을 알고 자연과 자원을 아끼는 습관을 기르는 내용으로 구성되어 있다(표 5-23, 표 5-24).

표 5-23 연령별 학습 내용

3세	4세	5세
–	정직하게 말하고 행동한다.	
다른 사람의 소유물을 존중한다.	다른 사람의 생각, 행동을 존중한다.	다른 사람을 배려하여 행동한다.
–	친구와 어른께 예의 바르게 행동한다.	
약속과 규칙을 지켜야 함을 안다.	다른 사람과 한 약속이나 공공규칙을 지킨다.	
–	자연과 자원을 아끼는 습관을 기른다.	

표 5-24 학습의 구체적인 내용

구분	구체적인 내용
정직하게 말하고 행동한다	정직하게 말하는 것과 행동하는 것의 중요성을 알고 어떤 경우에도 정직하게 말하고 행동하도록 하는 내용이다. 만 4, 5세 유아가 정직과 솔직함의 긍정적 효과에 대해 알게 하고, 정직한 행동 양식이 우리가 더불어 살아가는 데에 밑거름이 됨을 알도록 한다. 또한 거짓말이 가져오는 부정적인 효과에 대해서도 이야기를 나누며 정직해야 하는 이유를 생각해 보도록 하고, 거짓이 우리에게 미치는 영향과 피해에 대해 이해하도록 하여 어떠한 경우라도 정직하게 말하고 행동할 수 있도록 한다.
다른 사람의 소유물을 존중한다	유아가 자신과 타인의 소유물을 구분하고 인정하는 것을 알아야 하는 내용이다. 만 3세 유아가 자신의 소유물과 타인의 소유물을 구분하여 함부로 만지거나 갖지 않아야 함을 알도록 하는 내용을 다룬다. 내 소유물이 중요하듯이 타인의 소유물도 중요하다는 것을 알고 타인에게 미리 허락을 구한 후에 만지거나 빌려올 수 있으며 사용 후에는 돌려주어야 함도 알도록 한다. 이는 타인과의 관계에서 기초가 되는 신뢰 형성에 도움을 줄 수 있다.
다른 사람의 생각, 행동을 존중한다	다른 사람의 말과 행동, 생각이 나와 차이가 있음을 이해하고, 이러한 다른 생각과 행동을 인정하고 존중하며 수용할 줄 아는 태도를 길러야 한다는 내용이다. 만 4세 유아가 서로 다름을 인정하고 존중하는 교육을 통하여 다름에 대해 이해하고 인정하며 수용하는 것을 배우기도 하지만 오히려 편견이나 고정관념을 갖게 될 수도 있으므로 다른 사람의 의견에 대해서도 경청하고 존중하는 경험을 갖도록 하여 민주 시민으로서의 역량과 자질을 키울 수 있도록 한다.

구분	구체적인 내용
다른 사람을 배려하여 행동한다	상대방의 마음을 이해하기 위해 입장을 바꿔 생각하는 관점의 전환과 공감 능력을 키워서 타인에 대한 배려가 구체적인 말과 행동으로 나타나도록 하는 내용이다. 배려는 다른 사람을 도와주거나 보살펴 주려고 마음을 쓰는 일이다. 만 5세 유아가 다른 사람을 돕거나 보살필 때는 자신의 생각과 감정만이 아니라 상대방의 의견이나 감정 그리고 상황을 고려해야 함을 알게 하며, 사회적 약자에 대한 배려와 도움의 필요성에 대해 이해하고 실천하는 것을 경험해 보도록 한다. 그리고 배려는 도움이나 보살핌이 필요한 사람에게만 하는 것이 아니라 일상에서도 규칙을 지키거나 예절을 지키는 등 다른 사람을 불편하지 않게 하는 것임을 알게 한다. 또한 다른 사람에 대한 배려는 나를 포함하여 모두가 조화롭고 행복하게 살아가는 방법이라는 것을 알게 한다.
친구와 어른께 예의 바르게 행동한다	예의 바른 행동과 말이 다른 사람에 대한 배려와 존중, 친절을 표현하는 또 다른 언어임을 알고, 웃는 얼굴로 인사하고 예의를 갖추어 행동하는 것의 중요성에 대해 알도록 하는 내용이다. 예의 바르게 행동하도록 하는 데는 역시 생활 속에서 실천하는 것이 가장 효과적이다. 만 4, 5세 유아가 이름이 불리거나 질문을 받았을 때 친절히 응대하고, 누군가를 만났을 때 인사하며, 상황에 맞게 고마움과 미안함을 표현하는 등 말과 행동의 중요성을 알고 예의 바른 언어와 행동을 실천하도록 한다.
약속과 규칙을 지켜야 함을 안다	약속과 규칙의 의미와 중요성을 알고 다른 사람과의 약속이나 모두가 정한 공공의 규칙을 지키는 노력이 필요함을 아는 내용이다. 만 3세 유아가 약속은 부모 형제와의 약속, 친구와의 약속, 교사와의 약속 등이 있음을 알고 약속을 지키면 좋은 점, 약속을 지키지 않아서 속상했던 경험들에 대하여 이야기 나누며 약속의 중요성을 알고 잘 지킬 수 있도록 한다. 또한 공공장소의 의미를 이해하고, 지켜야 할 규칙을 알아보고 왜 지켜야 하는지를 이해하며, 화장실 사용하기, 놀이기구 및 엘리베이터 타기, 교통신호 지키기, 쓰레기 버리기 등의 장소나 상황별로 공공규칙을 알아보도록 한다.
다른 사람과 한 약속이나 공공규칙을 지킨다	약속과 규칙을 지키는 것은 공동체 생활에서 반드시 필요한 도덕적 규범이며 사회가 건강하고 질서 있게 유지되는 기본임을 알고 다른 사람과의 약속, 질서, 규칙 지키기를 실천하고 습관화하여 공동체의 구성원이 되는 기본 소양을 기르도록 하는 내용이다. 다른 사람과의 약속과 질서, 공공규칙 지키는 행동을 만 4, 5세 유아가 선택하고 통제하는 법을 습득하도록 하여 자율적인 민주적인 시민으로 성장하는 데 밑거름이 되도록 한다. 특히 유아 스스로 규칙을 정하고 지키며, 친구 또는 부모, 교사와 한 약속에 대해 책임을 지도록 하여 유아가 도덕적 가치 규범의 중요성을 내재화하도록 한다.
자연과 자원을 아끼는 습관을 기른다	유아기부터 자연과 자원의 가치 및 소중함을 알고 보호하는 태도를 기르며, 자신도 자연의 일부임을 알고 자연과 더불어 살아가야 한다는 생각을 갖도록 하는 내용이다. 만 4, 5세 유아에게 주변의 자연 속에서 자연물을 직접 접하여 그 상태와 변화를 느끼게 하고, 우리가 살고 있는 세계가 여러 가지 자연물과 함께 어우러져 있으며, 이러한 자연과 자원들은 소중히 가꾸어져야 하고 아껴서 보존해야 한다는 인식을 갖도록 한다. 또한 자연과 자원 같은 사회적으로 가치 있는 것들이 얼마나 우리에게 필요하고 중요한 것임을 알도록 하며, 이를 아끼고 가꾸며 보호하는 습관을 기르도록 한다.

(5) 사회에 관심 갖기

'사회에 관심 갖기'는 자신이 속한 지역사회에 대해 알아보고 우리나라를 대표하는 것과 전통문화에 대해 알며 이를 바탕으로 우리나라에 대한 자긍심을 가질 수 있는 내용으로 구성되어 있다. 세계 속에서 함께 생활하는 다양한 사람들이 있음을 알고 이에 관심을 가지며 이들과 더불어 살아가는 방법에 대하여 알아보는 내용을 다룬다. 사회에 관심 갖기의 구체적인 지도 지침은 〈표 5-25〉와 같다.

표 5-25 사회에 관심 갖기의 지도 지침

- 자신이 속한 지역사회의 다양한 모습과 함께 어울려 지내는 사람들과 사람들이 하는 일과 관계 등에 관심을 가지며 사회구성원으로서의 소속감과 자긍심을 느끼도록 하는 데 초점을 둔다.
- 우리나라를 상징하는 것과 전통, 역사, 문화에 관심을 갖도록 하고 자랑스러운 우리나라의 역사와 문화에 대한 자부심을 갖게 하는 데 주안점을 둔다.
- 세계 여러 나라에 대해 관심을 가지고 다양한 인종과 문화에 대해 알고 존중할 줄 알며 서로 협력해야 함을 알도록 하는 데 주안점을 둔다.

❶ 지역사회에 관심 갖고 이해하기

'지역사회에 관심 갖고 이해하기'는 지역사회에 대한 관심을 통해 우리 동네의 이름과 우리 동네가 갖고 있는 다양한 특성, 함께 어울려 사는 사람들과 동네 이웃의 다양한 직업 등 지역사회와 다양한 이웃들에 대한 구체적인 특성들을 알아보는 내용이다. 또한 일상생활에서 돈의 필요성과 쓰임새 등을 알아보는 내용으로 구성되어 있다(표 5-26, 표 5-27).

표 5-26 연령별 학습 내용

3세	4세	5세
우리 동네의 이름을 안다.	우리 동네에 대해 알아본다.	
우리 동네 사람들에 관심을 갖는다.	우리 동네 사람들이 하는 일에 관심을 갖는다.	다양한 직업에 관심을 갖는다.
–	물건을 살 때 돈이 필요함을 안다.	일상생활에서 돈의 쓰임에 대해 안다.

표 5-27 학습의 구체적인 내용

구분	구체적인 내용
우리 동네의 이름을 안다	유아가 가정을 벗어나 일상생활 속에서 오며 가며 항상 접하게 되는 가까운 주변 지역이 동네임을 아는 내용이다. 만 3세 유아에게 우리 동네는 나와 가족 이외의 주변 사람들과 함께 사는 곳이라는 인식을 갖도록 하기 위해 동네에 있는 가게, 길에서 본 사람들과 모습들 등에 관심을 갖고, 동네의 이름 등을 알도록 하는 것을 포함한다.
우리 동네에 대해 알아본다	우리 동네의 자연환경, 사회환경, 역사, 자랑거리, 지역축제 등을 포함한 동네의 특징에 대한 경험을 통해 지역사회 공동체의 일원으로 유대감과 소속감을 느끼게 하는 내용이다. 만 4, 5세 유아가 자신이나 가족이 살고 있는 동네의 환경 등을 통해 동네가 갖고 있는 지리, 자연적 특성을 알고, 공공기관이나 생활관련 공간에서 다양한 서비스와 도움을 받는다는 것을 경험하도록 하는 내용을 담고 있다. 또한 공공기관이나 생활관련 공간의 기능과 역할, 지금의 모습이 있기까지의 이야기, 우리 동네의 자랑거리, 최근 우리 동네에 생긴 변화, 앞으로 더욱 발전할 우리 동네의 모습을 상상해 보며 공동체 의식을 기르는 것을 내용으로 한다.
우리 동네 사람들에 대해 관심을 갖는다	유아가 자신이 살고 있는 동네에 함께 살고 있는 사람들에 관심을 갖고 존중하는 태도를 갖도록 하는 내용이다. 만 3세 유아는 매일 일상생활 속에서 만나는 동네 사람들의 모습을 통해 사람과 사람 사이의 관계 속에서 자신을 인식하기 시작하므로 가족들과 공공기관이나 생활관련 공간에서 만난 사람들의 다양한 모습에 관심을 갖고 여기서 얻은 경험을 역할놀이로 표현해 보는 것을 포함한다. 또한 다른 사람을 존중하는 태도로써 예절바른 행동과 말, 친절을 표현하는 웃는 얼굴로 인사하고 말하는 것의 중요성에 대해 알도록 하는 것도 함께 다룬다.
우리 동네 사람들이 하는 일에 관심을 갖는다	우리 동네에 사는 사람들의 다양한 모습을 탐색하는 수준에서 더 나아가 우리 동네의 공공기관과 생활관련 공간에서 서비스를 제공하는 사람들의 일에 대해 관심을 갖고, 여러 사람이 있는 곳에서 지켜야 할 공공규칙 및 예절을 경험하도록 하는 내용이다. 만 4세 유아가 일상생활 속에서 만나는 다양한 사람들 중에는 공공기관에서 우리를 도와주는 일을 하기도 하고, 의식주와 관련된 생활공간에서 일하는 사람들이 있다는 것을 알고 그 고유한 역할과 기능이 있음을 이해해 나가는 것을 다룬다. 또한 유아가 일상의 다양한 상황에서 사회일원으로서 지켜야 할 규칙이나 유아가 만나는 대상 또는 상황에 따라 어울리는 언행을 할 수 있도록 예의범절 등의 내용을 포함한다.
다양한 직업에 관심을 갖는다	우리 동네에 사는 사람들이 하는 일에 대한 관심을 확대하여 다양한 직업에 대해 관심을 갖고 직업과 우리 생활과의 중요한 연관성을 생각해 봄으로써 직업의 소중함과 살아가기 위해 노력하는 일들에 대해 알아보는 내용이다. 만 5세 유아가 직업을 갖는 이유, 직업의 종류와 하는 일 등에 대한 경험을 놀이해 봄으로써 직업을 통한 사회경제적 활동의 의미를 알고 자신의 장래 희망을 생각해 보는 내용을 함께 다룬다.
물건을 살 때 돈이 필요함을 안다	물건을 사고 팔 때는 돈이 필요하며 물건에 해당하는 가치의 돈을 주어야 함을 아는 내용이다. 만 4세 유아는 돈이 있으면 무엇이든 원하는 것을 얻을 수 있다고 인식할 수 있으므로 물건을 구입해 본 경험 속에서 필요한 물건은 돈으로 살 수 있지만, 갖고 싶다고 무엇이든 살 수 있는 것은 아니라는 것을 알도록 하는 내용을 포함한다. 또한 물건의 가치에 따라 값이 달라질 수 있다고 인식하는 내용도 함께 다룬다.

구분	구체적인 내용
일상생활에서 돈의 쓰임에 대해 안다	유아가 돈의 쓰임에 대해 물건을 사는 것에서 확대하여 보다 다양한 돈의 기능, 경제활동의 기초적 정보 및 지식을 갖춰 바람직한 돈의 쓰임을 이해하는 내용이다. 만 5세 유아에게 돈의 사용법을 알게 하고 바람직한 소비습관과 절약하는 태도를 기르도록 하는 내용을 포함한다.

❷ 우리나라에 관심 갖고 이해하기

'우리나라에 관심 갖고 이해하기'는 우리나라를 상징하는 것과 역사, 전통, 문화, 풍습 및 전통놀이에 대한 관심을 가짐으로써 우리나라에 대한 자부심을 갖도록 하는 내용으로 구성되어 있다(표 5-28, 표 5-29).

표 5-28 연령별 학습 내용

3세	4세	5세
우리나라를 상징하는 것에 관심을 가진다.	우리나라를 상징하는 것을 안다.	우리나라를 상징하는 것을 알고 예절을 지킨다.
우리나라의 전통놀이와 풍습에 관심을 갖는다.		우리나라의 전통, 역사, 문화에 관심을 갖는다.
–	우리나라에 대해 자부심을 갖는다.	

표 5-29 학습의 구성내용

구분	구체적인 내용
우리나라를 상징하는 것에 관심을 가진다	나와 가족, 우리 이웃이 함께 살고 있는 우리나라를 다른 나라와 구별하기 위해 혹은 우리나라를 여러 상황에서 쉽고 편하게 알리기 위한 방법으로서의 상징에 대해 인식하고 우리나라를 상징하는 것에 대해 관심을 가질 수 있도록 하는 내용이다. 만 3세 유아가 올림픽, 월드컵과 같은 국제 스포츠 행사 등에서 우리나라를 상징하는 것들에 대한 경험을 서로 나누는 것 등이 포함된다.
우리나라를 상징하는 것을 안다	우리나라를 대표하는 국기, 꽃, 노래, 한글, 옷차림, 문양 등 다양한 상징에 관심을 가지고 알도록 하는 내용이다. 만 4세 유아가 우리나라를 대표하는 것으로 나라 이름, 태극기, 애국가, 무궁화, 한글, 한복 등이 있음을 알고, 우리 주변에 활용된 모습을 찾아보거나 다양한 상황에서 직접 사용해 봄으로써 우리나라를 상징하는 것에 대한 관심을 토대로 보다 구체적인 지식 형성을 도모해 나가도록 한다.
우리나라를 상징하는 것을 알고 예절을 지킨다	우리나라를 상징하는 것에 대한 지식을 바탕으로 국민으로써 지켜야 할 예절이 있음을 알고 이를 존중하는 마음을 실천해 보도록 하는 내용이다. 만 5세 유아가 우리나라를 상징하는 것들과 관계된 역사적 사실이나 유래 등을 이해하고 바람직한 예절을 지킴으로써 우리나라 국민으로서의 바른 정체성을 형성하는 것을 돕는 내용을 포함한다.

구분	구체적인 내용
우리나라의 전통놀이와 풍습에 관심을 갖는다	자신의 일상생활과 자주하는 다양한 놀이를 통해 우리나라의 전통놀이와 옛이야기, 춤과 노래, 그림 등과 같은 전통 문화, 생활풍습 등에 친숙함을 가지도록 하는 내용이다. 만 3, 4세 유아가 옛날 우리나라 사람들의 생활에 관심을 가지고 전통놀이, 음악, 그림, 춤, 문학에 친숙함을 가지도록 직접적으로 접할 수 있는 것들을 내용으로 다룬다.
우리나라의 전통, 역사, 문화에 관심을 갖는다	우리나라의 전통놀이와 풍습에 대한 관심을 토대로 하여 과거의 역사와 다양한 우리 고유문화에 대한 관심을 갖는 내용이다. 우리나라의 분단 상황을 알고 남북통일에 관심을 가질 수 있도록 한다. 만 5세 유아가 우리나라의 과거의 모습에서부터 발전된 현재의 모습에 이르기까지 우리나라가 쌓고 유지해 온 전통, 역사, 문화를 알아봄으로써 우리나라에 대해 자긍심을 형성하도록 하는 내용을 다룬다.
우리나라에 대해 자부심을 갖는다	우리나라의 전통, 역사, 풍습 등과 함께 우리나라의 자랑스러운 문화와 발명품, 위인들에 대해 알아보고 경험해 봄으로써 우리나라에 대한 자부심을 가질 수 있도록 하는 내용이다. 만 4, 5세 유아가 우리나라의 전통과 문화, 역사에 관한 직접적인 경험을 해 봄으로써 우리나라에 자긍심을 느낄 수 있는 기회를 갖고, 역사 속에서 우리나라를 빛낸 자랑스러운 인물들에 대해 관심을 갖고 알아보는 것을 포함한다. 또한 우리나라 문화가 갖고 있는 독창성과 장점을 인식하여 소중하게 여기고 우리 조상의 슬기와 지혜를 현대사회에서도 이어갈 수 있는 방법을 알아보는 것을 내용으로 다룬다. 또한 한국인으로서의 자긍심을 표현할 수 있는 다양한 기회를 제공하고, 유아 자신도 장래에 자신의 일을 열심히 하여 미래에 우리나라의 우수성을 널리 알리는 사람이 될 수 있다는 것과 유아가 할 수 있는 나라를 사랑하는 방법을 찾아보고 직접 실천해 볼 수 있는 내용을 포함한다.

❸ 세계와 여러 문화에 관심 가지기

'세계와 여러 문화에 관심 가지기'는 세계 여러 나라에 대한 관심을 통해 서로 협력해야 한다는 것을 경험하고, 다양한 인종과 문화에 대해 알아보고 존중하며 관심을 갖는 내용으로 구성되어 있다(표 5-30, 표 5-31).

표 5-30 연령별 학습 내용

3세	4세	5세
–	세계 여러 나라에 대해 관심을 갖는다.	세계 여러 나라에 대해 관심을 갖고, 서로 협력해야 함을 안다.
–	다양한 인종과 문화에 관심을 갖는다.	다양한 인종과 문화를 알아보고 존중한다.

표 5-31 학습의 구성내용

구분	구체적인 내용
세계 여러 나라에 대해 관심을 갖는다	세계에는 여러 나라가 있고 우리나라를 상징하는 것이 있는 것처럼 각 나라에도 그 나라를 대표하는 다양한 상징물 등이 있음에 관심을 갖도록 하는 내용이다. 만 4세 유아가 여행이나 올림픽과 같은 국제 스포츠 대회 등을 통해 알게 된 나라들에 대한 경험을 함께 나누고 지도에서 찾아보면서 우리가 사는 지구촌에 우리나라 외에도 각기 다른 자연환경에서 다른 문화를 형성하여 살아가는 여러 나라가 있음에 관심을 가져보는 것을 내용으로 한다.
세계 여러 나라에 대해 관심을 갖고, 서로 협력해야 함을 안다	다양한 문화와 생활양식을 갖고 살아가는 세계 여러 나라에 관심을 갖고, 이들의 문화를 이해하고 존중하며 평화를 위해 서로 돕고 협력해야 함을 인식하도록 돕는 내용이다. 만 5세 유아가 신문, 잡지, TV, 인터넷 등을 통해 세계 각국에서 일어나는 여러 가지 사건에 관심을 갖고 서로 부족한 것은 돕고 나누며, 함께 사는 지구에서 일어나는 문제를 공동으로 대응하기 위해 서로 협력해야 한다는 것을 인식할 수 있도록 하는 내용을 포함한다.
다양한 인종과 문화에 관심을 갖는다	세계 여러 나라에는 다양한 모습의 사람이 함께 살아가고 있으며 서로 다른 자연환경 속에서 의 · 식 · 주 문화와 미술, 음악, 건축물 등에 대한 고유한 문화를 갖고 있다는 것에 관심을 가질 수 있도록 하는 내용이다. 만 4세 유아가 생활 주변에서 다른 나라 사람이나 문화에 대한 경험 또는 대중매체를 통한 다양한 정보 속에서 음식, 주거, 옷차림, 가족들과 관련된 정보를 공유하며 우리나라와 다른 나라의 비슷한 점과 다른 점을 알아보는 것 등이 이에 해당한다.
다양한 인종과 문화를 알아보고 존중한다	우리나라 문화에 대한 정체성에 기초하여 세계 여러 나라의 인종과 문화에 대한 관심을 갖도록 하고 다양성을 수용하여 다양한 인종과 문화를 이해하고 존중할 수 있도록 하는 내용이다. 만 5세 유아에게 각 나라는 고유하고 독특한 문화를 가지고 있으며 우리와 다르다는 것을 알고 우리 모두가 세계 여러 나라의 문화유산을 지켜나가야 할 소명이 있음을 깨닫는 내용을 포함한다.

2. 표준보육과정의 사회관계 영역

표준보육과정은 0~1세 보육과정, 2세 보육과정, 3~5세 보육과정(누리과정 포함)으로 구성되어 있다. 현재 시행되고 있는 표준보육과정에서 3~5세 보육과정은 누리과정과 공통과정으로 운영되고 있다. 따라서 이 절에서는 0~1세 보육과정, 2세 보육과정 '사회관계' 영역의 내용만 살펴보고자 한다.

1) 성격

표준보육과정의 사회관계 영역은 영아가 자신을 다른 사람과 분리된 존재로 인식하고 스스로 긍정적인 느낌을 가지며, 자신의 감정을 표현하고 다른 사람의 감정을 알며, 주양육자와 안정된 애착관계를 형성하고, 또래에 관심을 갖고 자기가 소속된 집단이 있다는 것을 알게 됨으로써 다른 사람들과 더불어 생활하는 기초를 익히도록 하는 영역이다.

사회관계 영역은 '나를 알고 존중하기', '나와 다른 사람의 감정 알기', '더불어 생활하기'의 세 가지 내용 범주로 구성된다. 내용 범주의 내용을 살펴보면, '나를 알고 존중하기'는 영아가 자신을 알고 소중하게 여기는 데 필요한 내용이며, '나와 다른 사람의 감정 알기'는 영아가 자신과 다른 사람의 감정을 알고 반응하는 데 필요한 내용이고, '더불어 생활하기'는 영아가 자신의 주변 사람들과 함께 생활하는 데 필요한 내용으로 전개된다.

2) 목표

(1) 0~1세 보육과정

0~1세 보육과정의 목표는 영아가 자신이 다른 사람과 분리된 존재임을 알고, 주양육자, 가족, 또래 등 주변의 친숙한 사람과의 관계를 통해 사회관계의 기초를 형성하는 것이다. 영아기는 주변 환경과 자신을 구별할 수 있고, 다른 사람에게 반응하며, 타인과 함께 생활 경험을 통해 평생 동안 지속될 사회관계의 토대를 마련하는 시기이다. 따라서 이 영역에서는 영아가 자신을 인식하고 감정을 나타낼 줄 알며 다른 사람들과 긍정적인 관계를 맺음으로써 더불어 생활하기 위해 필요한 기본적인 행동과 태도를 경험하는 데 중점을 둔다. 이상의 목표를 종합하여, 0~1세 보육과정 목표를 제시하면 〈표 5-32〉와 같다.

표 5-32 0~1세 보육과정 목표

• 친숙한 사람과 관계를 형성한다.

❶ 자신과 다른 사람을 구별된 존재로 인식한다

0~1세 영아는 자신을 구별하고, 자기 것을 인식하는 경험을 통해 자신을 알고 존중하는 경험을 하게 된다. 따라서 영아가 거울 속의 자신을 알아보거나 자기 이름에 반응하며 친숙한 자기 물건을 알아보는 등의 경험을 하도록 격려함으로써 자신의 고유성을 인식할 수 있도록 하는 데 중점을 둔다.

❷ 기본 정서를 표현하고 다른 사람의 감정에 주의를 기울인다

영아가 자신과 다른 사람의 여러 가지 기본 정서를 알고 이를 적절하게 표현하는 방식을 익혀갈 수 있도록 민감하고 따뜻하게 지원해 주고, 일상생활에서 스스로 선호하는 것을 선택할 수 있는 독립된 개체로 지지해 주는 데 중점을 둔다.

❸ 안정적인 애착을 형성하고 또래나 교사와 함께 지낸다

민감하고 사려 깊은 온정적인 양육을 통해 영아가 교사와 안정된 애착을 형성하고, 또래와 함께 생활할 수 있도록 하는 데 중점을 둔다.

(2) 2세 보육과정

2세 사회관계 영역의 목표는 자신을 알고 자신에 대해 소중함을 느끼며 다른 사람과 더불어 생활하면서 관계맺음의 기초를 경험함으로써 사회관계 형성의 기초능력을 기르는 것이다. 2세가 되면 자신의 감정을 말과 행동으로 나타내고 다른 사람의 감정에 반응을 보일 줄 알게 된다. 또한 내 가족, 또래, 자신이 속한 집단 등 주변의 친숙한 사람과 함께 생활하면서 이들에게 적절한 애정을 느끼고 즐겁게 교류하며 이에 필요한 기본적인 사회적 가치를 익히는 시기이다. 이에 따라 사회관계 영역에서는 영아의 선호와 자발적인 선택을 중요시하고, 감정을 적절하게 표현하는 방법을 익힐 수 있도록 지원하며 가족이나 또래 등 친숙한 사람과 함께 있는 것을 즐기는 태도를 갖도록 하는 데 중점을 둔다. 이상의 목표를 종합하여, 2세 보육과정 목표를 제시하면 〈표 5-33〉과 같다.

표 5-33 2세 보육과정 목표

• 나를 인식하고 다른 사람과 더불어 생활하는 경험을 한다.

❶ 자기 존중감을 형성한다

영아가 자신의 모습을 다른 사람과 구별해 보고, 자신의 선호를 표현해 보며, 스스로 선택한 놀이를 즐겁게 경험할 수 있도록 하는 데 중점을 두어 영아의 자기 인식을 긍정적으로 지원함으로써 영아의 자기 존중감이 향상되도록 돕는다.

❷ 자신의 감정을 알고 다른 사람의 감정에 반응을 보인다

영아가 자신의 여러 가지 감정을 적절한 말과 행동으로 표현할 수 있도록 지원하고 다른 사람이 표현하는 감정에 반응해 볼 수 있도록 하는 데 중점을 둔다.

❸ 가족을 사랑하고 또래, 교사와 즐겁게 지내며 간단한 규칙 등을 지킨다

영아가 가족에게 특별한 감정을 갖고, 또래에게 관심을 보이며 이들이 있는 곳에서 즐겁게 놀이에 참여하며 정리정돈, 질서 지키기 등 기본적인 사회적 가치를 익힐 수 있도록 하는 데 중점을 둔다.

3) 내용

(1) 0~1세 보육과정

0~1세 보육과정 사회관계 영역에서는 영아가 자신을 알고 존중하며, 자신과 다른 사람의 감정을 알고, 주변의 친숙한 사람과 더불어 생활하는 경험을 즐길 수 있도록 한다.

내용 범주는 '나를 알고 존중하기', '나와 다른 사람의 감정 알기', '더불어 생활하기' 3가지로 이루어져 있으며, '나를 알고 존중하기'는 거울 속의 나를 알아보거나 자신의 이름을 듣고 반응하거나 친숙한 자기 물건이 자기 것인 줄 아는 등 자신의 기본 특성에 대해 알아가면서 자기 존중감의 기초를 형성하는 데 중점을 두고 있다. '나와 다른 사람의 감정 알기'는 자신의 욕구와 감정을 나타낼 줄 알며, 다른 사람의 행동, 표정, 말에 주의를 기울이고, 다른 사람이 나타내는 여러 가지 감정에 관심을 보이는 경험을 통해 자신과 타인의 감정을 알도록 하는 내용으로 구성되어 있다. '더불어 생활하기'는 영아가 주 양육자에게 안정된 애착을 형성하고 주변의 친숙한 사람이나 또래 영아와 함께 지내는 경험을 해 보며, 이를 통해 자신이 속한 반이나 담임교사를 알아볼 수 있도록 하는 데 중점을 두고 있다.

❶ 내용 체계

0~1세 보육과정 내용 체계는 〈표 5-34〉와 같다.

표 5-34 0~1세 보육과정 내용 체계

내용 범주	내용
나를 알고 존중하기	나를 구별하기
	나의 것 인식하기
나와 다른 사람의 감정 알기	나의 감정을 나타내기
	다른 사람에게 주의 기울이기
더불어 생활하기	안정적인 애착형성하기
	또래에 관심 갖기
	자신이 속한 집단 알기
	사회적 가치를 알기

출처: 보건복지부(2013). 제3차 어린이집 표준보육과정 고시(보건복지부 고시 제2013-8호). p.16.

❷ 내용 및 세부내용

0~1세 보육과정의 내용은 발달 특성 및 개인차를 고려하여 1·2·3·4수준으로 나누어 구분하고 있다. 0~1세 보육과정의 사회관계 영역 수준별 세부내용은 1수준 9개, 3수준 11개, 4수준 11개로 〈표 5-35〉와 같다.

표 5-35 0~1세 보육과정의 '사회관계' 영역 수준별 세부내용

내용 범주	내용	1수준	2수준	3수준	4수준
나를 알고 존중하기	나를 구별하기	거울 속의 나에게 관심을 가진다.		거울 속의 나를 알아본다.	
	나의 것 인식하기	자기 이름을 부르는 소리에 반응한다.			
				친숙한 자기 물건을 안다.	

<table>
<tr><th>내용 범주</th><th>내용</th><th>1수준</th><th>2수준</th><th>3수준</th><th>4수준</th></tr>
<tr><td rowspan="2">나와 다른 사람의 감정 알기</td><td>나의 감정을 나타내기</td><td colspan="4">나의 욕구와 감정을 나타낸다.</td></tr>
<tr><td>다른 사람에게 주의 기울이기</td><td colspan="2">다른 사람의 말과 표정, 몸짓에 주의를 기울인다.</td><td colspan="2">다른 사람이 나타내는 여러 가지 감정에 주의를 기울인다.</td></tr>
<tr><td rowspan="6">더불어 생활하기</td><td rowspan="2">안정적인 애착 형성하기</td><td>양육자와 시선을 맞춘다.</td><td colspan="3">양육자에게 적극적으로 관심과 욕구를 표현한다 .</td></tr>
<tr><td colspan="2">주변의 친숙한 사람의 얼굴과 목소리를 인식한다.</td><td colspan="2">주변의 친숙한 사람에게 애정을 표현한다.</td></tr>
<tr><td>또래에 관심 갖기</td><td colspan="4">다른 영아와 함께 지내는 것을 경험한다.</td></tr>
<tr><td>자신이 속한 집단 알기</td><td colspan="2">담임교사를 구별한다.</td><td colspan="2">자기 반에서 지내며 안정감을 가진다.</td></tr>
<tr><td rowspan="2">사회적 가치를 알기</td><td colspan="2"></td><td colspan="2">친숙한 물건의 자리를 안다.</td></tr>
<tr><td colspan="4">만나고 헤어지는 인사를 해 본다.</td></tr>
</table>

출처: 보건복지부(2013). 제3차 어린이집 표준보육과정 고시(보건복지부 고시 제2013-8호). pp.16-17.

(2) 2세 보육과정

2세 보육과정 사회관계 영역에서는 영아가 자신을 알고 소중히 여기며 자신을 존중하고, 자신과 다른 사람의 감정을 보다 명확히 인식할 수 있으며, 가족, 또래, 자신이 속한 집단의 다른 사람들과 생활해 보는 경험을 통해 기본적인 사회적 가치를 자연스럽게 익히도록 한다.

2세 보육과정 사회관계 영역의 내용 범주는 '나를 알고 존중하기', '나와 다른 사람의 감정 알기', '더불어 생활하기'로 구성된다. 첫 번째 내용 범주는 영아가 자신을 보다 깊이 인식하고 존중하게 되는 데 필요한 내용으로 구성되어 있다. 두 번째 내용 범주는 영아가 자신과 다른 사람의 감정을 인식하고 이를 적절히 표현하고 공감하는 데 필요한 내용이며, 마지막 내용 범주는 영아가 가족, 또래, 자신이 소속된 반 등 자신의 주변 사람들과 함께 생활하는 데 필요한 내용 및 질서, 예절, 약속 지키기 등 기본적인 사회적 가치를 알고 지키는 내용으로 전개된다.

❶ 내용 체계

2세 보육과정 내용 체계는 〈표 5-36〉과 같다.

표 5-36 2세 보육과정 내용 체계

내용 범주	내용
나를 알고 존중하기	나를 구별하기
	좋아하는 것 해 보기
나와 다른 사람의 감정 알기	나의 감정을 나타내기
	다른 사람의 감정에 반응하기
더불어 생활하기	내 가족 알기
	또래와 관계하기
	자신이 속한 집단 알기
	사회적 가치를 알기

출처: 보건복지부(2013). 제3차 어린이집 표준보육과정 고시(보건복지부 고시 제2013-8호). p.30.

❷ 내용 및 세부내용

2세 보육과정의 내용은 발달 특성 및 개인차를 고려하여 1·2수준으로 나누어 구분하고 있다. 2세 보육과정의 사회관계 영역 수준별 세부내용은 1수준 13개, 2수준 13개로 〈표 5-37〉과 같다.

표 5-37 2세 보육과정의 '사회관계' 영역 수준별 세부내용

내용 범주	내용	1수준	2수준
나를 알고 존중하기	나를 구별하기	나와 다른 사람의 모습을 구별한다.	
	좋아하는 것 해 보기	내가 좋아하는 것을 찾아본다.	
		좋아하는 놀이나 놀잇감을 선택해 본다.	스스로 선택한 놀이나 놀잇감을 즐긴다.
나와 다른 사람의 감정 알기	나의 감정을 나타내기	여러 가지 감정을 말과 행동으로 나타낸다.	
	다른 사람의 감정에 반응하기	다른 사람이 나타내는 여러 가지 감정에 반응을 보인다.	

내용 범주	내용	1수준	2수준
더불어 생활하기	내 가족 알기	내 가족에게 애정을 표현한다.	내 가족에게 다른 사람과는 구별된 특별한 감정을 갖는다.
	또래와 관계하기	또래에게 관심을 보인다.	또래의 모습과 행동을 모방한다.
		또래의 이름을 안다.	또래가 있는 곳에서 놀이를 한다.
	자신이 속한 집단 알기	자신이 속한 반과 교사를 안다.	자신이 속한 반의 활동에 즐겁게 참여한다.
	사회적 가치를 알기	도움 받아 물건을 정리한다.	스스로 물건을 정리한다.
		자기 순서를 안다.	순서를 기다린다.
		바른 태도로 인사한다.	
		간단한 약속을 지킨다.	

출처: 보건복지부(2013). 제3차 어린이집 표준보육과정 고시(보건복지부 고시 제2013-8호). pp.30-31.

Chapter

6

유아사회교육의 교수-학습 방법

배울 내용

1. 유아사회교육 활동의 계획
2. 유아사회교육 활동의 운영
3. 유아사회교육 활동의 방법

학습목표

1. 유아사회교육 활동을 계획, 운영하는 방법에 대해 안다.
2. 유아사회교육의 내용을 다양한 활동 유형으로 계획할 수 있다.
3. 생활주제를 중심으로 유아사회교육 활동을 계획할 수 있다.

유아사회교육은 유아가 자신이 속한 사회에 적응하도록 돕고, 문제 상황에 직면했을 때 스스로 가치판단 및 의사결정을 하여 문제를 해결할 수 있도록 돕는 교육이다. 즉, 유아가 단순히 사회과학적 지식을 습득하는 것에서 나아가 자신이 속한 사회에서 살아가는 데 필요한 지식과 기술, 태도를 형성하도록 돕는 것이다. 이를 위해서 유아는 자신의 주변 세계에서 다양한 놀이와 활동을 통한 통합적 경험이 필요하다. 따라서 이 장에서는 유아사회교육 활동의 구체적인 계획, 운영 및 방법에 대해 살펴보고자 한다.

1. 유아사회교육 활동의 계획

유아사회교육의 활동에 있어 주제를 중심으로 하는 활동은 사람들의 다양한 삶의 형태를 유아들로 하여금 통합적인 측면에서 탐구하도록 한다는 이점을 지니고 있다(조순옥 외, 2016). 씨펠트(Seefeldt, 1997) 역시 유아사회교육은 유아가 다양한 사회적 지식을 실생활의 맥락 속에서 습득하고 활용할 수 있도록 돕는 것이어야 하며, 유아가 속해 있는 문화, 개인의 흥미와 요구 및 경험 등을 반영하여야 한다고 주장하며 유아사회교육이 주제를 중심으로 진행할 때의 이점을 설명한 바 있다. 주제 중심의 사회교육 활동은 유아들에게 공동체감을 갖도록 하고, 다른 유아교육과정과 통합하여 운영할 수 있으며, 유아의 흥미와 경험에 근거하고 유아의 능력과 요구에 부합하는 다양한 학습경험을 제공하기 때문에 교수-학습 방법에 융통성이 부여된다. 주제 중심의 유아 사회교육 활동을 운영하기 위해서는 주제를 선정하여 계획하고 이를 학습 활동으로 이끌고 활동을 평가하는 절차가 필요하다(Seefeldt, 1997).

1) 주제와 소주제 설정하기

계획단계에서는 유아들이 배울 주제를 무엇으로 할지, 목표는 무엇인지에 대한 전반적인 계획이 필요하다. 또한 특별한 도움이 필요한 장애가 있는 유아도 같이 참여할 수 있도록 계획을 수립해야 한다. 주제는 유아의 발달과 흥미를 고려하여 학급의 모든 유아가 잘 수행할 수 있는 주제를 선정하는 것이 필요하다.

유아사회교육에서 주제를 설정할 때 3~5세 누리과정에서 제시되고 있는 주제를 기본으로 선정하는 것이 일반적이다. 그러나 유아의 관심과 흥미에 따라 생활이나 주변 환경, 사회교육의 기본 개념을 바탕으로 한 가치 있는 주제를 선정할 수도 있다. 생활주제는 보통 3~4주간 진행할 수 있는 것, 주제는 생활주제의 내용을 1주 정도 다룰 수 있는 것, 소주제는 주제와 관련되며 하루 동안 유아들과 함께 알아볼 만한 것으로 설정하는 것이 좋다. 주제 선택 시 기준과 고려할 점은 〈표 6-1〉, 〈표 6-2〉와 같다.

표 6-1 주제 선택 시 기준

- 유아의 생활 경험과 관련되어야 한다.
- 유아에게 흥미가 있으면서 동시에 이해할 수 있어야 한다.
- 발달적으로 가치 있는 것이어야 한다.
- 주제가 편협하거나 광범위하지 않고 적절해야 한다.
- 유아의 일반적 문화배경 뿐 아니라 지역문화에도 적절해야 한다.
- 지역사회와 유아사회교육의 목표가 서로 연관되어야 한다.

출처: 교육과학기술부(2008). 유치원 교육과정 해설.

표 6-2 주제 선택 시 고려할 점

- 유아에게 유익한 내용인가?
- 직접 탐색하고 관찰할 수 있는가?
- 유아 · 부모 · 지역사회와 연관이 있는가?
- 유아의 연령에 적합한가?
- 유아가 흥미를 가질 만한 것인가?
- 교육과정의 목적 및 내용과 연관이 되는가?
- 다른 교과와 통합이 가능한가?

출처: 교육과학기술부(2008). 유치원 교육과정 해설.

소주제는 주제에 관련된 학습할 내용을 구체화하는 것이다. 따라서 소주제는 교사가 유아에게 중요하거나 유아가 관심과 흥미를 보이는 것, 관찰한 것 등을 도입하여 구체적으로 설정하면 된다.

2) 활동목표 정하기

활동목표는 유아들이 주제활동을 통한 교육의 효과, 주제에 관련된 활동 경험을 통하여 유아들이 가지고 있던 기존의 지식이나 태도, 가치의 변화, 유아사회 활동에 대한 평가 등을 기술하는 것이다. 따라서 활동의 목표는 유아가 알고 인식하게 되는 인지적 요소와 행동을 수행하거나 기술을 습득하게 되는 기술적 요소, 장기적으로 형성하기를 기대하는 태도적 요소로 나누어 작성한다. 활동 목표 수립 시 유의할 사항은 〈표 6-3〉과 같다.

표 6-3 활동 목표 수립 시 유의할 사항

- 유아의 입장에서 서술한다.
- 단기에 성취할 수 있는 지식과 관련된 요소를 서술한다.
- 단기에 습득할 수 있는 기술과 관련된 요소를 서술한다.
- 장기적으로 성취할 수 있는 태도와 관련된 요소를 서술한다.
- 간략하고 명확하게 서술한다.
- 활동의 내용 자체가 목표가 되기보다는 활동을 통해 기대되는 행동을 목표로 설정한다.
- 활동 수행 이후 수립된 목표가 평가의 기준이 됨을 주지한다.

출처: 정하나(2017). 예비교사를 위한 유아사회교육. 공동체.

유아에게 균형 있는 사회교육을 진행하기 위해서는 유아들의 흥미와 관심에 따라 활동목표를 변경하거나 새로운 목표를 추가하는 등의 융통성과 주제에 대한 흥미와 호기심을 유지하고 확장할 수 있는 방법이 있어야 한다.

3) 교육내용 정하기

주제 및 목표가 선정되면 주제가 전개되어 다룰 수 있는 내용의 범위를 예상하고 조직한다. 이를 위해 활동에서 다룰 내용을 세분화한 후 학습하게 될 내용을 주요 내용으로 선정한다. 즉, 교육내용은 활동목표와 연계되어 유아의 개인차와 발달수준에 적합하고 융통성 있게 진행되어야 한다.

교육내용은 유아가 속한 사회와 환경을 이해하면서 가족이나 지역사회, 국가의 구성원으로서 바람직하게 살아갈 수 있도록 하기 위한 개념, 기능 태도 및 가치관을 형성하는 내용으로서 유아들에게 창의적으로 사고할 기회를 주고, 다양한 방법으로 유아의 인지적인 도전을 격려하고, 또래와 협력하고 배려하는 공동의 경험을 통해 도덕성과 책임감을 경험할 수 있는 것이어야 한다. 유아가 학습할 내용을 구체화하고 지원할 수 있도록 교사는 교육적 자료, 현장학습, 지역사회 인적자원 활용 등을 포함하여 구성한다(하수연 외, 2015).

4) 교육환경 구성하기

교육환경은 유아가 활동을 하는 데 필요한 물리적 환경을 말하며, 적절한 교구와 교재가 갖추어진 물리적 환경은 설정한 활동 목표 달성에 있어 중요한 요인이 된다. 발달에 적합한 환경구성의 원리는 〈표 6-4〉와 같다.

표 6-4 발달에 적합한 환경구성의 원리

- 공간은 유아가 활동할 수 있을 만큼 충분히 넓어야 한다.
- 시설 설비와 교구는 유아의 연령 및 신체발달에 적합하여 유아가 성인의 도움 없이 스스로 사용하고 정리할 수 있도록 한다.
- 유아에게 매력적이고 교육적으로 의미 있는 활동을 제공하도록 환경을 구성한다. 이를 위해 유아에게 활동선택권을 주는 다양한 흥미영역을 실내외 공간에 배치할 수 있다.
- 청결하고 안전한 환경을 제공하고, 적정 온도나 습도를 유지해야 한다.
- 유아의 발달 특성에 적합하여야 한다.
- 유아가 장시간 유아교육기관에 머물 경우, 혼자 놀거나 쉴 수 있는 공간이 필요하며, 일상적인 보살핌이나 낮잠을 위한 물건이나 놀잇감 보관을 위한 저장공간을 마련한다.

출처: 교육과학기술부 · 보건복지부(2012). 5세 누리과정 해설서.

2. 유아사회교육 활동의 운영

교사는 미리 계획된 구체적인 학습 내용에 따라 활동을 하며, 학습 내용에 따라 대 · 소집단 활동과 개별활동을 통해 유아사회교육 활동을 운영한다. 하지만 유아사회교육은 특정 시간, 특정 활동을 통해서만 이루어지지 않는다. 하루일과 중 교사의 계획하에 실행되는 자유선택활동, 대 · 소집단 활동 시간 이외에 사회교육이 필요한 상황일 경우 교사의 판단에 따라 사회교육이 진행될 수 있다. 이는 등원, 이야기 나누기, 전이활동, 하원 시간 중에도 수시로 이루어질 수 있다(정하나, 2017).

유아는 다른 사람과의 관계를 통해서 학습하게 되므로 또래와 협력하고 배려하는 공동의 경험을 통해 도덕성과 책임감을 경험할 수 있도록 하여야 한다. 교사는 유아를 존중하고, 평등하게 대하고, 일과활동을 통해 유아의 사회성 발달과 사회교육 지식을 촉진하고, 유아의 성취를 인정하며, 안아주기, 따뜻한 눈빛 보내기, 미소짓기, 끄덕이기 등의 비언어적 긍정적인 상호작용이 되도록 하는 것이 중요하다. 따라서 〈표 6-5〉와 같이 교육과학기술부의 누리과정(2012)에서 제시하고 있는 유아의 발달을 촉진하고 지속적인 학습을 유지시키기 위한 교사-유아 상호작용의 유형을 알고 각 유형에 적합한 기술을 개발하여 숙달시키는 것이 좋다.

표 6-5 교사-유아 상호작용의 유형

구분	내용
인정하기	교사가 유아에게 관심을 기울여 주고, 활동을 지속할 수 있도록 긍정적인 격려나 칭찬을 해 주는 것이다. 교사가 유아의 생각이나 느낌, 행동을 인정해 주면 유아는 더욱 즐겁게 생활하고 활동에 참여할 수 있다. "협동활동에 도움이 되려고 애쓰던 너의 모습이 좋았어", "OO이의 다양하고 새로운 생각이 활동을 즐겁게 하고 다른 친구들에게도 도움이 많이 되는 것 같아"와 같이 사실에 근거하여 노력에 대해 인정해 주어야 한다.
모범 보이기	교실에서 일어나기를 바라는 경향, 태도, 가치에 대해 교사가 바람직한 모습을 보여줌으로써 유아가 적절한 행동을 하도록 상호작용하는 것이다. 교사는 유아에게 기대하는 행동, 즉, 바르게 말하기, 정리정돈하기, 공손한 태도, 골고루 먹기 등을 교사 자신이 매일의 생활에서 실천함으로써 유아가 자연스럽게 느끼거나 받아들일 수 있도록 하는 것이다. 동물에게 먹이주기와 같은 행동을 통하여 동물을 사랑하는 마음을 갖도록 하는 것, 어른께 인사하는 행동을 통하여 웃어른을 존경하는 마음을 느끼도록 하는 것 등이다.
촉진하기	교사의 최소한의 개입으로 유아의 학습을 용이하게 해 주는 상호작용이다. 유아가 과제 내지 문제를 보다 쉽게 해결할 수 있도록 일과 계획하기, 도구 근처에 두기, 보조교사 배치하기, 활동시간 조절하기 등의 방법을 의미한다. 교사는 유아가 활동에 집중할 수 있도록 공간을 마련해 주거나 활동에 몰입할 수 있도록 지켜볼 수 있다.
지지하기	유아의 현재 능력이 어느 정도에 이르면, 다음 발달 수준으로 넘어서도록 도움을 주거나 도전해 볼 수 있는 기회를 제공하는 것이다. 유아가 스스로 하고 싶지만 도움이 없으면 하기 어려운 활동 과제를 알아내어 도움을 주어야 한다.

구분	내용
함께 구성하기	모형이나 블록을 함께 쌓아 올리는 것처럼 교사와 유아가 공동으로 문제나 과제를 함께 생각하고 조사하며, 배우고 해결해 나가는 것이다. 이때 교사는 유아와 함께 학습자인 동시에 교사가 된다. 따라서 문제나 과제를 해결해 가는 과정에서 교사가 즉시 답을 알려주기보다 유아와 함께 공동의 학습자가 되어 유아가 문제해결과정을 경험해 나가도록 도와야 한다. 블록으로 만든 집이 부서진 경우 어떻게 하면 튼튼한 집을 만들 수 있을지 생각해 보고 이를 함께 해결해 나가는 것이다.
시범 보이기	어떤 사항을 유아에게 구체적으로 지도하기 위해 교사가 활동에 적극적으로 참여하여 보여주는 상호작용을 의미한다. 유아는 교사가 직접 시범을 보이는 모습을 관찰할 수 있기 때문에 더욱 쉽게 특별한 기술을 습득할 수 있다. 위험한 도구를 사용하는 데 가장 안전한 방법을 보여주거나 새로운 기술을 가르칠 때 효과적인 방법이다.
지도하기	유아가 시행착오 없이 학습을 하도록 교사가 필요한 정보나 지식을 전달하는 경우를 말한다. 유아들이 스스로 문제를 발견하고 해결하는 것보다 직접적으로 그 방법을 말해 주는 것이 더 효과적일 때 사용한다. 유아의 안전에 관한 교육내용이거나 유아가 스스로 발견하는 것을 어려워할 때, 새로운 도구를 사용하는 방법과 새로운 기술을 익히는 경우에 효과적이다.

출처: 하수연 외(2015). 유아사회교육. 공동체. pp.146-147.

3. 유아사회교육 활동의 방법

1) 일과운영

유아는 계획된 구체적인 학습내용에 따라 활동하게 된다. 즉, 학습내용에 따라 대 · 소집단 활동과 개별활동으로 시간과 공간을 활용하며 활동한다. 일과운영을 통한 유아사회교육 활동은 〈표 6-6〉과 같다.

표 6-6 일과운영을 통한 유아사회교육

구분	내용
등원	교사가 유아와 반갑게 인사를 나누는 등원시간에는 유아에게 개별적으로 관심을 가지고 신체와 심리상태를 살펴볼 수 있으며, 기본생활습관을 지도할 수 있다. 예의 바르게 인사하기, 자신의 가방과 옷 정리하기, 신발 바르게 정리하기, 차례대로 줄서서 출석카드에 스티커 붙이기 등을 할 수 있다. 일상생활 속에서 반복적으로 행동하여 습관이 되도록 지도한다.

구분	내용
자유선택활동	유아는 교실 내에 구성된 흥미영역에서 자유롭게 선택활동을 하며 자신의 발달과 수준에 알맞은 경험을 하게 된다. 유아는 놀이하는 가운데 혼자놀이와 협동놀이 등의 상호작용을 통해 사회적 능력과 관련된 기술을 형성할 수 있게 된다.
정리정돈 및 화장실 사용 지도	자신이 놀이에 활용하였던 교구와 책 등은 교구장에 정리하여 다음 친구가 놀이 할 수 있도록 한다. 정리를 안 하는 유아에게는 역할을 주거나 정리하는 행위를 구체적으로 칭찬하여 열심히 정리정돈에 참여할 수 있도록 한다. 화장실은 한줄서기와 질서를 지키며 기다릴 수 있도록 하고, 화장실의 비누와 물, 휴지 등을 아껴 사용하고, 사용한 것은 분리수거할 수 있도록 지도한다.
간식 및 점심	간식과 점심은 스스로 준비하고 정리할 수 있도록 한다. 예의를 지켜 식사할 수 있는 식사예절과 음식을 골고루 적당량을 먹을 수 있도록 지도한다. 또한 감사하는 마음과 식사 중에는 조용히 말하기, 입에 음식이 있을 때는 가리고 말하기나 삼킨 후 말하기, 바르게 앉아서 먹기 등의 약속을 지키며 예의를 지켜 식사하도록 한다.
집단활동	교사와 유아가 모여서 함께 활동을 하는 것으로, 활동유형은 이야기 나누기, 게임, 새노래, 신체활동, 동화, 산책 등이며, 대·소집단 형태로 이루어진다. 활동 유형 및 진행방법에 따라 활동장소 및 좌석배치는 달라질 수 있다. 유아가 또래친구들과 활동에 참여하며 주의집중하고, 자신의 경험들을 자유롭게 교환할 수 있도록 돕는다.
평가 및 귀가	하루의 일과를 마무리하며 유아교육기관에서의 활동을 평가할 수 있도록 한다.

2) 교육활동

(1) 토의

유아는 집단에서의 토의 경험을 통해 다른 사람의 관점에 대해 이해하게 되고 자신의 생각과 느낌을 효과적으로 전달한다. 그리고 토의를 통해 집단의 문제를 해결하기도 하고 학급의 규칙이나 게임의 규칙을 정하기도 한다.

유아 학급에서의 토의 주제는 자기중심적 사고를 가진 유아의 특성상 개인에게도 흥미로운 것이어야 한다. 따라서 유아들의 생활 중에 경험할 수 있는 구체적인 상황이나 유아들이 알아야 할 개념의 이해, 도덕적 가치관에 관한 것을 선정하는 것이 바람직하다. 유아 학급에서 토의를 이끌 때 고려해야 할 사항은 〈표 6-7〉과 같다(박찬옥 외, 2016; 조순옥 외, 2016).

표 6-7 유아 학급에서 토의를 이끌 때 고려해야 할 점

- 토의에 참여하는 집단의 크기는 인원수가 5~6명 정도의 소집단이 바람직하다. 특히 남아와 여아가 혼합된 집단, 혼합 연령 집단이 바람직하다.
- 토의시간은 주제 및 유아의 연령에 따라 대략 10~20분 이내로 한다.
- 유아들은 원이나 반원으로 앉아 서로 얼굴을 마주 보는 것이 좋다.
- 다른 사람의 말을 주의 깊게 듣도록 한다. 그리고 나와 다른 생각이나 가치를 가진 사람을 비난하거나 평가하는 말을 사용하기보다 수용하는 태도를 가지도록 한다.
- 토의 주제와 관련된 그림, 사진, 책 등의 보조 자료를 충분히 제공한다.
- 유아가 자신의 생각을 정리하고 표현할 수 있는 충분한 시간을 제공한다.
- 개방적이고 자유로운 분위기에서 토의가 이루어지도록 한다.
- 교사는 적절한 주제를 제시하고 토의가 주제에서 벗어날 때 주제로 관심을 모으거나 유아들에게 명료화해 주는 역할 및 토의를 촉진하는 촉진자의 역할을 한다.
- 교사는 한 가지 의견에 치우치기보다 중립적인 입장에서 유아들의 의견을 정리해 주며 스스로 결정하도록 해야 한다.

(2) 견학(현장체험학습)

견학은 유아들에게 다양한 체험학습의 기회를 제공함으로써 사회구성원으로서 살아가는 데 필요한 지식, 가치, 태도를 형성하도록 돕는 효과적인 방법이다. 유아는 견학을 하는 동안 즐거운 마음으로 생활주제와 관련된 직접 관찰과 체험을 할 수 있다. 교사는 시간과 장소에 대한 제한과 경비 부분을 고려해야 하며 교육적인 효과를 고려하여 진행해야 한다.

❶ 견학 계획하기

견학 계획하기의 구체적인 내용은 〈표 6-8〉과 같다.

표 6-8 견학 계획하기의 내용

구분	내용
교육목표 설정	견학의 필요성이 분명하여야 한다.
장소 선택	견학 장소를 선택하고 견학장소까지의 거리, 소요시간, 날씨의 영향 정도 등을 검토한다.
견학장소 사전 답사	교사는 미리 견학 장소를 방문하여 장소가 학습 목적을 달성하기에 적합한 곳인지, 안전한 장소인지, 그늘이 있고 화장실 사용이 편리한지 등을 살펴본다.

구분	내용
가정통신문 발송 및 학부모 동의서 받기	가정에 통신문을 발송하여 견학 계획 및 준비물을 알리고 학부모로부터 자녀 견학에 대한 동의를 받는다.
사전 활동	유아에게 견학에 대한 배경 지식을 제공한다.

❷ 견학하기

견학하기의 구체적인 내용은 〈표 6-9〉와 같다.

표 6-9 견학하기의 내용

구분	내용
안전 규칙 및 약속정하기	유아들과 안전 규칙 및 지켜야 할 약속을 정하고 반복해서 여러 번 읽어 준다.
사후활동 안내하기	견학 후 계획 중인 사후활동을 미리 안내하고 견학을 하며 준비하도록 한다. 즉, 견학에 대한 토의를 위해 견학 장소에 계신 분들이 설명해 주시는 것을 잘 듣고 기록하거나 그림을 그려오는 등의 활동이다.

❸ 후속활동하기

견학을 다녀온 후 교실에서 여러 가지 후속활동을 할 수 있다. 후속활동으로는 견학 시 우리에게 도움을 주신 분들께 감사 편지를 보낼 수 있으며, 역할놀이 영역에서 사회극을 할 수도 있으며, 견학에서 보고 온 내용에 대해 창의적인 표현(동극, 조형활동)을 할 수 있다.

(3) 게임

유아가 게임을 지속하기 위해서는 규칙을 지키고 승패를 받아들일 수 있어야 한다. 그리고 다른 유아와 경쟁 및 협력을 함으로써 공동체를 경험할 수 있다. 게임활동을 통해 유아는 자율성, 자기조절능력 및 탈중심화, 집단에 대한 소속감 등이 증진될 수 있다.

게임의 종류로는 자유롭게 진행하는 자유대형 게임과 원게임, 팀을 나누어 진행하는 편 게임 등이 있다. 게임의 절차 및 진행 시 유의할 점은 〈표 6-10〉과 같다(이기숙 외, 2016).

표 6-10 게임의 절차 및 진행 시 유의점

- 유아의 발달에 맞고 주제에 적절한 게임 활동을 선정한다.
- 출발선, 출발신호, 점수판, 반환점 등 게임 자료와 넓고 안전한 공간을 확보한다.
- 게임 도구를 보여주고 유아들이 탐색하도록 한다. 어떤 게임을 할지 이야기 나눈다.
- 게임의 규칙을 안내하고 팀을 나누고 팀의 이름을 정한다.
- 게임 대형으로 앉히고 난 뒤, 시범을 보여준다.
- 승패에 영향을 미치지 않는 범위 내에서 응원 점수를 주어 규칙을 잘 지키고 응원할 수 있도록 격려한다.
- 게임 활동에 대한 평가를 하고 난 뒤 게임 교구 등을 정돈한다.

(4) 사회극 놀이

사회극 놀이는 유아들이 즐겨 하는 활동으로, 사회적 경험에 자신의 생각과 느낌을 가미하여 현실을 재창조하는 활동이다. 유아들은 사회극 놀이를 통해 사회 내의 다양한 역할에 대한 이해를 높일 수 있으며, 역할을 연기하며 자기중심성에서 벗어날 수 있다. 사회극 놀이에서 교사의 역할은 〈표 6-11〉, 사회극 놀이를 위한 준비사항은 〈표 6-12〉와 같다(조순옥 외, 2016; 하수연 외, 2015).

표 6-11 사회극 놀이에서 교사의 역할

- 놀이 주제 및 역할에 대한 토론이 이루어지도록 사회극 놀이를 위한 분위기를 조성한다.
- 교실의 환경구성 시 사회극 놀이를 위한 장소, 위치, 소품 등을 제공한다.
- 놀이가 확장되도록 유아의 놀이를 관찰하고 질문을 하고 놀이 행동의 본보기를 보여줄 수 있으며, 진행을 제안하기도 하는 역할을 하여야 한다.
- 놀이 활동의 질을 높이기 위해 새로운 놀이 주제를 소개하기도 하고 유아들과 역할분담을 하는 등 놀이에 함께 참여하여야 한다.

표 6-12 사회극 놀이를 위한 준비 사항

구분	항목	준비물
주제와 관련된 소품	우체국	우표, 우편물 가방, 모자, 소포상자, 편지, 저울, 돈, 스티커, 컴퓨터 등
	병원	컴퓨터, 청진기, 주사기, 붕대, 체온계, 약병, 신장계, 체온계, 인형, 전화기 등
	기차	기차표, 손전등, 음식트레이, 모형기차, 작업복 등
	미용실	의자, 드라이어, 빗, 미용가위, 커트도구, 거울, 가운, 매니큐어, 가발 등

구분	항목	준비물
	주유소	주유기, 기름통, 고무호스, 모형자동차, 현금등록기 등
	소방서	호스, 모자, 소방관 옷, 모형 사다리, 모형 자동차, 모형 소화기 등
일반적인 소품		의상, 모자, 가발, 기타 자료

(5) 학습자료 활용

유아사회교육 활동을 위한 시청각 자료들은 유아에게 학습에 대한 흥미를 유발하고 유용한 정보를 제공함으로써 유아의 학습을 돕는다. 학습자료로는 실물, 그림, 사진, 그림책 등이 있다. 유아들을 위한 사회교육은 직접적인 경험이 가장 좋지만 직접 경험하기 어려운 경우 실물, 모형 사진, 그림 등을 활용할 수 있고, 사회적 가치를 습득하는 데 그림책을 활용하기도 한다. 학습 자료들은 활동의 도입, 마무리 부분에서 경험을 나누기 위해 사용할 수 있으며, 교실에 전시 및 게시할 수도 있다. 전시 및 게시할 때는 사회교육의 주제에 따라 다양하게 변화를 주어야 한다.

(6) 지역사회 연계 활동

영유아의 발달은 유아교육기관과 가정 외에 지역사회의 물리적 환경, 관련 정책과 제도, 보육서비스의 질 등 다양한 요소들과 관련이 있다. 부모를 포함한 교사가 영유아의 성장과 발달을 지원하는 일차적인 기능을 담당하지만 가족의 양육기능은 가족 내부의 요소뿐 아니라 외부의 환경에 영향을 받으며 강화되거나 축소되기 때문이다. 영유아는 가족에 속하고 가족은 또한 지역사회에 속하므로 지역사회와 분리하여 서비스를 제공할 수는 없다.

지역사회는 유아와 유아의 가족이 속해 있는 곳으로 유아에게 직·간접적으로 영향을 미친다. 지역사회 연계 활동에는 지역사회 인사초청 활동을 통해 여러 분야의 직업에 종사하는 지역사회의 인사들을 초청하여 직업에 관한 이야기를 듣는 것이 가능하며, 지역사회의 어른이나 다문화 가정의 부모를 초대하여 그들의 경험을 나눌 수 있다. 그리고 지역사회의 시설(공공시설이나 문화시설 등) 중 활동 주제에 맞는 곳을 방문하는 활동 등을 계획할 수 있다.

특히 현대사회는 물질적인 생활수준은 향상되었으나 개인주의, 인간소외 현상 등으로 인해 영유아에게 유해한 성장환경이 많아지게 되었고, 지역사회의 적극적인 협력과 자정 노력이 필요하게 되었다. 즉, 다문화나 한부모 등 다양한 가족구조, 질병이나 장애 등 취약계층 가정의 영유아를 지원하기 위해서는 유아교육기관이 지역사회의 다양한 자원을 잘 활용하여야 한다. 그러므로 지역사회와 연계한다는 것은 영유아가 성장하는 지역사회의 특수한 문화, 양육패턴, 전통, 사회정책이나 기관 등을 보육서비스에 반영한다는 것을 의미한다. 따라서 영유아가 태어나서 성장하는 지역사회에 대해 함께 살아가는 사람, 다양한 직업이나 공공기관, 자연환경 등에 대해 인식할 수 있도록 도와야 하며 영유아를 위한 교육 및 보육과정에 이를 반영하여야 한다.

PART 3

유아사회교육의 실제 및 평가

Chapter

7

누리과정에 따른 유아사회교육의 실제

배울 내용

1. 나를 알고 존중하기
2. 나와 다른 사람의 감정 알고 조절하기
3. 가족을 소중히 여기기
4. 다른 사람과 더불어 생활하기
5. 사회에 관심 갖기

학습목표

1. 유아사회교육을 위한 대 · 소집단 활동을 계획하고 실행하여 평가한다.
2. 유아의 사회적 지식, 기능, 태도 증진을 위한 교수계획을 수립할 수 있다.
3. 유아사회교육의 궁극적 목적 및 목표에 기반 한 교수계획을 위해 누리과정 사회관계 영역의 내용 범주 및 내용, 연령별 세부내용을 알고 활용한다.

내용 범주	내용	연령	활동명	활동유형
1. 나를 알고 존중하기	1-1. 나를 알고, 소중히 여기기	3세	우리 모두에게 생일이 있어요	이야기 나누기
		4세	달라도 괜찮아	동시
		5세	건강하게 지내려면 운동을 해요	이야기 나누기
	1-2. 나의 일 스스로 하기	3세	유치원에서 내가 할 수 있는 일이 있어요	이야기 나누기
		4세	나는 할 수 있어요	게임
		5세	자유선택활동을 계획하고 평가해요	이야기 나누기
2. 나와 다른 사람의 감정 알고 조절하기	2-1. 나와 다른 사람의 감정 알고 표현하기	3세	내 친구 예슬이	동화
		4세	서로의 마음을 알아봐요	이야기 나누기
		5세	무지개 물고기	동극
	2-2. 나의 감정 조절하기	3세	울지 않고 말할 수 있어요	동화
		4세	친구야 쉿!	음악
		5세	봄에 들을 수 있는 소리	음악
3. 가족을 소중히 여기기	3-1. 가족과 화목하게 지내기	3세	사랑의 샌드위치	요리
		4세	우리 집이 최고야	동극
		5세	반말쟁이 민지	동화
	3-2. 가족과 협력하기	3세	우리 가족 신발을 정리해요	게임
		4세	우리 집 대청소 하는 날	신체
		5세	심부름을 해요	게임
4. 다른 사람과 더불어 생활하기	4-1. 친구와 사이좋게 지내기	3세	우리 함께 힘을 모아요	신체
		4세	뭐라고 해야 하지?	동시
		5세	친구의 마음	이야기 나누기
	4-2. 공동체에서 화목하게 지내기	3세	힘을 합쳐요	게임
		4세	모두가 행복해지는 방법	음악
		5세	모양쿠키를 만들어요	요리

내용 범주	내용	연령	활동명	활동유형
	4-3. 사회적 가치를 알고 지키기	3세	내가 잘 정리해 줄게	이야기 나누기
		3세	신호등	동시
		4세	아무도 안 본다고	동시
		4세	화장실 사용 예절	이야기 나누기
		4세	깨끗한 우리 동네 캠페인	바깥놀이
		5세	위층, 아래층	동화
		5세	교통박물관 견학	현장체험
		5세	생활에 돌 · 흙이 필요해요	이야기 나누기
5. 사회에 관심 갖기	5-1. 지역사회에 관심 갖고 이해하기	3세	피자를 배달해 주세요	게임
		4세	소방서에 가요	현장체험
		5세	은행에 가요	현장체험
	5-2. 우리나라에 관심 갖고 이해하기	3세	한옥마을에 가요	현장체험
		4세	한복을 입고 덕담을 나눠요	이야기 나누기
		5세	전통음악 감상하기	음악
	5-3. 세계와 여러 문화에 관심 가지기	4세	미술관 견학	현장체험
		5세	인사하며 세계 여행	신체

1. 나를 알고 존중하기

1-1 나를 알고, 소중히 여기기

우리 모두에게 생일이 있어요			
생활주제	유치원과 친구	주제	함께 놀이하는 유치원
소주제	혼자 하는 놀이, 친구와 함께 하는 놀이 알아보기		
활동유형	이야기 나누기	대상연령	만 3세
활동목표	• 생일의 의미를 이해하고 친구의 생일을 축하하는 마음을 가진다. • 다섯 번째 생일이 된 것을 이해한다.		
누리과정 관련요소	• 의사소통: 말하기 〉 느낌, 생각, 경험 말하기 • 사회관계: 나를 알고 존중하기 〉 나를 알고, 소중히 여기기 • 자연탐구: 수학적 탐구하기 〉 수와 연산의 기초개념 알아보기		
인성관련요소	• 존중: 자신과 전통 문화에 대한 존중		
활동자료	사진(생일축하 장면), 유아들의 얼굴이 있는 생일 달력, 곰 인형, 생일축하 소품(고깔모자, 모형케이크, 모형 떡 케이크 등)		

활동방법

[도입]

✲ 생일축하 사진을 보며 어떤 장면인지 이야기 나눈다.
- 무엇이 보이니?
- 무엇을 하고 있니?
- 너희 생일에는 무엇을 하였니?

✲ 생일의 의미와 마음에 관해 이야기한다.
- 생일은 어떤 날이니?
- 우리가 세상에 태어난 날을 생일이라고 해, 그래서 누구에게나 생일이 있어.
- 그런데 왜 생일 축하를 할까?
- 생일파티를 할 때 너희 기분은 어떠니?

그림 7-1 유치원에서의 생일축하 장면

전개

✲ 우리 반 아이들의 생일에 관해 이야기 나눈다.
- 우리 반 친구 모두에게도 생일이 있단다.
- (생일 달력을 보여주며) 자, 이 달력에는 우리 반 친구들의 생일이 언제인지 기록해두었어.
- (3월부터 차례대로 달력을 넘기며) ♡♡, ☆☆야, 너희 생일은 3월이구나.
- 이렇게 우리 반 친구들의 생일은 각기 다른 날에 있는데, 친구들의 생일에 우리는 어떤 방법으로 생일을 축하해 주면 좋을까?

✲ 생일파티에 필요한 준비물을 이야기해 본다.
- 생일파티를 하기 위해선 무엇이 필요할까?
- 초는 몇 개 필요할까?
- 초는 왜 다섯 개를 꽂아야 할까?

✲ 유아들과 함께 소집단으로 이야기를 나누며 생일파티 놀이를 해 본다.
- 우리 곰 인형의 생일파티를 해 볼까?
- 어떤 노래를 불러주면 좋을까? 왜 그런 노래를 불러주고 싶니?
- 곰 인형에게 뭐라고 이야기해 주면 좋을까?

✲ 생일파티에서의 느낌에 관해 이야기를 나눈다.
- 생일파티를 할 때 곰 인형의 기분은 어땠을까?
- 너희들의 느낌은 어땠니? 친구의 생일을 축하해 줄 때 너의 마음은 어땠니?
- 왜 즐거웠을까?

	[마무리] ✲ 생일축하에 대한 마음가짐에 관해 이야기하며 마무리한다. • 놀이했을 때 너희들의 마음처럼 생일은 생일을 맞이한 친구도 즐겁지만, 친구의 생일을 진심으로 축하해 주며 내 마음도 함께 즐거울 수 있는 행복한 날이란다.
활동 시 유의점	✲ 유아들이 놀이하며 생일을 축하해 주는 경험에 대한 즐거움을 느낄 수 있도록 한다. ✲ 소그룹으로 활동을 진행하며 모든 유아가 적극 참여할 수 있도록 한다. ✲ 생일을 축하해 주는 마음가짐에 대해 생각해 볼 수 있도록 상호작용한다.
활동평가	**[목표달성]** ✲ 유아들이 생일과 축하의 의미에 대해 아는지 평가한다. ✲ 나이와 초의 개수의 관계를 이해하는지 평가한다. **[유아관찰]** ✲ 자신의 특성이나 서로의 차이에 관심을 갖는다.

1-1 나를 알고, 소중히 여기기

달라도 괜찮아			
생활주제	유치원과 친구	주제	유치원에서 만난 친구
소주제	친구와 다른 점 알아보기		
활동유형	동시	대상연령	만 4세
활동목표	• 동시를 다양한 방법으로 듣고 즐긴다. • 친구와 같은 점과 다른 점을 찾아본다. • 다양한 문화를 가진 친구에 대해 관심을 갖는다.		
누리과정 관련요소	• 의사소통: 듣기 〉 동요, 동시, 동화 듣고 이해하기 • 사회관계: 나를 알고 존중하기 〉 나를 알고 소중히 여기기 다른 사람과 더불어 생활하기 〉 사회적 가치를 알고 지키기		
인성관련요소	• 존중: 자신과 다른 사람, 문화에 대한 존중		
활동자료	동시 「달라도 괜찮아」 PPT 자료		

활동방법

[도입]

✲ 친구와 같은 점과 다른 점에 대해 이야기로 도입한다.

- 나와 친구는 어떤 점이 같니?
- 같아서 좋은 점은 무엇이라고 생각하니?
- 친구와 다른 점은 무엇이니?
- 생김새/좋아하는 색/좋아하는 음식/좋아하는 노래는 어떻게 다르니?
- 친구와 내가 잘하는 것은 무엇이 다르니?
- 왜 다를까?
- 달라서 좋은 점은 무엇이라고 생각하니?

[전개]

✲ 「달라도 괜찮아」 동시를 감상한다.

✲ 동시를 듣고 난 후, 동시의 내용과 느낌에 대해 이야기 나눈다.

- 동시에서 나와 친구는 어떤 점이 다르다고 했니?
- 친구와 달라도 괜찮은 이유는 무엇일까?

✲ 동시를 다시 한 번 들려준다.
✲ 다양한 방법으로 유아들과 나누어 읊어 본다(교사가 읊고 따라 읽기, 반복되는 단어는 유아가 읽기 등).
- 선생님이 '나와 내 친구는'이라고 읽으면 뒤 부분의 '좋아하는 색(음식/노래)이 달라요'는 너희들이 읽어볼까?
- 이번에는 한 줄씩 번갈아 읽어볼까?
- 나와 친구가 좋아하는 ○○부분에 다른 낱말을 넣어 읽어볼까?
- 모두 함께 읽어볼까?

[마무리]

✲ 활동에 대해 평가한다.
- 친구와 같은 점과 다른 점에 대한 동시를 감상하니 어떤 느낌이 들었니?
- 같은 점과 다른 점이 있는 친구에게 어떤 태도를 가지면 좋을까?

활동 시 유의점

✲ 친구와 같은 점과 다른 점을 찾아보면서 누구나 가지고 있는 능력이 다르고, 각각 모두 소중함을 이야기 나누도록 한다.
✲ 다문화가정의 유아 및 장애유아가 있는 경우, 같은 점보다는 다른 점이 두드러질 수 있으므로, 서로 다른 점을 찾아 다양한 문화와 생김새에 관심을 갖도록 하고, 서로 존중하며, 함께 지낼 수 있도록 상호작용한다.

활동평가

[목표달성]

✲ 동시에 담긴 내용을 이해하여 즐겁게 감상하는지 평가한다.
✲ 동시를 듣고 친구와 같은 점, 다른 점을 찾을 수 있는지 평가한다.
✲ 다양한 문화를 가진 친구에 대해 관심을 갖는지 평가한다.

[유아관찰]

✲ 자신의 특성을 소중히 여기고 서로의 차이를 인식한다.

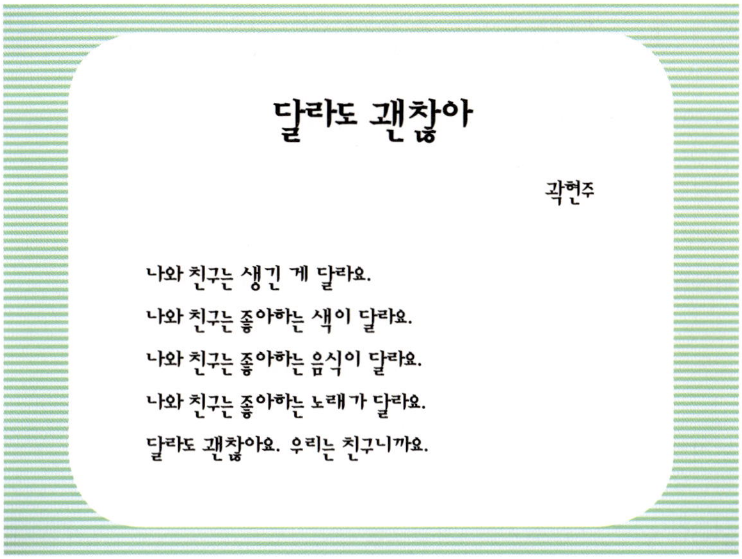

그림 7-2 "달라도 괜찮아" 동시자료 예

출처: 보건복지부(2013c).

1-1 나를 알고, 소중히 여기기

건강하게 지내려면 운동을 해요			
생활주제	건강과 안전	주제	즐거운 운동과 휴식
소주제	즐거운 마음 가지기		
활동유형	이야기 나누기	대상연령	만 5세
활동목표	• 운동의 필요성에 대해 이야기할 수 있다. • 운동에 따라 필요한 기구가 있음을 안다. • 건강하게 지내는 방법을 알고 실천한다.		
누리과정 관련요소	• 의사소통: 말하기 〉 느낌, 생각, 경험 말하기 • 사회관계: 나를 알고 존중하기 〉 나를 알고 존중하기		
인성관련요소	• 존중: 자신에 대한 존중		
활동자료	막대인형(건강이, 허약이), 여러 가지 운동 장면 그림		

활동방법

[도입]

✻ 건강이와 허약이 막대 인형으로 아팠을 때의 경험에 대해 이야기한다.

건강이: 허약아! 반가워 그동안 유치원에 왜 안 왔니? 많이 보고 싶었어!

허약이: 응~ 나도 유치원에 너무 오고 싶었어. 근데 내가 아파서 밖에 나가지도 못하고 집에 누워만 있었어. 집에만 있으니까 친구들도 보고 싶고, 너무 심심했어.

[전개]

✻ 허약이처럼 몸이 아팠을 때의 경험에 대하여 이야기 나눈다.

- 병에 걸렸었던 경험이 있니?
- 허약이는 왜 아팠을까?

✻ 건강이가 튼튼한 이유에 대해 생각을 나눈다.

- 건강이가 늘 튼튼한 이유는 뭘까?
- 건강이는 운동을 어떻게 할까?

✲ 우리들이 건강하게 지내려면 어떻게 해야 할까?
- 운동을 하면 왜 건강해질까?
- 어떤 운동이 건강에 도움이 될까?
- 기구를 가지고 하는 운동은 어떤 것이 있을까?
- 어떻게 운동하면 좋을까?

[마무리]

✲ 건강하게 지내기 위해 내가 실천해 보고 싶은 운동은 무엇인지 이야기 나누며, 마무리한다.
- 가족과 함께 하고 있는 운동이 있니?
- 집에서 가족과 함께 하고 싶은 운동은 무엇이 있니?

활동 시 유의점

✲ 건강이, 허약이 막대인형이나 손인형 등으로 아팠을 때의 경험을 듣고 활동을 전개한다.
✲ 지나친 운동은 건강을 해칠 수도 있음을 알고 적절한 운동을 하도록 한다.

활동평가

[목표달성]

✲ 운동의 필요성을 말할 수 있는지 평가한다.
✲ 운동에 따라 필요한 기구가 있음을 아는지 평가한다.
✲ 건강하게 지내는 방법을 알고 실천하는지 평가한다.

[유아관찰]

✲ 자신의 특성을 소중히 여기고 서로의 차이를 존중한다.

줄넘기하기

공 굴리기

농구하기

철봉에 매달리기

그림 7-3 운동하는 모습의 예

1-2 나의 일 스스로 하기

유치원에서 내가 할 수 있는 일이 있어요			
생활주제	나와 가족	주제	소중한 나
소주제	나의 일 스스로 하기		
활동유형	이야기 나누기	대상연령	만 3세
활동목표	• 자신이 스스로 할 수 있는 일에 대해 안다. • 자신의 생각과 느낌을 말로 표현할 수 있다.		
누리과정 관련요소	• 의사소통: 말하기 〉 상황에 맞게 바른 태도로 말하기 • 사회관계: 나를 알고 존중하기 〉 나의 일 스스로 하기		
인성관련요소	• 협력: 개인적 책임감		
활동자료	유치원에서 유아가 할 수 있는 일 관련 그림자료		

활동방법

[도입]

✲ 아침에 일어나서 무엇을 했는지 이야기를 나눈다.
- 유치원에 오기 전에 무엇을 했니?
- 유치원에 오기 위해 준비할 때 누가 도와주셨니?
- 유치원에 오기 전에 친구가 스스로 한 일은 무엇이니?

[전개]

✲ 유치원에서 유아가 스스로 할 수 있는 일에 관해 이야기를 나눈다.
- 유치원에서 스스로 할 수 있는 일에는 어떤 일들이 있을까?

✲ 집에서 유아가 스스로 할 수 있는 일에 관해 이야기를 나눈다.
- 집에서 스스로 할 수 있는 일에는 어떤 일들이 있을까?

✲ 사진 자료를 보며 유아가 할 수 있는 일에 관해 이야기를 나눈다.
- 무엇을 하고 있니?
- 사진에서 보았던 일들 외에 친구가 스스로 해 보았던 일에는 어떤 것들이 있니?

[마무리]

✲ 유아가 스스로 할 수 있는 일을 했을 때의 기분에 관해 이야기를 나누며 마무리 한다.

- 책을 정리했을 때 어떤 기분이 들었니?
- 화분에 물을 주었을 때 어떤 기분이 들었니?
- 바닥에 떨어진 휴지를 주웠을 때 어떤 기분이 들었니?
- 사진에서 본 일들 외에 유치원이나 집에서 스스로 일을 했을 때 어떤 기분일까?

활동 시 유의점

✲ 유아들이 일상생활 속에서 스스로 할 수 있는 일을 해 보고 즐거움을 느낄 수 있도록 지도한다.

✲ 유아가 스스로 할 수 있는 일을 했을 때 교사는 적절한 칭찬의 표현을 해 줌으로써 습관화되도록 격려한다.

활동평가

[목표달성]

✲ 자신이 스스로 할 수 있는 일에 대해 아는지 활동과정을 통해 평가한다.

✲ 자신의 생각과 느낌을 말로 표현할 수 있는지 언어적 상호작용을 통해 평가한다.

[유아관찰]

✲ 나의 일을 선택할 수 있다.

신발장 정리하기

장난감 정리하기

선생님을 도와 청소하기

친구들과 쓰레기 줍기

그림 7-4 유치원에서 유아가 할 수 있는 일

1-2 나의 일 스스로 하기

나는 할 수 있어요			
생활주제	나와 가족	주제	소중한 나
소주제	나의 일 스스로 하기		
활동유형	게임	대상연령	만 4세
활동목표	• 게임의 규칙을 이해하고 즐겁게 참여할 수 있다. • 내가 할 수 있는 일과 할 수 없는 일이 있음을 안다. • 내가 할 수 있는 일을 자신 있게 말할 수 있다.		
누리과정 관련요소	• 신체운동 · 건강: 신체 활동에 참여하기 〉 자발적으로 신체 활동에 참여하기 • 사회관계: 나를 알고 존중하기 〉 나의 일 스스로 하기 • 의사소통: 말하기 〉 낱말과 문장으로 말하기		
인성관련요소	• 협력: 개인적 책임감 • 질서: 사회질서		
활동자료	다양한 일상생활 관련 그림자료, 게임용 그림카드, 활동판(할 수 있는 일/할 수 없는 일), 손인형, 신호악기		

활동방법

[도입]

✲ 손인형을 이용하여 도입을 한다.

으앙~ 얘들아 난 콩콩이라고 해. 나 너무 속상해, 얼마 전 동생이 태어났어. 나는 귀여운 내 동생을 안아주고 싶고, 업어주기도 하고, 잘 돌보아 줄 수 있을 것 같은데 엄마는 아직 내가 어려서 안 된다고만 하셔. 나도 할 수 있는 일이 많은데 말야! 너희들은 생각은 어떠니?

- 얘들아 콩콩이가 왜 울면서 속상해 했니?
- 콩콩이가 속상하지 않으려면 어떻게 하면 좋을까?

[전개]

✲ 부모님을 도와서 할 수 있는 일에 대한 그림을 보면서 이야기를 나눈다.

- 이것은 무엇을 하고 있는 그림이니?
- 가족이 함께 도와서 일을 하면 어떤 점이 좋을까?

- 엄마, 아빠의 도움 없이 혼자서 할 수 있는 일에는 어떤 것이 있을까?
- 내 방을 스스로 정리정돈한다면 어떨까?
- 동생을 어떻게 돌보아 줄 수 있겠니?
- 스스로 할 수 있는 일을 했을 때 기분이 어땠니?

✲ 유아들이 할 수 없는 일에 대한 그림을 보면서 이야기를 나눈다.
- 그림을 보면서 친구들이 할 수 없는 일을 찾아볼까?
- 왜 친구들이 그 일을 할 수 없을까?
- 꼭 하고 싶다면 어떤 방법으로 하면 좋을까?

✲ 게임의 방법을 알아보고, 게임 시 지켜야 할 규칙에 대해 이야기 나눈다.
- 즐거운 게임이 되려면 어떻게 해야 할까?
- 질서를 지켜 게임할 수 있겠니?

✲ 게임을 한다.

- 유아들이 한 줄로 선다.
- 교사가 신호를 하면 도착지점으로 달려가 그림카드 한 장을 가지고 되돌아 온다.
- 유아가 가져온 그림이 할 수 있는 일과 관련된 그림이면, '나는 할 수 있어요!' 라고 외치고, 할 수 있는 일 활동판에 붙인다.
- 할 수 없는 일과 관련된 그림이면, '아직은 할 수 없어요!'라고 외치고, 할 수 없는 일 활동판에 붙인다.

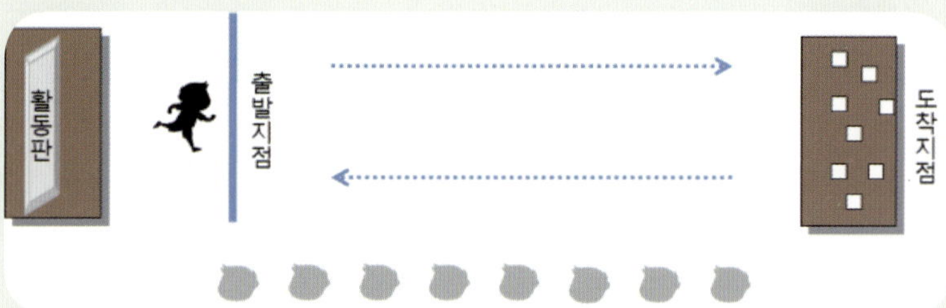

그림 7-5 게임방법

	[마무리] ✲ 활동 후 소감을 이야기하며, 마무리한다. • 친구들이 할 수 있는 일과 할 수 없는 일에는 어떤 것들이 있었니? • 게임에 참여해 보니 기분이 어땠니? • 오늘부터 친구들이 스스로 할 수 있는 일을 계획하고 도전해 보아요.
활동 시 유의점	✲ 집안일에 대해 이야기를 나눌 때, 아빠의 역할과 엄마의 역할에 대해 구분 짓지 않도록 지도한다.
활동평가	**[목표달성]** ✲ 게임의 규칙을 이해하고 즐겁게 참여하였는지 평가한다. ✲ 유아가 할 수 있는 일과 할 수 없는 일을 구분할 수 있는지 평가한다. ✲ 유아가 할 수 있는 일을 자신 있게 말 할 수 있는지 평가한다. **[유아관찰]** ✲ 나의 일을 시도해 볼 수 있다.

1-2 나의 일 스스로 하기

자유선택활동을 계획하고 평가해요			
생활주제	유치원과 친구	**주제**	유치원에서의 하루
소주제	놀이계획과 평가하기		
활동유형	이야기 나누기	**대상연령**	만 5세
활동목표	• 놀이계획과 평가의 의미와 필요성에 대해 안다. • 놀이계획표를 사용하는 방법에 대해 안다. • 스스로 놀이를 계획–실행–평가해 본다.		
누리과정 관련요소	• 사회관계: 나를 알고 존중하기 〉 나의 일 스스로 하기 • 의사소통: 쓰기 〉 쓰기에 관심가지기		
인성관련요소	• 질서: 기초질서		
활동자료	자유선택활동 계획표를 확대한 종이, 개별 자유선택활동 계획표, 쓰기도구, 손인형		

활동방법

[도입]

✲ 자유선택활동 계획의 필요성에 대해 이야기 나눈다.

- (손인형을 등장시키며) 얘들아, 민준이가 유치원 교실에서 놀이를 할 때마다 이런 고민을 하게 된데. 민준이의 이야기를 들어볼까?
  (친구들아! 안녕? 나는 민준이야. 나도 너희들처럼 이제 7살이 되었어. 나는 유치원이 정말 좋아. 친구들도 많고, 장난감도 많고, 재미있는 활동도 많이 하고 선생님도 나를 정말 사랑해 주셔. 그런데~ 자유선택활동 시간에 선생님께서 놀이를 골고루 선택해 보자고 하시는데, 사실 나는 쌓기놀이를 가장 좋아하거든. 그런데 쌓기놀이를 하다보면 금방 자유선택활동 시간이 다 끝나버리고 말아. 얘들아! 자유선택활동 시간에 놀이를 골고루 할 수 있는 좋은 방법 없을까?)
- 민준이의 고민이 무엇이었니?

전개

✲ 놀이를 계획하는 방법에 대해 이야기 나눈다.
- 놀이를 계획하는 것이 무엇일까?
- 우리가 놀이하는 데 사용할 수 있는 시간은 얼마나 될까?
- 1시간은 얼마나 긴(짧은) 시간일까?
- 너무 많은 수의 놀이를 계획하면 어떤 문제가 생길까?
- 놀이를 계획할 때는 내가 할 놀이의 종류 말고, 또 무엇을 계획해야 할까?

✲ 자유선택활동 계획표를 이용하여 계획하고 평가하기에 대해 이야기 나눈다.
- (확대하여 출력한 계획표를 함께 보며) 오늘부터는 이렇게 생긴 계획표를 가지고 놀이를 계획하고 놀이한 다음, 계획한 대로 놀이가 이루어졌는지를 평가해 보도록 해요.
- 우리 반에서는 하고 싶은 놀이를 계획할 때 어떻게 표시하기로 할까?
- 내가 계획했던 놀이를 생각하며 재미있게 놀고 나서 자유선택활동 시간이 끝나면, 계획표를 찾아 내가 계획했던 놀이 중에 실제로 했던 놀이에만 표시를 하도록 해요.
- 우리 반에서는 계획대로 놀이했을 때 표시를 어떻게 할까?
- 놀이하기 전에 미리 계획하지는 않았지만 놀이를 한 영역이 있을 때는 어떻게 평가할까?
- 놀이를 했을 때의 기분을 그림으로 표시해 보자.

마무리

✲ 자유선택활동 평가시간을 이용하여 놀이계획과 평가에서의 문제점에 대해 이야기하며 마무리한다.
- 놀이가 끝난 다음에 자신의 놀이를 평가해 보겠니?
- 놀이가 끝난 다음에 놀이를 평가를 해 보면 무엇이 좋을까?
- 놀이가 계획했던 대로 잘 이루어졌니?
- 계획했던 대로 놀이를 다 하지 못했던 친구도 있었니?
- 왜 계획한대로 놀이를 하지 못했을까?

활동 시 유의점

✲ 유아들이 가로(놀이영역)와 세로(날짜/요일)가 교차되는 곳에 계획표시하는 것을 놀이로 인식할 수 있도록 그림 등 적절한 표현을 사용하여 칸 따라 계획표시하기를 충분히 연습하도록 한다.

✲ 교사는 매주 각 유아의 자유선택활동 계획표를 검토하고 유아가 계획 · 실행한 놀이영역을 누적적으로 기록하며 놀이를 중재하도록 한다.

활동평가

[목표달성]

✲ 놀이계획과 평가의 의미에 대해 알고 있는지 평가한다.

✲ 주어진 시간을 고려하며, 실행 가능한 놀이계획을 세우는지 평가한다.

✲ 놀이계획 실행 여부를 사실대로 표시하는지 평가한다.

[유아관찰]

✲ 나의 일을 추진해 볼 수 있다.

자유선택 활동 계획 · 평가

☆오늘의 자유선택 활동을 스스로 계획하고 표시해 보세요.

반	4월				이 름	송♡♡				
월 주 ~ 월 주	일	일	일	일	일	일	일	일	일	일
	월요일	화요일	수요일	목요일	금요일	월요일	화요일	수요일	목요일	금요일
	평 가	평 가	평 가	평 가	평 가	평 가	평 가	평 가	평 가	평 가
언어영역 	☺ 😐 ☹	☺ 😐 ☹	☺ 😐 ☹	☺ 😐 ☹	☺ 😐 ☹	☺ 😐 ☹	☺ 😐 ☹	☺ 😐 ☹	☺ 😐 ☹	☺ 😐 ☹
조형영역 	☺ 😐 ☹	☺ 😐 ☹	☺ 😐 ☹	☺ 😐 ☹	☺ 😐 ☹	☺ 😐 ☹	☺ 😐 ☹	☺ 😐 ☹	☺ 😐 ☹	☺ 😐 ☹
수 · 조작영역 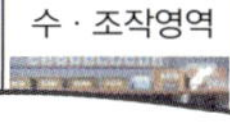	☺ 😐	☺ 😐	☺ 😐	☺ 😐	☺ 😐	☺ 😐	☺ 😐	☺ 😐	☺ 😐	☺ 😐

그림 7-6 **유아용 놀이계획표**

2. 나와 다른 사람의 감정 알고 조절하기

2-1 나와 다른 사람의 감정 알고 표현하기

내 친구 예슬이

생활주제	유치원과 친구	주제	유치원에서 만난 친구
소주제	친구와 다른 점 알아보기		
활동유형	동화	대상연령	만 3세
활동목표	• 동화를 듣고 동화 속 주인공의 감정을 이해한다. • 사람마다 다양한 감정이 있고 서로 존중해야 함을 안다.		
누리과정 관련요소	• 의사소통: 듣기 〉 동요, 동시, 동화 듣고 이해하기 • 사회관계: 나와 다른 사람의 감정 알고 조절하기 〉 나와 다른 사람의 감정 알고 표현하기		
인성관련요소	• 배려: 친구에 대한 배려		
활동자료	플래시 동화 『내 친구 예슬이』		

활동방법

[도입]

✲ 동화의 제목을 듣고 이야기를 예상해 본다.
- 선생님이 들려줄 동화는 '내 친구 예슬이'란다.
- 이 동화 속에는 어떤 이야기가 있을 것 같니?

[전개]

✲ 동화를 듣는다.

✲ 동화내용에 대해 이야기를 나눈다.
- 왜 주인공은 예슬이를 싫어했을까?
- 왜 예슬이는 유치원에서 많이 울었을까?
- 주인공은 울고 있는 예슬이를 위해 어떻게 해 주었니?

✲ 동화 속 주인공의 감정과 행동에 대해 이야기를 나눈다.
- 너희들도 유치원에서 생활하면서 예슬이처럼 울고 싶은 적이 있었니?
- 왜 울고 싶었는지 이야기를 해 줄 수 있겠니?
- 그럴 때는 어떻게 했었니?

[마무리]

✲ 유치원에서 우는 친구에게 도움을 줄 때 무엇을 먼저 생각하고 도움을 주어야 하는지 알아본다.
- 우는 친구에게 도움을 주기 전에 무엇을 먼저 생각해 보아야 할까?
- 예슬이처럼 울고 있는 친구가 있다면 너희들은 어떻게 도움을 주고 싶니?

활동 시 유의점

✲ 동화 속 주인공처럼 우는 아이가 반에 있다면 아이들이 놀릴 수 있는 상황이므로 교사가 적절히 대처하도록 한다.

✲ 힘들고 도움이 필요한 상황에 처하게 되면 울음으로 표현하기보다는 도와달라는 표현을 하도록 지도한다.

활동평가

[목표달성]

✲ 동화의 내용을 이해하는지 예슬이의 기분을 공감하는지 평가한다.
- 동화 속 주인공들의 기분을 공감하는가?
- 동화의 내용에 대해 궁금한 점이 있는가?

✲ 사람마다 감정이 다를 수 있음을 아는지 평가한다.
- 사람의 다양한 감정을 인식하는가?
- 다른 사람의 감정을 존중해야 함을 아는가?

[유아관찰]

✲ 자기감정을 알고 타인의 감정에 관심을 나타낸다.

나는 다섯 살입니다.

따뜻한 봄이 되자 새로운 반에서 새로운 친구들을 만나게 되었지요. 우리 반에는 신기한 놀잇감도 많고, 친구들도 많아서 정말 즐거웠어요. 그런데 속상한 일이 생겼어요. "잉~잉~" 우는 친구들이 많다는 거지요. 그중에서도 예슬이는 정말 정말 많이 운답니다.

엄마랑 떨어지기 싫다고 "잉~잉~"
밥을 먹을 때는 배가 아프다고 "잉~잉~"
놀 때는 놀잇감을 혼자 차지하고 싶다고 "잉~잉~"
바깥놀이 갈 때는 줄서기 싫다고 "잉~잉~" 정말 정말 많이 운답니다.

선생님이 책을 읽어주실 때였어요. 예슬이가 또 우는 거예요. 나는 예슬이가 미워서 "시끄러워! 너 때문에 동화가 안 들리잖아! 자꾸 울기만 할 거면 유치원에 오지마!"라고 했어요. 그러자 예슬이는 더 크게 울기 시작했어요.

다음 날이 되었어요. 예슬이는 유치원에 오지 않았어요. 동화 듣는 시간도, 밥 먹는 시간도 조용해졌어요. 그런데 이상하게 기분이 좋지 않았어요. 어디선가 예슬이 울음소리가 들리는 것 같았어요.

우리는 아직 다섯 살이어서 엄마보고 싶다고 울 수도 있고, 밥 먹기 싫다고 울 수도 있고, 줄서기 싫어서 울 수도 있는데 내가 예슬이에게 너무 했나 봐요. "울고 싶더라도 조금만 참고 나랑 놀자"라고 친절하게 말해 줄걸 그랬어요.

–이하 생략–

그림 7-7 『내 친구 예슬이』(글/김애란) 동화 내용의 일부

출처: 보건복지부(2013a).

2-1 나와 다른 사람의 감정 알고 표현하기

서로의 마음을 알아봐요			
생활주제	유치원과 친구	주제	유치원에서 만난 친구
소주제	친구와 사이좋게 놀이하기		
활동유형	이야기 나누기	대상연령	만 4세
활동목표	• 얼굴 표정을 보고 감정 상태를 적절히 인식한다. • 얼굴 표정에 나타난 감정에 대해 자유롭게 이야기 나눈다. • 상황에 따라 유발되는 감정을 추론한다.		
누리과정 관련요소	• 의사소통: 말하기 〉 생각, 느낌, 경험 말하기 • 사회관계: 나와 다른 사람의 감정 알고 조절하기 〉 나와 다른 사람의 감정 알고 표현하기		
인성관련요소	• 배려: 친구에 대한 배려		
활동자료	기본 감정(기쁨, 슬픔, 화남, 놀람) 얼굴 표정 사진, 주인공의 얼굴 표정이 없는 상황 그림 2장, 상황그림에 붙일 표정 그림 4장		

활동방법

[도입]

✽ 동요 '사과 같은 내 얼굴'을 부르며 도입을 한다.

✽ 자연스럽게 얼굴 표정에 대해 이야기한다.

- 내 얼굴에 가장 예쁘다고 생각될 때는 언제일까?
- 반대로 가장 못났다고 생각될 때는 언제일까?
- 기분에 따라 얼굴 표정이 달라지지요.

[전개]

✽ 네 가지 얼굴 표정 사진을 한 장씩 보며 감정과 그 감정이 유발된 이유를 추론해 본다.

- (얼굴 표정 사진을 보며) 이 아이는 어떤 기분이니?
- 왜 그렇게 생각하니? 무엇을 보고 이 아이의 마음을 알 수 있었니?
- 또 어디를 보고 알 수 있니?
- 어떤 일이 있어서 기쁜/슬픈/화난/놀란 기분이 든 걸까?

✲ 주인공의 얼굴 표정이 없는 상황 그림을 살펴본다.
- 어떤 그림이니?
- 그림에서 아이들이 무엇을 하고 있는 것 같니?
- 그래, 표정이 없는 아이도 있구나.

✲ 주인공의 얼굴 표정이 없는 상황 그림에 표정 그림을 붙이고, 그 이유에 대해 이야기 나눈다.
- 표정이 없는 아이는 어떤 표정을 하고 있을 것 같니? 어떤 마음일까?
- 네 가지 얼굴 표정 중에서 한 가지를 골라 붙여보자.
- ♡♡이는 어떤 얼굴 표정을 골랐니?
- 왜 그런 마음일 거라고 생각했어? 무엇을 보고 알 수 있었니?
- 또 다른 얼굴 표정을 붙이고 싶은 친구도 있니?
- 이 아이는 왜 그런 표정을 짓게 되었을까?
- 같은 상황이라도 서로 다른 감정을 느낄 수 있겠구나!

[마무리]

✲ 활동 후 평가한다.
- 표정이 없는 이 아이에게 가장 어울리는 표정은 무엇이니? 왜 그렇게 생각했니?
- 표정이 없는 아이에게 네 가지 얼굴 표정을 붙이면서 이야기 나누었는데, 어떤 느낌이 들었니?
- 어떤 점을 새롭게 알게 되었니?
- 앞으로 친구의 마음을 알기 위해서는 무엇을 살펴보면 좋을까?

활동 시 유의점

✲ 얼굴 표정이 없는 아이에게 기쁨, 슬픔, 화남, 놀람 등의 네 가지 얼굴 표정을 모두 붙여보면서, 그 이유에 대해 생각해 볼 수 있도록 한다.
✲ 유아가 서로의 의견 차이를 인정하고, 존중할 수 있도록 격려한다.

활동평가

[목표달성]

✲ 얼굴 표정을 보고 감정 상태를 적절히 인식하는지 평가한다.
✲ 얼굴 표정에 나타난 감정에 대해 자유롭게 이야기를 나누는지 평가한다.
✲ 상황에 따라 유발되는 감정을 이유를 들어 추론하는지 평가한다.

[유아관찰]

✲ 자기감정을 표현하고 타인의 감정을 안다.

기쁨

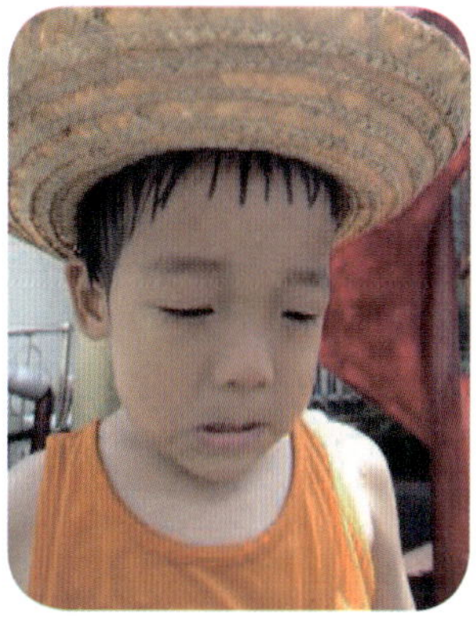

슬픔

화남

놀람

그림 7-8 기본감정 얼굴 표정

2-1 나와 다른 사람의 감정 알고 표현하기

무지개 물고기			
생활주제	여름	주제	여름
소주제	여름 풍경 즐기기		
활동유형	동극	대상연령	만 5세
활동목표	• 동화의 내용을 기억하여 동극을 한다. • 음악의 분위기를 이해하면서 역할에 맞는 감정을 표현한다. • 극놀이에 참여하여 창의적인 표현과정을 즐긴다.		
누리과정 관련요소	• 예술경험: 예술적 표현하기 〉 극놀이로 표현하기 • 사회관계: 나와 다른 사람의 감정 알고 조절하기 〉 나와 다른 사람의 감정 알고 표현하기		
인성관련요소	• 배려: 친구에 대한 배려 • 협력: 긍정적인 상호의존성		
활동자료	동화책 『무지개 물고기』(마르쿠스 피스터/시공주니어/1994), 동극 대본, 동극용 머리띠, 배경음악		

활동방법

[도입]

✲ 동화 『무지개 물고기』를 듣는다.

✲ 유아들과 이야기를 회상하면서 줄거리를 말해 본다.

- 이야기 속에 누가 나왔니?
- 무지개 물고기에게는 왜 친구가 없었을까?
- 문어 할머니는 무지개 물고기에게 어떤 말씀을 해 주셨니?
- 무지개 물고기가 자신의 비늘을 친구들에게 나누어 줄 때 어떤 기분이 들었을까?
- 비늘을 나누어 준 무지개 물고기에게 친구들은 어떻게 대해 주었니?
- ♡♡반 친구들은 자기 것을 친구들에게 나누어준 적이 있니?

[전개]

✲ 동극을 하기 위해 준비해야 할 것들에 대해서 유아들과 이야기를 나눈다.
- 무대는 어디에, 어떻게 꾸밀까?
- 역할은 어떻게 정할까? 모두 몇 가지 역할이 필요할까?
- 역할을 잘 표현하려면 어떻게 하는 것이 좋을지 이야기해 보자.

✲ 동극용 머리띠를 쓰고, 역할에 맞게 동극을 한다.
✲ 자기가 맡은 역할을 소개하고 각자 위치로 간다.
✲ 해설에 따라 적절하게 동극을 한다.
✲ 동극이 끝난 뒤 평가를 한다.
- 어떤 부분이 특히 재미있게 표현되었니?
- 어떤 점을 고치면 더 재미있게 동극을 할 수 있을까?

✲ 평가한 것들을 참고하여 다시 한 번 해 본다.

[마무리]

✲ 잘된 점, 재미있었던 점, 아쉬웠던 점 등을 평가하고 활동을 정리한다.

활동 시 유의점

✲ 동극용 머리띠는 자유선택활동 시간을 이용하여 미술 영역에서 유아들이 그린 것이나 그림자료를 활용할 수 있다.
✲ 배경음악은 자유선택활동이나 계획된 감상시간을 이용하여 충분히 들려주어 음악의 분위기를 유아들이 느낄 수 있도록 한다.
✲ 동극에 사용했던 소품들과 머리띠는 역할놀이 영역에 제시해 주어 원하는 유아들이 활동할 수 있도록 한다.

활동평가

[목표달성]

✲ 동화의 내용을 기억하여 동극을 적절하게 표현하는지 평가한다.
✲ 음악의 분위기를 이해하면서 역할에 맞는 감정을 표현하는지 평가한다.
✲ 극놀이에 참여하여 창의적인 표현과정을 즐기는지 평가한다.

[유아관찰]

✽ 상황에 맞게 감정을 표현하고 타인의 감정에 공감한다.

해　설: 깊은 바다 속에 아름다운 무지개 물고기가 살고 있었어요. 하지만 아름답게 반짝이는 비늘을 가진 그 물고기는 너무 잘난 척하여 친구가 없었답니다.

물고기들: 무지개 물고기야! 우리 같이 놀자!

무지개 물고기: 뭐? 나처럼 예쁜 물고기랑 친구하자는 거니? 싫어!

파란 물고기: 무지개 물고기야! 너의 반짝이는 비늘 하나만 줄래?

무지개 물고기: 뭐? 내가 가장 아끼는 무지개 비늘을 달라고? 싫어!

빨간 물고기: 자기 비늘만 좋아하는 물고기하고는 우리도 친구하기 싫어!

해　설: 무지개 물고기는 점점 친구가 없어졌어요. 어느 날 무지개 물고기는 산책을 나갔어요.

무지개 물고기: 하늘하늘 물풀아! 나와 함께 춤출래?

물　풀: 뭐야! 잘난 척하기는! 흥!

무지개 물고기: 귀여운 입을 가진 조개야! 나와 함께 노래할래?

조　개: 뭐야! 잘난 척하기는! 흥!

무지개 물고기: 멋쟁이 불가사리야! 나와 함께 산책할래?

불가사리: 뭐야! 잘난 척하기는! 흥!

해　설: 물풀도, 조개도, 불가사리도 무지개 물고기의 친구가 되려 하지 않았어요.

무지개 물고기: 어쩌지? 난 세상에서 제일 외로운 물고기가 되었네

문어 할머니: 아니, 그렇지 않아! 넌 행복한 물고기가 될 수 있어!

무지개 물고기: 네? 행복한 물고기가 될 수 있다고요? 방법을 알려주세요. 문어 할머니~

문어 할머니: 그건 말이지.....음, 너의 반짝이는 비늘을 친구들에게 나누어 주는 거란다.

-이하 생략-

그림 7-9 『무지개 물고기』(글/그림 마르쿠스 피스터) 동극 내용의 일부

출처: 교육과학기술부(2012d).

2-2 나의 감정 조절하기

울지 않고 말할 수 있어요

생활주제	나와 가족	주제	소중한 나
소주제	나의 특별함에 관심 가지기		
활동유형	동화	대상연령	만 3세
활동목표	• 자신이 좋아하는 것과 싫어하는 것을 말로 표현하는 능력을 기를 수 있다. • 동화를 듣고 이해한다.		
누리과정 관련요소	• 의사소통: 듣기 〉 동요, 동시, 동화 듣고 이해하기 • 사회관계: 나와 다른 사람의 감정 알고 조절하기 〉 나의 감정 조절하기		
인성관련요소	• 협력: 개인적 책임감		
활동자료	동화 『울지 말고 말하렴』(이찬규 글, 최미나 그림/애플비/2011)		

활동방법

[도입]

✲ 『울지 말고 말하렴』 동화를 듣는다.

✲ 동화를 회상한다.

- 아기 곰의 별명은 무엇이었니?
- 왜 그런 별명을 갖게 되었니?
- 그네가 타고 싶을 때 아기 곰은 어떻게 했니?
- 장난감이 망가졌을 때 아기 곰은 어떻게 했니?
- 놀다가 부딪혔을 때 아기 곰은 어떻게 했니?
- 친구들이 같이 놀지 않을 때 아기 곰은 어떻게 했니?
- 아기 곰의 친구들은 울지 않고 어떻게 했니?

[전개]

✲ 유아가 아기 곰이라면 어떻게 할지 이야기를 나눈다.

- 친구들이 아기 곰이라면 어떻게 하겠니?

✲ 유아들이 좋아하는 것과 싫어하는 것에 대해 어떻게 표현할 수 있을지 이야기를 나눈다.
- 친구들이 좋아하는 것이 있을 때 어떻게 표현할 수 있을까?
- 친구들이 싫어하는 것이 있을 때 어떻게 표현할 수 있을까?

✲ 유아들이 좋아하는 것과 싫어하는 것에 대한 요구사항을 말로 표현하도록 이야기를 나눈다.
- 운다고 좋아하는 것을 가질 수 있을까?
- 싫다는 것을 우는 것으로 나타내면 어떨까?
- 울지 않고 어떻게 할 수 있을까?

[마무리]

✲ 동화 속 주인공인 아기 곰을 생각하며, 자신의 감정을 조절하여 긍정적으로 표현할 수 있도록 다짐하며 마무리한다.
- 자신이 좋아하는 것과 갖고 싶은 것에 대해 울음으로 표현하면 다른 친구들이 왜 우는지 이유를 알 수 있을까?
- 자신의 생각과 마음을 울지 않고 말로 표현할 수 있도록 해요.

활동 시 유의점

✲ 상황과 여건에 따라 플래시 동화와 동화책을 적절히 활용할 수 있도록 한다.

활동평가

[목표달성]

✲ 자신이 좋아하는 것과 싫어하는 것을 말로 표현할 수 있는지 활동과정을 통해 평가한다.

✲ 동화를 듣고 이해하는지 언어적 상호작용을 통해 평가한다.

[유아관찰]

✲ 자기감정을 조절한다.

걸핏하면 울기부터 하는 아기 곰. 그네가 타고 싶은데 이미 악어 친구가 그네를 타고 있네요. 아기 곰은 울기 시작했어요. "앙앙~" 그래서 이번엔 집에 들어와서 장난감을 가지고 놀기 시작했죠. 하지만 장난감이 그만 망가져 버렸지 뭐예요. 아기 곰은 또 울기부터 해요. 하지만 착한 아이는 울지 않고 이렇게 말하지요. "아빠. 이거 고쳐주세요." 그리고 그네가 타고 싶으면 이렇게 말해요. "악어 친구야, 나 그네 한번 타게 해 줄래?"

–이하 생략–

그림 7–10 『울지 말고 말하렴』(글/이찬규, 그림/최미나) 동화의 일부

2-2 나의 감정 조절하기

친구야 쉿!			
생활주제	유치원과 친구	주제	유치원에서 만난 친구
소주제	친구와 사이좋게 놀이하기		
활동유형	음악	대상연령	만 4세
활동목표	• 노래를 통해 유치원에서 친구들과 지낼 때 바른 행동을 이해한다. • 곡의 셈여림에 따라 노래 부른다. • 친구 간에 화가 날 때 감정조절이 필요함을 알고 실천한다.		
누리과정 관련요소	• 예술경험: 예술적 표현하기 〉 음악으로 표현하기 • 사회관계: 나와 다른 사람의 감정 알고 조절하기 〉 나의 감정 조절하기		
인성관련요소	• 질서: 사회질서		
활동자료	노래악보, 음원, 피아노, 상황 그림자료		

활동방법

[도입]

✲ 그림을 보며 유치원에서 함께 지낼 때 친구에게 해 주고 싶은 말이 무엇인지 이야기 나눈다.

- 이 아이는 지금 무엇을 하고 있는 걸까?
- 너희들도 친구들에게 '쉿! 잘 들어봐'라며 말해 줄 것이 있니?

[전개]

✲ 노래 자료와 상황그림을 보며 노랫말을 알아본다.

- 친구들에게 '쉿! 잘 들어봐'라며 들려줄 노래가 있어.
- 어떤 노랫말인지 알아보자. 친구야 쉿! 잘 들어보자.
- (선생님이 유아들에게 이야기를 들려주는 그림을 보며) 무얼 하는 그림일까? 저기 들리는 이야기! 선생님이 재미있는 이야기 들려주신대.
- (계단에서 한 칸씩 올라가는 그림을 보며) 무얼 하는 그림일까? 계단을 올라갈 때는? 한 칸씩 한 칸씩 올라간단다.
- (화가 난 아이 그림을 보며) 이 아이의 마음은 어떨까? 네가 화가 날 때는? 한 번 더 생각하고 말로 해결하자.

✲ 피아노 음에 맞춰 교사의 노래를 들어본다.
- 노래를 들으니 어떤 마음이 드니?
- 어떤 목소리로 부르는 게 이 노래와 어울릴까?

✲ 피아노 소리에 맞춰 한 가지 소리를 넣어 부르며 음을 익힌다.
- 노랫말을 다 넣어 부르기 전에 한 가지 소리(아, 오, 우 등)를 넣어서 불러볼까?

✲ 노래 자료를 보며 노랫말을 넣어 부른다.
- 이젠 노랫말을 넣어서 불러볼까? 천천히 불러보자.

✲ 곡의 셈여림에 따라 노래를 두세 번 부른다.
- 처음부터 끝까지 똑같은 목소리 크기로 부를까?
- '친구야 쉿!' 이 부분은 어떤 목소리로 부르는 게 어울리니? '잘 들어봐'
- 처음부터 다시 불러보자.

[마무리]

✲ 노래를 다 부른 후 활동에 대한 평가를 한다.
- '친구야 쉿!' 그냥 말로 들었을 때와 노래로 불렀을 때 어떻게 다를까?
- 이 노래를 불러보니 유치원에서 친구랑 지낼 때 ~지내면 좋겠네! 생각이 떠올랐니?

활동 시 유의점

✲ 노랫말을 넣어 부를 때, 교사는 유아들에게 두 마디의 가사를 미리 불러준다.
✲ 교사가 선창할 때 셈여림에 유의하여 불러주며, 유아들이 부를 때는 미리 '점점 크게'와 '점점 여리게' 손짓을 해 준다.

활동평가

[목표달성]

✲ 노래를 통해 유치원에서 친구들과 지낼 때 바른 행동을 이해하는지 평가한다.
✲ 친구 간에 화가 날 때 감정조절이 필요함을 알고 실천하는지 평가한다.
✲ 곡의 셈여림에 따라 노래를 부르는지 평가한다.

[유아관찰]

✲ 자기감정을 조절한다.

친구야 쉿!

작사/작곡 양이슬

친 구 야 쉿! 잘 들 어 봐
친 구 야 쉿! 잘 들 어 봐
친 구 야 쉿! 잘 들 어 봐

저 기 들 리 는 이야 기 선 생 님 이
계 단 을 올 라 갈 땐 한 칸 – 씩
네 가 화 가 날 때 는 한 번 – 더

재 미 있 는 이 야 기 들려 주신 대
한 칸 – 씩 올 라 – 간 단 다
생 각 하 고 말 로 해 결 하 자

그림 7–11 **친구야 쉿! 노래자료**

출처: 보건복지부(2013c).

2-2 나의 감정 조절하기

봄에 들을 수 있는 소리			
생활주제	봄	주제	봄
소주제	봄 풍경 즐기기		
활동유형	음악	대상연령	만 5세
활동목표	• 봄의 다양한 소리를 듣고 간단한 리듬을 즉흥적으로 만들어 본다. • 봄에 들을 수 있는 소리를 안다. • 자신의 느낌을 적절한 문장으로 말한다. • 나의 감정을 긍정적으로 표현한다.		
누리과정 관련요소	• 예술경험: 예술적 표현하기 〉 음악으로 표현하기 • 신체운동 · 건강: 신체인식하기 〉 감각기관 활용하기 • 의사소통: 말하기 〉 느낌, 생각, 경험 말하기 • 사회관계: 나와 다른 사람의 감정 알고 조절하기 〉 나의 감정 조절하기		
인성관련요소	• 존중: 자연현상 및 생명에 대한 존중		
활동자료	실물사진 PPT(소리포함: 봄비, 제비, 병아리, 개구리, 시냇물), 여러 가지 리듬악기		

활동방법

[도입]

✲ 봄이 온 것을 어떻게 알 수 있는지 이야기 나눈다.
- 봄이 온 것을 어떻게 알 수 있니?
- 봄에 볼 수 있는 것에는 무엇이 있을까?

[전개]

✲ 봄의 소리를 들어 본 적이 있는지 이야기 나눈다.

✲ 봄에 볼 수 있는 것을 PPT로 보면서 어떤 소리가 나는지 예상해 본다.
- 이것은 무엇일까?
- 어떤 소리가 날까?

✲ PPT 자료에 있는 소리를 들어보며 봄에 들을 수 있는 소리에 대해 이야기 나눈다.
- 어떤 느낌이 드니?
- 눈을 감고 들어보자. 봄이 온 것이 느껴지니?

✲ 봄에 들을 수 있는 소리를 목소리 또는 여러 가지 리듬악기로 흉내 내어 본다.
- 너희도 이 소리를 내어 볼 수 있겠니?
- 너희가 느끼는 대로 리듬을 만들어 연주해 보자.
- 봄에 들을 수 있는 여러 가지 소리를 직접 내보니 어떤 점이 재미있니?

[마무리]

✲ 활동참여의 소감을 이야기하며 마무리한다.
- 봄의 다양한 소리를 악기로 표현해 보니 느낌이 어땠니?
- 봄에 들을 수 있는 소리에서 리듬을 발견할 수 있었니?

활동 시 유의점

✲ 산책 활동을 통해 자연스럽게 봄의 다양한 소리를 들어 본 후 활동한다.
✲ 교사가 준비한 소리 외에 유아들이 생각한 다양한 봄의 소리를 창의적으로 표현해 볼 수 있도록 격려한다.

활동평가

[목표달성]

✲ 봄에 들을 수 있는 여러 가지 소리를 듣고 간단한 리듬을 사용하여 창의적으로 표현할 수 있는지 평가한다.
✲ 봄에 들을 수 있는 여러 가지 소리를 구분할 수 있는지 관찰하여 평가한다.
✲ 봄의 소리에 대한 자신의 느낌과 생각을 적절한 문장으로 표현하는지 평가한다.
✲ 악기를 통해 자신의 감정을 긍정적으로 표현하는지 평가한다.

[유아관찰]

✲ 자기감정을 상황에 맞게 조절한다.

3. 가족을 소중히 여기기

3-1 가족과 화목하게 지내기

사랑의 샌드위치			
생활주제	나와 가족	**주제**	소중한 가족
소주제	가족의 소중함 알기		
활동유형	요리	**대상연령**	만 3세
활동목표	• 가족에게 감사하는 마음을 표현할 수 있다. • 도구를 활용하여 요리활동을 한다.		
누리과정 관련요소	• 사회관계: 가족을 소중히 여기기 〉 가족과 화목하게 지내기 • 자연탐구: 과학적 탐구 〉 간단한 도구와 기계 활용하기		
인성관련요소	• 존중: 다른 사람들과 다른 문화에 대한 존중		
활동자료	샌드위치 만드는 순서 사진(또는 PPT), 개인요리 접시, 모양 틀, 앞치마, 머릿수건, 그릇, 작은 숟가락, 딸기잼, 식빵, 치즈, 포장용기(또는 포장비닐)		

활동방법

[도입]

✲ 가족에게 감사하는 마음을 어떻게 표현할지 이야기를 나눈다.
- 가족에게 사랑하고 감사하는 마음을 표현해 본 적이 있니?
- 어떻게 표현할 수 있을까?
- 하트 모양을 본 적이 있니?
- 하트 모양은 무엇을 의미할까?

[전개]

✲ 사랑의 샌드위치를 만들 재료와 순서에 대해 이야기를 나눈다.
- 이 재료는 무엇일까?
- 이것으로 무엇을 만들 수 있을까?
- 요리할 때 우리가 지켜야 할 약속에는 무엇이 있을까?

✲ 샌드위치를 만든다.

✲ 요리한 주변과 도구를 정리한다.

- 접시에 식빵을 올려놓는다.
- 식빵에 잼을 바른다.
- 치즈를 올린다.
- 다시 식빵으로 덮는다.
- 하트 모양 틀로 찍어 식빵을 하트 모양으로 만든다.
- 포장용기에 빵을 담는다.

그림 7-12 요리순서

[마무리]

✲ 요리활동에 대해서 평가한다.
- 요리하면서 힘든 점은 없었니?
- 부모님께 드릴 샌드위치를 만들 때 어떤 기분이 들었니?
- 우리가 만든 샌드위치를 부모님께 드리면 어떤 마음이 드실까?

활동 시 유의점

✲ 요리활동을 하기 전 개인위생을 위하여 유아들이 손을 씻을 수 있도록 한다.

✲ 활동을 한 당일 하원길에 부모님에게 사랑의 샌드위치를 선물로 드릴 수 있도록 한다.

✲ 늦은 하원이 이루어지는 유아의 샌드위치는 보관에 유의한다.

✲ 만 3세 유아의 발달을 고려하여 선물하기뿐만 아니라 샌드위치를 맛볼 수 있도록 샌드위치의 수량을 여유 있게 만든다.

활동평가

[목표달성]

✲ 가족에게 감사하는 마음을 표현할 수 있는지 활동과정을 통해 평가한다.

✲ 도구를 활용하여 요리활동을 하는지 관찰을 통해 평가한다.

[유아관찰]

✲ 가족의 화목한 일상을 나타낸다.

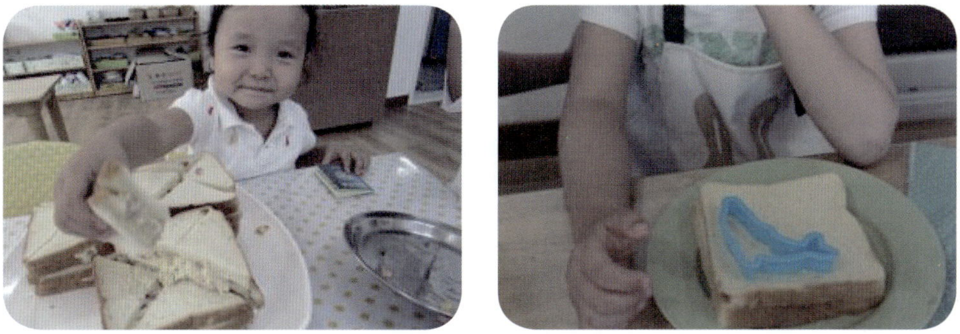

그림 7-13 요리활동의 예

3-1 가족과 화목하게 지내기

우리 집이 최고야			
생활주제	나와 가족	주제	가족의 생활과 문화
소주제	가족의 문화 알기		
활동유형	동극	대상연령	만 4세
활동목표	• 극놀이에 서로 협력하여 즐겁게 참여한다. • 가족의 소중함을 안다.		
누리과정 관련요소	• 예술경험: 예술적 표현하기 〉 극놀이로 표현하기 • 사회관계: 가족을 소중히 여기기 〉 가족과 화목하게 지내기		
인성관련요소	• 협력: 긍정적인 상호의존성		
활동자료	동물 가면(오리, 까마귀, 기린, 원숭이), 동화 『집 나가자 꽥꽥꽥』, 동극자료(장난감 차, 대형 버스)		

활동방법

[도입]

✲ 동화 『집 나가자 꽥꽥꽥』을 소개한다.

✲ 동화의 내용을 회상하며 이야기를 나눈다.

- 동화 속에 누가 나왔니?
- 아기 오리들은 왜 싸웠을까?
- 싸우는 아기 오리들을 보고 엄마 오리는 뭐라고 하셨니?
- 아기 오리들은 집을 나갈 때마다(도착할 때마다) 뭐라고 했니?
- 아기 오리들이 집을 나가서 어떻게 되었니?
- 아기 오리들이 어떻게 집에 다시 돌아오게 되었니?
- 아기 오리들은 집에 돌아왔을 때 엄마 오리가 어떻게 해 주었니?

[전개]

✲ 동극을 하기 위하여 역할을 정한다.

- 누가 어떤 역할을 하고 싶니?
- 왜 그 역할이 하고 싶니?
- 친구들의 생각은 어떠니?

✲ 동극에 필요한 소품에 대해 이야기를 나눈다.
- 동극을 하려면 무엇이 필요하니?
- 어떻게 무대를 꾸미면 좋을까?
- 그 외 동극을 할 때 필요한 것은 무엇이 있을까?

✲ 동극을 할 때 지켜야 할 약속에 대하여 이야기를 나눈다.
- 동극을 하려면 친구들이 어떤 약속을 지키면 좋을까?

✲ 유아와 함께 동극 무대를 꾸민다.
✲ 동극을 한다.

[마무리]

✲ 동극에 대한 평가를 한다.
- 친구들과 함께 동극을 해 보니 어떤 느낌이 들었니?
- 어떤 부분이 가장 재미있었니?
- 역할을 맞은 친구들 중 어떤 친구를 칭찬해 주고 싶니?
- 어떻게 하면 좀 더 재미있는 동극을 할 수 있을까?

활동 시 유의점

✲ 동화의 내용을 회상할 때 교사는 등장인물의 대사나 이야기의 순서를 중심으로 질문을 하도록 한다.
✲ 동극 등장인물의 머리띠는 미술 활동 시간에 유아들과 함께 만들어 사용한다.
✲ 동극 대본을 미리 역할놀이 영역이나 언어 영역에 비치해 두어 미리 접할 수 있도록 한다.

활동평가

[목표달성]

✲ 서로 협력하여 극놀이에 즐겁게 참여하는지 활동과정을 통해 평가한다.
✲ 가족의 소중함을 아는지 언어적 상호작용을 통해 평가한다.

[유아관찰]

✲ 가족의 화목한 일상과 가족을 아끼는 마음을 나타낸다.

해 설: 옛날 어느 마을에 아기 오기 세 마리가 엄마와 함께 살고 있었어요. 아기오리들은 늘 말썽을 피워 엄마에게 야단을 듣는 일이 많았어요. 그날도 아기 오리들은 장난감 때문에 싸움이 벌어졌어요.

오리들: (모두 장난감을 서로 잡아당기며) 내 장난감이야, 아니야 내 것이라구!

엄 마: 아이구! 얘들아, 같이 가지고 놀면 되잖아! 너희들 이렇게 말 안 들으면 우리 집 아이가 아니야!

오리 1: (울상을 지으며) 우리 집 아이가 아니래.

오리 2: 좋아! 그럼 우리 다른 집을 찾아보자.

오리들: (입을 모아) 그래 그래!

해 설: 그리하여 아기오리들은 집을 나가기로 하였어요.

오리들: ♬ 집 나가자 꽥꽥꽥 꽥꽥꽥, 좋은 집을 찾아서 꽥꽥꽥꽥~엑

해 설: 다음으로 찾아간 집은 원숭이네 집이었지요.

오리들: 안녕하세요? 우리가 이 집 아이가 돼도 될까요?

원숭이: 좋지, 그런데 난 어린 아기가 좋아. 우유도 먹어야 하고 잠도 자야 해.

오리들: 네? 우리 아기 아닌데? 이 집도 아니야.

♬ 집 나가자 꽥꽥꽥 꽥꽥꽥, 좋은 집을 찾아서 꽥꽥꽥꽥~엑

해 설: 다음으로 찾아간 집은 까마귀네 집이었지요.

오리들: 안녕하세요? 우리가 이 집 아이가 돼도 될까요?

까마귀: 좋지, 그런데 우리 아기를 돌보아야 하는데 도와 줄 수 있겠니?

오리들: 네? 그건 너무 힘들겠다. 이 집도 아니야.

♬ 집 나가자 꽥꽥꽥 꽥꽥꽥, 좋은 집을 찾아서 꽥꽥꽥꽥~엑

해 설: 마침내 오리들은 가지고 온 물건들로 집을 만들어 보기로 했어요.

–이하 생략–

그림 7–14 『집 나가자 꽥!꽥!꽥!』(글/윤영선) 동극의 일부

출처: 보건복지부(2013d).

3-1 가족과 화목하게 지내기

반말쟁이 민지			
생활주제	나와 가족	주제	소중한 가족
소주제	가족에 대한 예절 지키기		
활동유형	동화	대상연령	만 5세
활동목표	• 가족들 사이에도 지켜야 할 예절이 있음을 안다. • 웃어른께 사용하는 예의 바른 말이 있음을 알고 실천한다. • 상황과 대상에 알맞은 인사말을 알고 바른 태도로 인사를 나눈다.		
누리과정 관련요소	• 사회관계: 가족을 소중히 여기기 〉 가족과 화목하게 지내기 • 의사소통: 말하기 〉 상황에 맞게 바른 태도로 말하기		
인성관련요소	• 효: 부모에 대한 효		
활동자료	동화 『반말쟁이 민지』, 막대 동화 자료		

활동방법

[도입]

✲ 가족구성원에 대해 이야기한다.
- 너희들은 누구와 함께 살고 있니?

✲ 가족구성원에게 사용하는 어휘들을 이야기한다.
- 엄마, 아빠께 유치원을 다녀 올 때에는 어떻게 인사하니?
- 유치원을 다녀와서는 어떻게 인사하니?
- 간식이나 밥을 먹을 때는 어떻게 이야기하니?

[전개]

✲ 『반말쟁이 민지』 동화를 막대인형극으로 듣는다.

✲ 동화의 내용에 대해 이야기를 나눈다.
- 민지는 어떤 친구였을까?
- 너희들도 엄마, 아빠, 할아버지, 할머니께 반말을 하니?
- 어른들께는 어떤 말을 사용해야 할까?
- 왜 높임말을 사용해야 할까?
- 어른들께 바르고 예쁜 말을 사용할 수 있을까?
- 높여서 할 수 있는 말들에는 어떤 말들이 있을까?

	✲ 가족들 사이에 지켜야 할 예절에 대해 이야기를 나눈다. • 가족들 사이에도 예절을 지켜야 할 상황이 있어요. 언제일까요? • 민지처럼 예절을 갖추지 않으면 가족들이 어떻게 생각할까요? [마무리] ✲ 웃어른께 높임말 사용을 실천해야 하는 이유에 대해 이야기를 나누며 마무리 한다.
활동 시 유의점	✲ 집단의 크기를 고려하여 막대인형을 제작하여 사용한다.
활동평가	[목표달성] ✲ 가족들 사이에도 지켜야 할 예절이 있음을 알게 되었는지 관찰 후 평가한다. ✲ 웃어른께 사용하는 예의 바른 말이 있음을 알고 실천하는지 평가한다. ✲ 상황과 대상에 알맞은 인사말을 알고 바른 태도로 인사를 나누는지 평가한다. [유아관찰] ✲ 가족의 화목한 일상을 나타내고 가족의 의미와 소중한 이유를 안다.

민지에게는 한 가지 나쁜 버릇이 있었어요. 그게 무엇이냐면, 할아버지께서 "민지 밥 먹었니?" 하시면 "응." 할머니께서 "어린이집에 잘 다녀오너라. 차 조심하고." 하시면 "응, 알았어." 어머니께서 "민지야, 어서 일어나 산책하러 가자." 하시면 "싫어. 더 자고 싶어." 하고 이렇게 어른들께 반말을 하는 나쁜 버릇이 있었어요.

어른들은 무척 걱정을 하셨어요. 존댓말을 쓰라고 민지에게 아무리 말을 해도 듣질 않았거든요. 그래서 하루는 할아버지, 할머니, 어머니, 아버지께서 한 자리에 모여서 소곤소곤 한 가지 방법을 생각해 내셨어요. 어른들께서 의논하신 것은 민지가 존댓말을 쓰지 않으면 거꾸로 어른들이 존댓말을 쓰기로 한 거랍니다.

그리고 다음날 아침이 되었어요. 민지가 "엄마, 빨리 밥 줘, 나 유치원 가야지."라고 하자 엄마께서는 "네, 진지 차려 드릴게요. 잠시만 기다리세요."라고 하셨어요. 민지는 너무 우스워서 깔깔거리고 웃었지만 엄마는 웃지도 않으셨어요.

–이하 생략–

그림 7-15 『반말쟁이 민지』 동화의 일부

출처: 교육과학기술부(2012a).

3-2 가족과 협력하기

우리 가족 신발을 정리해요			
생활주제	나와 가족	주제	소중한 가족
소주제	가족의 소중함 알기		
활동유형	게임	대상연령	만 3세
활동목표	• 게임을 통해 가족을 위해 할 수 있는 일을 해 본다. • 게임의 규칙을 이해하고 놀이에 참여한다.		
누리과정 관련요소	• 신체운동 · 건강: 신체활동에 참여하기 〉 자발적으로 신체활동에 참여하기 • 사회관계: 가족을 소중히 여기기 〉 가족과 협력하기		
인성관련요소	• 질서: 기초질서		
활동자료	어른 신발 4종류, 유아 신발 4종류, 신발 담을 바구니, 각 신발 크기에 맞는 그림자 시트지, 점수판, 신호악기		

활동방법

[도입]

✲ 신발을 바구니에 넣어 보자기로 가린 후 소개한다.
- 바구니에 무엇이 있을까?

✲ 다양한 크기의 가족의 신발을 보며 이야기를 나눈다.
- 이 신발은 누구의 신발일까?
- 내 신발을 스스로 정리해 본 적이 있니?
- 가족을 위해 신발을 정리해 본 적이 있니?

[전개]

✲ 게임을 소개하고 게임방법을 알아본다.

✲ 게임규칙에 대해 이야기를 나눈다.

✲ 팀을 나누고 팀 이름을 정한다.
- 어떤 방법으로 팀을 나누면 좋을까?
- 팀 이름은 어떤 이름으로 정하고 싶니?

✲ 게임규칙을 지키며 게임을 한다.

- 출발선 앞에 선다.
- 출발 신호가 들리면 신발이 있는 바구니까지 달려간다.
- 바구니 안에 있는 신발 중 한 켤레를 잡아서 들고 반환점까지 달려간다.
- 반환점에 있는 다양한 신발 크기의 시트지 중 들고 온 신발에 맞는 크기의 시트지 위에 신발을 올려놓는다.
- 다시 출발선으로 되돌아온다.
- 신발 크기에 맞는 그림자 시트지에 재빨리 신발을 정리한 유아가 점수를 얻는다.

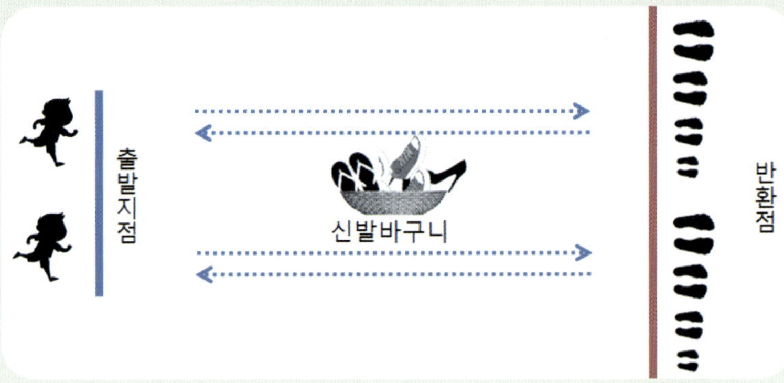

- 출발선을 지킨다.
- 친구들과 정한 게임 방법을 지킨다.
- 끝까지 게임을 한다.
- 게임을 할 차례가 되면 출발선에서 준비한다.
- 게임을 하고 있는 친구를 방해하는 행동을 하지 않는다.

그림 7-16 게임방법 및 규칙

[마무리]

✲ 게임을 한 후 평가한다.

- ☆☆팀에게 어떤 방법으로 칭찬해 주면 좋을까?
- 우리가 정한 규칙이 잘 지켜졌니?
- 게임을 하면서 재미있었던 점은 어떤 점이 있었니?
- 게임을 하면서 힘들었던 점은 어떤 점이 있었니?

활동 시 유의점	✲ 활동의 결과보다는 과정에 중점을 두고 진행한다. ✲ 실제 신발을 사용할 때는 위생에 유의한다.
활동평가	**[목표달성]** ✲ 게임을 통해 가족을 위해 할 수 있는 일을 해 보는지 활동과정을 통해 평가한다. ✲ 게임의 규칙을 이해하고 놀이에 참여하는지 관찰을 통해 평가한다. **[유아관찰]** ✲ 가족구성원을 알고 나의 일을 안다.

3-2 가족과 협력하기

우리 집 대청소 하는 날			
생활주제	나와 가족	주제	가족의 생활과 문화
소주제	가족의 생활 알기		
활동유형	신체	대상연령	만 4세
활동목표	청소하는 모습을 몸으로 표현할 수 있다. 가족마다 특별한 날이 있음을 안다.		
누리과정 관련요소	예술경험: 예술적 표현하기 〉 움직임과 춤으로 표현하기 사회관계: 가족을 소중히 여기기 〉 가족과 협력하기		
인성관련요소	협력: 집단 협력		
활동자료	가족과 협력하는 집안모습 사진 또는 그림자료, 다양한 청소도구(청소기, 빗자루, 먼지털이, 걸레 등)		

활동방법

[도입]

✲ 집안의 지저분한 곳을 찍은 사진을 차례대로 보여주며 이야기를 나눈다.
- 이 사진을 보니 어떤 생각이 드니?
- 왜 이렇게 되었을까?
- 이 곳을 어떻게 하면 좋을까?

✲ 가족과 함께 청소를 해 본 경험에 대해 서로 이야기를 나눈다.
- 청소를 해 본 경험이 있니?

[전개]

✲ 청소할 때 필요한 것은 무엇이 있을까?
- 청소를 할 때 필요한 것은 무엇이 있을까?
- 청소기, 빗자루, 먼지털이 등은 어떻게 사용할까?

✲ 청소하는 방법에 대해 이야기를 나눈다.
- 청소를 어떻게 하면 좋을까?

✲ 청소하는 모습을 표현하기 위해서 역할을 정한다.
- 청소기가 되어 보고 싶은 친구가 있니?

• 빗자루가 되어 보고 싶은 친구가 있니?
• 쓰레받기가 되어 보고 싶은 친구가 있니?
• 그 외 하고 싶은 역할이 있니?

✲ 청소하는 모습을 표현하여 본다.
• 내가 진공청소기라면 어떻게 표현하면 좋을까?
• 내가 빗자루라면 어떻게 표현하면 좋을까?
• 내가 걸레라면 어떻게 표현하면 좋을까?
• 내가 먼지라면 진공청소기가 나를 청소하려고 할 때 어떻게 표현하면 좋을까?

✲ 서로의 역할을 바꾸어 반복해서 해 본다.

[마무리]

✲ 몸으로 표현하는 장면을 카메라로 찍어 유아들과 함께 평가한다.
• 청소기가 되어 보니 어떤 느낌이 들었니?
• 빗자루가 되어 보니 어떤 느낌이 들었니?
• 깨끗이 청소를 하고 나면 어떤 기분이 들까?

활동 시 유의점

✲ 청소도구를 안전하게 사용할 수 있도록 지도한다.
✲ 유아의 창의적인 표현을 격려한다.
✲ 가족과 협력하여 우리 집 대청소 하는 날도 특별한 날이 될 수 있음을 지도한다.

활동평가

[목표달성]

✲ 청소하는 모습을 창의적으로 표현하였는지 활동과정을 통해 평가한다.
✲ 가족마다 특별한 날이 있음을 아는지 언어적 상호작용을 통해 평가한다.

[유아관찰]

✲ 가족구성원의 역할을 알고 나의 일을 실천한다.

그림 7-17 가족과 협력하는 모습

3-2 가족과 협력하기

심부름을 해요			
생활주제	나와 가족	주제	소중한 가족
소주제	가족의 역할 알기		
활동유형	게임	대상연령	만 5세
활동목표	• 가족구성원의 요구와 문제에 관심을 가진다. • 내가 할 수 있는 일을 책임 있게 한다.		
누리과정 관련요소	• 사회관계: 가족을 소중히 여기기 〉 가족과 협력하기 나를 알고 존중하기 〉 나의 일 스스로 하기 • 신체운동 · 건강: 신체조절과 기본 운동하기 〉 이동하며 운동하기		
인성관련요소	• 배려: 가족에 대한 배려		
활동자료	동화 『이슬이의 첫 심부름』(쓰스이 요리코/한림출판사/1991), 빈 우유갑 20개, 장애물, 모형 동전 20개, 점수판, 편이름 카드, 신호악기		

활동방법

[도입]

✲ 『이슬이의 첫 심부름』 동화를 들려준다.
- 이슬이는 어떤 심부름을 할까?
- 누가 심부름을 시켰을까?

✲ 동화의 내용을 회상하며 이야기를 나눈다.
- 엄마가 이슬이에게 부탁한 심부름은 무엇이었니?
- 엄마는 이슬이에게 왜 심부름을 시켰을까?
- 너희들도 심부름을 해 본 적이 있니?
- 어떤 심부름들을 해 보았니?
- 심부름을 할 때는 어떤 마음, 또는 생각이 드니?
- 너희들도 이슬이처럼 심부름을 할 수 있을까?

[전개]

✲ 게임방법과 규칙에 대해 이야기를 나눈다.
- (게임자료를 보여주며) 어떤 방법으로 게임을 할 수 있을까?
- 어떤 심부름일까?

- 우유를 사러 가려면 무엇이 필요할까?
- 어디로 어떻게 가는 심부름일까?
- 가는 도중에 어떤 것을 조심해야 할까?
- 심부름한 물건은 어떻게 해야 할까?

✲ 게임을 할 때 지켜야 할 약속을 알아본다.

- 게임을 하면서 지켜야 할 약속에는 어떤 것들이 있을까?

✲ 팀을 나누는 방법에 대해 이야기를 나눈다.

- 어떤 방법으로 팀을 나누면 좋을까?

✲ 게임을 한다.

- 출발선에 두 명의 유아가 500원을 가지고 선다.
- 출발 신호 후 장애물을 피해 도착지점(우유가게)까지 달려간다.
- 우유가게에 도착하면 "우유 주세요!"라고 외친 후 500원을 내고 우유 한 통을 가진다.
- 우유를 가지고 출발선으로 재빨리 되돌아온다.
- 먼저 도착한 유아가 점수를 얻게 된다.

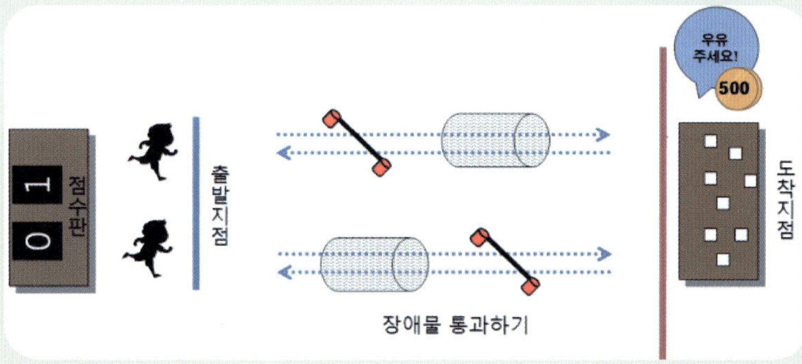

- 출발선을 지킨다.
- 친구들과 함께 정한 게임방법을 지킨다.
- 게임을 하는 친구에게 방해되는 행동을 하지 않는다.

그림 7-18 **게임방법 및 규칙**

[마무리]

✲ 평가한다.
- 게임을 할 때 힘든 점은 없었니?
- 오늘 집에 가서 엄마와 가족을 위해 내가 할 수 있는 심부름, 일들을 할 수 있겠니?

✲ 게임도구와 자리를 정리한다.

활동 시 유의점

✲ 유아들이 사전에 자기 스스로 할 수 있는 일을 해 보도록 한다.
✲ 게임에 참여하지 않는 유아가 있을 때 가게 주인으로 역할을 정할 수 있도록 한다.
✲ 가정에서 유아가 부모님의 심부름을 하는 경험을 해 보도록 함으로써 가정과 연계가 이루어지도록 한다.

활동평가

[목표달성]

✲ 내가 할 수 있는 일을 책임감 있게 할 수 있었는지 게임관찰을 통해 평가한다.
✲ 가족 간에 서로 도우며 협력해야 함을 알게 되었는지 평가한다.

[유아관찰]

✲ 다양한 가족구조에 대해 알고 가족이 서로 돕고 있다.

4. 다른 사람과 더불어 생활하기

4-1 친구와 사이좋게 지내기

우리 함께 힘을 모아요			
생활주제	유치원과 친구	주제	유치원에서 만난 친구
소주제	친구와 사이좋게 지내기		
활동유형	신체	대상연령	만 3세
활동목표	• 스카프를 이용하여 다양한 방법으로 사물을 옮겨본다. • 친구와 협동하여 함께 문제를 해결해 보는 경험을 가진다.		
누리과정 관련요소	• 신체운동 · 건강: 신체활동에 참여하기 〉 자발적으로 신체활동에 참여하기 • 사회관계: 다른 사람과 더불어 생활하기 〉 친구와 사이좋게 지내기		
인성관련요소	• 협력: 집단협력		
활동자료	스카프(또는 보자기), 공, 인형, 블록 등		

활동방법

[도입]

✲ 친구와 짝을 이루어서 스카프를 탐색하며 자유롭게 놀이한다.

- 옆에 있는 친구와 스카프를 만져보자.
- 스카프를 친구와 함께 잡고 비벼볼까? 위, 아래로 흔들어 볼까?
- 스카프를 친구와 함께 잡고 옆으로 흔들어 보자. 함께 위로 던져보자.
- 옆에 있는 친구와 스카프를 잡아보자.
- 살살, 세게 잡아당겨 보자.

[전개]

✲ 친구와 짝을 이루어서 스카프를 흔들어 본다.

- 옆에 있는 친구와 스카프를 잡고 흔들어 볼까?
- 스카프를 위, 아래로 흔들어 볼까?
- 스카프를 천천히, 빠르게 흔들어 보자.

✲ 친구와 스카프를 잡고 교실 안의 놀잇감을 넣고 옮겨 본다.
- 혼자서 공, 인형, 블록을 스카프에 담아 옮겨보자.
- 공, 인형, 블록을 옮겨야 하는데 너무 많아서 다 들기 힘들구나.
- 친구와 함께 옮겨 보는 것은 어떨까?
- (스카프 위에 블록을 올려놓고) 스카프의 끝을 잡고 옮겨보자.
- (스카프 위에 인형을 올려놓고 흔들며) 스카프가 인형의 그네가 되었구나.
- (스카프 위에 공을 올려놓고) 공이 떨어지지 않도록 옮기려면 어떻게 하면 좋을까?

[마무리]

✲ 활동이 끝난 후, 느낌에 대해서 이야기를 나눈다.
- 친구들과 스카프로 놀이를 할 때의 느낌은 어땠니?
- 친구들과 함께 스카프로 물건을 옮기니 느낌이 어땠니?

활동 시 유의점

✲ 안전하게 신체활동을 할 수 있도록 넓은 공간을 확보한다.
✲ 장애통합을 할 경우, 장애유아의 수행수준을 고려하여 활동의 규칙과 방법, 자료 등을 수정하여 장애유아가 활동하는데 불편함이 없도록 한다.

활동평가

[목표달성]

✲ 친구와 함께 스카프를 다양한 방법으로 탐색하는지 평가한다.
✲ 힘을 조절하여 스카프 위의 사물을 옮기는지 평가한다.

[유아관찰]

✲ 친구와 함께 놀고 의견의 차이를 수용한다.

그림 7-19 신체활동 모습의 예

4-1 친구와 사이좋게 지내기

뭐라고 해야 하지?			
생활주제	유치원과 친구	주제	유치원에서 만난 친구
소주제	친구 간의 예의 지키기		
활동유형	동시	대상연령	만 4세
활동목표	• 동시를 듣고 내용을 이해한다. • 친구와의 갈등을 긍정적인 방법으로 해결한다. • 동시 내용을 극놀이로 표현한다.		
누리과정 관련요소	• 의사소통: 듣기 〉 동요, 동시, 동화 듣고 이해하기 • 사회관계: 다른 사람과 더불어 생활하기 〉 친구와 사이좋게 지내기 • 예술경험: 예술적 표현하기 〉 극놀이로 표현하기		
인성관련요소	• 배려: 친구에 대한 배려		
활동자료	동시 「뭐라고 해야 하지?」, 레고, 역할놀이(인형, 강아지 등)		

활동방법

[도입]

✲ 유치원에서 놀이하다가 나도 모르게 다른 친구를 속상하게 한 경험에 대해 이야기 나눈다.

- 유치원에서 놀이하다가 나도 모르게 다른 친구를 속상하게 한 적이 있었니?
- 그때 친구가 어떻게 했었니? 속상하기만 했었니?
- 모르고 한 거니까 속상해하는 친구를 보고도 모른 척 해버릴까? 그럼 어떻게 될까?
- 모르고 한 거니까 '내가 안 그랬어'라고 우길까? 그럼 어떻게 될까?
- 나도 모르게 친구에게 실수했을 때는 어떻게 하는 게 좋을까?

[전개]

✲ 동시 「뭐라고 해야 하지?」를 감상해 본다.

- 놀이하다가 모르고 실수한 내용이 동시로 된 것이 있는데, 잘 듣고 나서 이럴 때 어떻게 하면 좋은지 말해 보자.

✲ 동시 내용에 따라 역할에 따른 몸짓과 표정 그리고 말을 정해 본다.
- 블록으로 공룡을 만들어 놀이하는 친구와 옆에서 놀던 친구의 역할을 맡아서 극놀이를 해 볼까?
- 앞에 나와서 블록으로 공룡을 만들어 놀이하는 친구 역할을 해 볼 사람? 옆에서 놀던 친구 역할을 맡을 사람?
- (역할놀이 소품을 보며) 옆에서 놀던 친구는 무얼 갖고 놀고 있던 친구라고 할까?
- 블록으로 공룡을 만들어 놀이하는 친구는 어떻게 움직여야 할까?
- 맞은 친구는 어떤 표정을 짓는 게 어울릴까?
- 앉아 있는 너희들은 이 동시에서 어느 부분을 읽으면 좋을까? 같이 읽어 볼까?
- 맨 끝 부분의 '미안해'는 누가 말하면 더 좋을까?

✲ 동시 내용에 따라 역할극을 하며 동시를 감상한다.
- 선생님이 동시를 읽어볼 테니 너희들이 맡은 역할에 따라 표현해 보자.
- 이번에는 역할을 바꾸어서 또 극놀이 해 볼까?

[마무리]

✲ 동시를 감상해 본 느낌을 평가한다.
- 극놀이와 함께 동시를 감상해 보니 어땠니?
- 친구를 밀친 역할을 맡았던 아이가 그 다음엔 맞은 친구 역할을 맡아서 해 보니 어땠니?

활동 시 유의점

✲ 동시 내용에 따라 역할극을 할 때 역할에 따른 말, 몸짓, 표정에 대해 구체적으로 이야기를 나눈다.
✲ 교사는 동시를 읽어주면서, 표현할 차례가 된 유아를 손으로 가리켜준다.
✲ 장애통합 학급의 경우, 장애유아의 실수 행동에 대해 유아들이 수용적인 태도를 가질 수 있도록 반편견의 활동이 되도록 활용할 수 있다.

활동평가

[목표달성]

✲ 동시를 듣고 내용을 이해하는지 평가한다.
✲ 친구와의 갈등을 긍정적인 방법으로 해결하는지 평가한다.
✲ 동시 내용에 따라 역할을 맡아 극놀이로 잘 표현하는지 평가한다.

[유아관찰]

✲ 친구와 협동하여 놀고, 도움을 받아 갈등을 해결할 수 있다.

뭐라고 해야 하지?

하예진 지음

블록으로 공룡을 만들어서
크르릉~ 크르릉~
나쁜 사람들을 신나게 혼내주고 있는데
톡 소리가 났어!
나도 모르고 옆에 있던 친구를 밀쳤나봐!
친구의 눈엔 눈물이 그렁그렁~
어, 이럴 땐 뭐라고 해야 하더라?
뭐라고 해야 하지?

그림 7-20 「뭐라고 해야 하지?」 동시자료 예

출처: 보건복지부(2013c).

4-1 친구와 사이좋게 지내기

친구의 마음

생활주제	유치원과 친구	주제	유치원에서 만난 친구
소주제	내 마음, 친구 마음 알기		
활동유형	이야기 나누기	대상연령	만 5세
활동목표	• 친구 마음에 관심을 갖는다. • 친구 마음은 나와 다를 수 있음을 알고 공감하며 말할 수 있다. • 놀이에서의 갈등 상황을 인식한다.		
누리과정 관련요소	• 사회관계: 다른 사람과 더불어 생활하기 〉 친구와 사이좋게 지내기 • 의사소통: 말하기 〉 상황에 맞게 바른 태도로 말하기		
인성관련요소	• 배려: 친구에 대한 배려		
활동자료	놀이 상황 그림자료		

활동방법

[도입]

✲ 재미있게 놀이하고 있는 친구 마음에 대해 이야기 나눈다.
- (3명의 친구가 재미있게 놀고 있는 그림을 보여주며) 누가 있니?
- 이 아이들은 어떤 사이일까?
- 이 아이들은 어떤 놀이를 하고 있는 것 같니?
- 너희들도 친구들과 이런 놀이를 했었던 적이 있니?
- 이 아이들은 지금 어떤 놀이를 하고 있을 것 같니?
- 친구와 재미있게 놀고 있는 이 아이들은 어떤 마음일까?

✲ 놀이에 참여하지 못하고 있는 친구 마음에 대해 이야기 나눈다.
- (교실 문가에 혼자 서서 친구들이 하는 놀이를 쳐다보는 유아그림을 보여주며) 누가 있니?
- 이 아이는 지금 무엇을 보고 있을까?
- 이 아이는 지금 어떤 마음일 것 같니?
- 너희들도 그런 마음을 가져본 적이 있었니?
- 너희들은 친구들의 놀이에 들어가고 싶을 때, 어떻게 하니?
- 먼저 놀고 있던 친구들에게 "나도 같이 놀고 싶어"라고 말하면, 언제나 친구들이 하는 놀이에 들어갈 수 있었니?

- 먼저 놀이를 하던 친구들은 어떨 때 "지금은 안 돼, 다음에 같이 놀자!"라고 말하는 걸까?
- 너희들도 함께 놀이하기 싫다는 말을 들어본 적이 있니?
- 그럴 때는 어떤 마음이 드니?
- 먼저 놀이를 하고 있던 친구들도 함께 놀이하지 못하는 친구 마음을 알까?

[전개]

✲ 친구들이 하는 놀이에 들어가지 못하게 되었을 때 문제를 해결하는 방법에 대해 이야기 나눈다.

- (친구들이 하는 놀이에 끼고 싶어서 친구들 주위를 돌고 있는 유아그림을 보여주며) 친구들이 하는 놀이에 들어가고 싶어서 이렇게 해 본 적이 있었니?
- 이 친구 마음을 먼저 놀이하고 있던 친구들이 알아줄까?
- 왜 그럴 거라고(그렇지 않을 거라고) 생각하니?
- (친구들이 하는 놀이에 끼어들어 참견을 하는 유아그림을 보여주고) 친구들이 하는 놀이에 들어가고 싶어서 이렇게 무작정 끼어들어 참견해 본 적이 있었니?
- 그랬을 때, 먼저 놀이하고 있는 친구들이 어떻게 했었니?
- 먼저 놀이하고 있던 친구들은 왜 화를 내었을까?
- 먼저 놀이하고 있던 친구들은 내가 어떻게 했을 때 내 의견을 받아주었니?
- (고개를 돌려 친구들을 쳐다보면서 혼자 놀이하고 있는 유아그림을 보여주며) 이 친구는 지금 무슨 생각을 하고 있을까?
- 이 친구는 즐겁게 놀이하기 위해 어떻게 하는 게 좋을까?
- 친구들이 놀이에 끼워주지 않을 때는 어떻게 하면 좋을까?
- 내가 혼자서 놀고 있었더니, 친구가 같이 놀자며 다가왔던 적이 있었니?

[마무리]

✲ 친구의 마음과 나의 마음이 다를 수 있음을 알고 활동을 마무리한다.

활동 시 유의점	✲ 교사는 이 활동을 하기 전에 유아의 놀이 상황을 주의 깊게 관찰하고, 그 내용을 이야기 나누기 활동에 반영할 수 있어야 한다. ✲ 유아의 놀이친구 관련 문제 상황 정도에 따라 연장하여 활동할 수 있다. ✲ 유아의 놀이 상황을 비디오로 촬영하여, 교수매체로 활용할 수 있다.
활동평가	**[목표달성]** ✲ 놀이 상황에서 친구의 마음을 공감하게 되었는지 평가한다. ✲ 자신의 경험과 느낌에 대해 정직하게 이야기하고 있는지 평가한다. ✲ 놀이에서의 갈등 상황을 인식하고, 해결방안을 생각하고자 노력하는지 평가한다. **[유아관찰]** ✲ 친구와 협동하여 놀고, 스스로 갈등을 해결할 수 있다.

4-2 공동체에서 화목하게 지내기

힘을 합쳐요			
생활주제	동식물과 자연	주제	궁금한 동식물
소주제	주변의 동식물에 관심 가지기		
활동유형	게임	대상연령	만 3세
활동목표	• 게임에 즐겁게 참여한다. • 떼 지어 다니는 물고기의 특성에 관심을 가진다. • 친구와 협력하며 함께 어울릴 수 있는 친밀감을 경험한다.		
누리과정 관련요소	• 신체운동 · 건강: 신체활동에 참여하기 〉 자발적으로 신체활동에 참여하기 • 자연탐구: 과학적 탐구하기 〉 생명체와 자연환경 알아보기 • 사회관계: 다른 사람과 더불어 생활하기 〉 공동체에서 화목하게 지내기		
인성관련요소	• 협력: 집단협력		
활동자료	동화 『으뜸헤엄이』(레오니오니/마루벌/2008), 작은 물고기 모형 다수, 큰 물고기 모형 1개, 작은 물고기 모음판(부직포 또는 펠트지), 신호악기, 빈 벽면 또는 융판		

활동방법

[도입]

✲ 동화 내용을 회상한다.

- 주인공은 왜 으뜸헤엄이라고 불리게 되었니?
- 으뜸헤엄이와 작은 물고기들은 커다란 물고기를 만났을 때 어떻게 했니?
- 바닷속 작은 물고기가 떼 지어 다니는 모습을 텔레비전이나 책에서 본 적 있니?

[전개]

✲ 게임 자료를 보며 게임방법을 알아본다.

- (빈 벽면에 큰 물고기 모형과 으뜸헤엄이, 작은 물고기 모음판을 붙여두고) 무엇이 보이니? 큰 물고기로부터 으뜸헤엄이를 구해줘야 할 것 같아. 너희가 도와줄 수 있겠니?
- 선생님이 교실 곳곳에 으뜸헤엄이를 도와줄 작은 물고기를 숨겨놓았어. 너희가 숨어 있는 작은 물고기를 찾아와 더 큰 물고기를 만들어 줄 수 있겠니?

✲ 게임할 때 지켜야 할 규칙을 정한다.
- 게임을 재미있게 하려면 어떤 규칙을 지켜야 할까?

✲ 게임을 한다.

- 교사는 사전에 작은 물고기 모형을 교실 곳곳에 숨긴다.
- 교사가 악기로 신호를 하면 유아들은 자리에서 일어나 숨겨진 물고기를 찾는다(이때 경쾌한 바닷속이 연상되는 배경음악을 선정하여 들려준다).
- 자신이 찾은 물고기를 작은 물고기 모음판에 붙인 후 자리에 앉는다.
- 유아들이 찾아 붙인 커다란 물고기 모양을 탐색한다.

그림 7-21 **게임방법**

[마무리]

✲ 게임에 대해 평가한다.
- 큰 물고기보다 더 큰 물고기를 만들었을 때 어떤 기분이었니?
- 게임의 규칙을 잘 지켰니?

활동 시 유의점

✲ 사전활동으로 동화 『으뜸헤엄이』를 감상하고, 떼 지어 다니는 물고기의 습성에 대해 이야기를 나눈다.

✲ 협동게임이므로 경쟁하지 않고 협력하여 게임을 진행할 수 있도록 한다.

✲ 물고기 수는 유아수보다 많게 준비하여, 모든 유아가 물고기를 찾을 수 있도록 준비한다.

✲ 교사는 물고기를 찾지 못하는 유아를 지속적으로 격려하고, 물고기를 여러 개 찾은 유아에게는 규칙을 알리고 여유분의 물고기는 숨기고 올 수 있도록 한다.

✲ 전체 유아가 한꺼번에 물고기를 찾는 경우 혼잡해지거나 물고기를 찾지 못하는 유아가 발생할 수 있으므로, 흥미영역별로 숨겨놓은 물고기의 수를 동일하게 하고, 숨겨놓은 물고기 수보다 적은 수의 유아를 흥미영역별로 출발시킨다.

활동평가

【 목표달성 】

✲ 규칙을 지키면서 게임에 참여하는지 평가한다.
✲ 친구와 협력하며 함께 어울릴 수 있는 친밀감을 경험하는지 평가한다.
✲ 떼 지어 다니는 물고기의 습성에 대해 관심을 가지는지 평가한다.

【 유아관찰 】

✲ 주변 사람에게 친밀감을 나타낸다.

4-2 공동체에서 화목하게 지내기

모두가 행복해지는 방법

생활주제	유치원과 친구	주제	함께 만드는 유치원
소주제	유치원의 좋은 점 찾아보기		
활동유형	음악	대상연령	만 4세
활동목표	• 노랫말과 음을 익혀 즐겁게 노래 부른다. • 모두가 행복해지는 유치원이 되기 위한 방법을 알고 실천한다.		
누리과정 관련요소	• 예술경험: 예술적 표현하기 〉 음악으로 표현하기 • 사회관계: 다른 사람과 더불어 생활하기 〉 공동체에서 화목하게 지내기		
인성관련요소	• 배려: 친구에 대한 배려		
활동자료	모두가 행복해지는 방법 음원, 노랫말 자료		

활동방법

[도입]

✲ 모두가 행복해지는 유치원이 되기 위한 방법에 대해 이야기 나눈다.
- 유치원에 오면 기분이 어떠니?
- 유치원이 우리 모두에게 가고 싶은 곳이 되려면 어떻게 해야 할까?

[전개]

✲ 노랫말을 보며 모두가 행복해지는 유치원으로 만드는 방법에 대해 생각해 본다.
- 너희들이 이야기한 대로 행복한 유치원이 되는 방법이 나오는 노래가 있어. 함께 노랫말을 알아볼까?

✲ 노랫말 자료를 보면서 교사의 선창을 들어본다.
- 선생님이 이 노래를 먼저 불러볼 테니 잘 들어보자.
- 들어보니 느낌이 어떠니?

✲ 허밍이나 한 가지 소리(아, 오, 우…)를 넣어 부르며 음을 익힌다.
- 피아노에 맞춰서 한 가지 소리를 넣어 불러보자. 어떤 한 가지 소리로 불러볼까?
- ♡♡이가 말한 대로 '아'(음, 오, 우, 라…)로 불러볼까? 또 다른 한 가지 소리로 불러볼까?

✲ 노랫말을 넣어 여러 번 부른다.
- 이젠 노랫말을 넣어서 불러보자. 한 번 더 불러보자.
- 이번엔 두 모둠으로 나누어 불러볼까?
- ◇◇모둠은 '~방법이 있대'까지 부르고, 나머지는 ◆◆모둠이 부르기로 하자.
- 이번엔 선생님과 너희들 모둠으로 나누어서도 불러볼까?

[마무리]

✲ 노래를 부른 후 활동에 대한 평가를 한다.
- 이 노래를 부르고 나니 알게 된 것은 무엇이니?
- 이 노랫말처럼 너희들이 직접 실천해 볼 수 있겠니?
- 모두가 유치원에서 행복해지려면 또 어떤 것들이 필요한지 생각해 보고 노랫말을 바꾸어 불러볼까?

활동 시 유의점

✲ 상대방의 입장을 헤아려 유치원에서 행복하게 지내기 위한 방법을 생각해 보도록 한다.
✲ 장애통합을 할 경우, 장애유아의 이름을 가사에 넣어 일반유아들이 개사를 하여 불러 보도록 한다.

활동평가

[목표달성]

✲ 노래의 노랫말과 음을 익혀 즐겁게 부르는지 평가한다.
✲ 유치원에서 모두가 행복하게 지내기 위한 방법을 알고 실천하는지 평가한다.

[유아관찰]

✲ 주변 사람과 서로 도우며 친밀감을 나타낸다.

모두가 행복해지는 방법

작사/작곡 양이슬

친구들과 얘기할 땐 어떻게 할까?
모두가 행복해지는 방법이 있대
친절하게 말하기
이야기 들어주기
사랑한다고 말해주기
친구들에게

그림 7-22 노랫말 자료 예

출처: 보건복지부(2013c).

4-2 공동체에서 화목하게 지내기

모양쿠키를 만들어요			
생활주제	생활도구	주제	다양한 생활도구
소주제	생활도구 유용하게 활용하기		
활동유형	요리	대상연령	만 5세
활동목표	• 쿠키 만들기에 필요한 재료와 도구를 안다. • 약속을 지키며 쿠키를 만든다.		
누리과정 관련요소	• 자연탐구: 과학적 탐구하기 〉 간단한 도구와 기계 활용하기 • 사회관계: 다른 사람과 더불어 생활하기 〉 공동체에서 화목하게 지내기		
인성관련요소	• 협력: 집단협력		
활동자료	요리활동 PPT 자료, 재료(밀가루, 달걀, 버터, 설탕, 꾸미기 재료 등), 도구(밀대, 모양틀, 거품기, 도마, 볼 등)		

활동방법

[도입]

✲ 쿠키를 먹어 본 경험에 대해 이야기를 나눈다.

- 이것은 무엇일까?
- 쿠키를 만들어 먹어 본 적이 있니?

[전개]

✲ 유아와 함께 준비된 요리 재료를 살펴본다.

- 쿠키를 만들려면 어떤 재료들이 필요할까?

✲ 쿠키를 만들기 위해 필요한 도구에 대해 알아본다.

- 이 도구의 이름은 무엇일까?
- 언제 사용할까?
- 예쁜 모양이 나오게 쿠키를 만들려면 무엇이 필요할까?
- 밀대는 어떨 때 사용하는 것일까? 사용할 때 주의 점은 무엇일까?
- 앞치마와 머리 수건은 왜 꼭 필요할까?

✲ 요리활동 PPT를 보며 쿠키 만드는 방법을 알아본다.

✲ 쿠키를 직접 만들어 본다.

- 볼에 달걀, 버터, 설탕을 넣고 거품기로 크림처럼 될 때까지 저어요.
- 크림처럼 된 재료에 베이킹파우더와 혼합된 밀가루를 넣고 반죽해요.
- 반죽된 밀가루를 도마 위에 놓고 밀대로 반죽을 밀어요.
- 편평하게 펴진 반죽을 모양 틀로 찍고 꾸며요.
- 예열한 오븐에 넣어 구워요.
- 쿠키를 맛있게 먹어요.

그림 7-23 **요리순서**

[마무리]

✲ 쿠키를 만들어 먹고 난 후 느낌을 이야기 나눈다.

- 쿠키를 만들면서 어떤 점이 재미있었니?
- 어떤 도구가 사용하기 힘들었니?
- 어떤 도구와 재료가 더 있으면 좋겠니?

활동 시 유의점

✲ 앞치마와 머리 수건을 쓰고 손을 꼭 씻도록 한다.

✲ 밀가루 반죽은 너무 얇지 않게 밀도록 한다.

✲ 요리 도구 사용 시 안전에 유의한다.

활동평가

[목표달성]

✲ 요리에 필요한 도구가 있음을 알고 있는지 평가한다.

✲ 약속을 지키면서 안전하게 요리하는지 평가한다.

[유아관찰]

✲ 주변 사람과 협력하며 친밀감을 나타낸다.

그림 7-24 쿠키 만드는 사진자료 예

4-3 사회적 가치를 알고 지키기

내가 잘 정리해 줄게			
생활주제	유치원과 친구	주제	함께 놀이하는 유치원
소주제	함께 사용하는 물건과 장소 알아보기		
활동유형	이야기 나누기	대상연령	만 3세
활동목표	• 동화를 듣고 정리정돈의 필요성을 안다. • 함께 놀이하는 놀잇감의 소중함을 알고 안전하고 즐겁게 놀이한다.		
누리과정 관련요소	• 의사소통: 듣기 〉 이야기 듣고 이해하기 말하기 〉 느낌, 생각, 경험 말하기 • 사회관계: 다른 사람과 더불어 생활하기 〉 사회적 가치를 알고 지키기		
인성관련요소	• 협력: 개인적 책임감		
활동자료	동화 『내가 잘 정리해 줄게』		

활동방법

[도입]

✲ 동화를 들을 때의 자세에 대해 이야기를 나눈다.

✲ 동화를 감상한다.

- 우리가 함께 감상할 동화는 '내가 잘 정리해 줄게'란다.
- 제목을 보니 어떤 동화일 것 같으니?
- 동화내용을 잘 생각하면서 들어보자.

[전개]

✲ 동화의 내용과 유아의 생각에 대해 이야기를 나눈다.

- 지석이가 가지고 놀이한 놀잇감들이 왜 울고 있었을까?
- 너희들도 지석이처럼 놀잇감 정리를 하지 않은 적이 있니?
- 바닥에 그냥 놓여 있는 놀잇감들은 무슨 생각을 할까?

✲ 함께 사용하는 놀잇감의 소중함에 대해 이야기를 나눈다.

- 유치원에서 함께 놀이하는 놀잇감은 누구의 것일까요?
- 놀잇감을 없으면 어떻게 될까요?

- 놀잇감이 부서지면 어떻게 하지?
- 놀이 후 무엇을 해야 할까?

✻ 정리정돈을 언제 해야 하는지 생각해 본다.
- 우리가 언제 정리 정돈을 해야 할까?(자유선택놀이를 한 후, 간식과 점심을 먹기 전 후에, 낮잠을 자기 전에, 집에 가기 전에)
- 정리정돈은 하는 것이 어렵기도 하지만, 함께 놀이하기 위해서는 꼭 지켜야 하는 약속이란다.

✻ 친구들과 협력하여 정리정돈을 하는 방법에 대해 이야기 나눈다.
- 친구들과 어떻게 정리하면 좋을까?

[마무리]

✻ 유치원에서 함께 사용하는 물건에 대한 소중함을 이야기하며 마무리한다.
- 유치원에서 함께 놀이하는 물건은 소중히 다루어야 한단다.

활동 시 유의점

✻ 동화 내용처럼 정리정돈을 하지 않으면 즐거운 놀이를 할 수 없음을 알려준다.
✻ 활동 후 놀이시간을 주어 동화에서처럼 느꼈던 것을 실천해 볼 수 있도록 한다.

활동평가

[목표달성]

✻ 동화의 내용을 이해하는지 평가한다.
✻ 정리정돈의 필요성을 인식하는지 평가한다.
✻ 놀잇감의 소중함을 알고 놀이하는지 평가한다.

[유아관찰]

✻ 다른 사람의 소유물을 존중한다.

"모두 제자리...모두 제자리..." 정리 시간이에요.

새싹반 친구들은 정리노래를 부르며 놀잇감 정리를 시작했어요. 가위는 가위통에, 블록은 블록바구니에 차곡차곡 정리를 해요. 그런데 지석이의 표정이 좋지 않아요. 지석이는 정리하는 게 너무 귀찮았거든요. "에잇! 정리하기 귀찮아. 정리하기 싫어!" 지석이는 놀이하고 난 장난감들을 마음대로 정리하기 시작했어요.

빨간 블록을 퍼즐바구니에, 동화책을 물감바구니에 파란 색연필은 역할놀이 바구니에 넣었어요.

친구들이 돌아가고 난 후, 새싹반 교실에서 훌쩍이는 소리가 들리기 시작했어요. 지석이가 마음대로 정리한 놀잇감들이 우는 소리예요. 빨간 블록이 말했어요. "어휴~ 여긴 어디야? 답답해", 그림책이 말했어요. "난 지금 물감친구들이랑 같이 있다고, 내 그림들이 젖을 것 같아. 으앙…. 어쩌지?", 파란 색연필이 말했어요. "지석이한테 우리 마음을 전해 주고 싶은데…." 놀잇감들은 어떻게 하면 지석이한테 마음을 전해 줄지 생각했어요.

그날 밤, 지석이의 꿈에 놀잇감들이 나왔어요. "잉잉~" 울고 있는 빨간 블록을 보며 지석이가 이야기 했어요. "아! 저건 아까 내가 놀던 빨간 블록인데… 왜 울고 있니?" 빨간 블록이 대답했어요. "지석아! 나 블록친구들이 보고 싶어. 내가 있던 블록바구니로 가고 싶어."

–이하 생략–

그림 7-25 『내가 잘 정리해 줄게』(글/김애란) 동화의 일부

출처: 보건복지부(2013a).

4-3 사회적 가치를 알고 지키기

신호등			
생활주제	건강과 안전	주제	안전한 놀이와 생활
소주제	교통안전 생활화하기		
활동유형	동시	대상연령	만 3세
활동목표	• 즐겁게 동시를 감상한다. • 신호등의 역할과 기능을 안다.		
누리과정 관련요소	• 의사소통: 듣기 〉 동요, 동시, 동화 듣고 이해하기 • 사회관계: 다른 사람과 더불어 생활하기 〉 사회적 가치를 알고 지키기		
인성관련요소	• 질서: 법질서		
활동자료	동시 「신호등」 PPT 자료		

활동방법

[도입]

✲ 신호등에 대한 수수께끼로 이야기를 도입한다.
- 나는 누구일까?
- 내 몸에는 빨간등, 초록등이 있어서 불빛으로 말해요.
- 나는 찻길에 횡단보도 옆이나 길에 서 있어요.

[전개]

✲ 「신호등」 동시를 들려준다.

✲ 동시를 듣고 난 후, 동시의 내용과 느낌에 대해 이야기 나눈다.
- 동시에 어떤 내용이 있었니?
- 횡단보도를 건너기 전 무엇을 꼭 확인해야 하니?
- 신호등은 어떤 불빛으로 우리에게 무슨 말을 해 주고 있니?

✲ 동시를 다시 한 번 들려준다.

✲ 다양한 방법으로 유아들과 나누어서 읊어 본다(교사가 읊고 따라 읽기, 반복되는 단어는 유아가 읽기 등).
- 선생님이 '신호등 신호등'을 읽으면 뒤 부분의 '빨간 신호등'은 너희들이 읽어볼까?

- 한 줄씩 번갈아 읽어볼까?
- 즐겁게 읽을 수 있는 다른 방법에는 무엇이 있을까?

[마무리]

✲ 자유선택활동 시간에 동시를 즐겨 읽을 수 있도록 안내하고 마무리한다.

활동 시 유의점

✲ 횡단보도를 건넜을 때의 경험을 생각하며 활동할 수 있도록 한다.
✲ 동시에 대한 즐거움을 느낄 수 있도록 강약을 살려 읊도록 한다.
✲ 유아의 발달 수준에 따른 참여도를 고려하여 동시 말을 개사하는 데 시간이 길어지지 않도록 주의한다.
✲ 활동 자료로 신호등 표지판을 제작하여 조작하며 동시를 읊을 수 있다.

활동평가

[목표달성]

✲ 동시에 담긴 내용을 이해하여 즐겁게 감상하는지 평가한다.
- 동시의 내용을 이해하는가?
- 동시를 즐겁게 감상하는가?

✲ 동시를 듣고 신호등의 색깔이 주는 의미를 알고 실천하는지 평가한다.
- 신호등 색깔의 의미를 아는가?
- 횡단보도에서 신호등의 표시를 보고 행동하는가?

[유아관찰]

✲ 일상에서 지켜야 할 약속과 규칙을 안다.

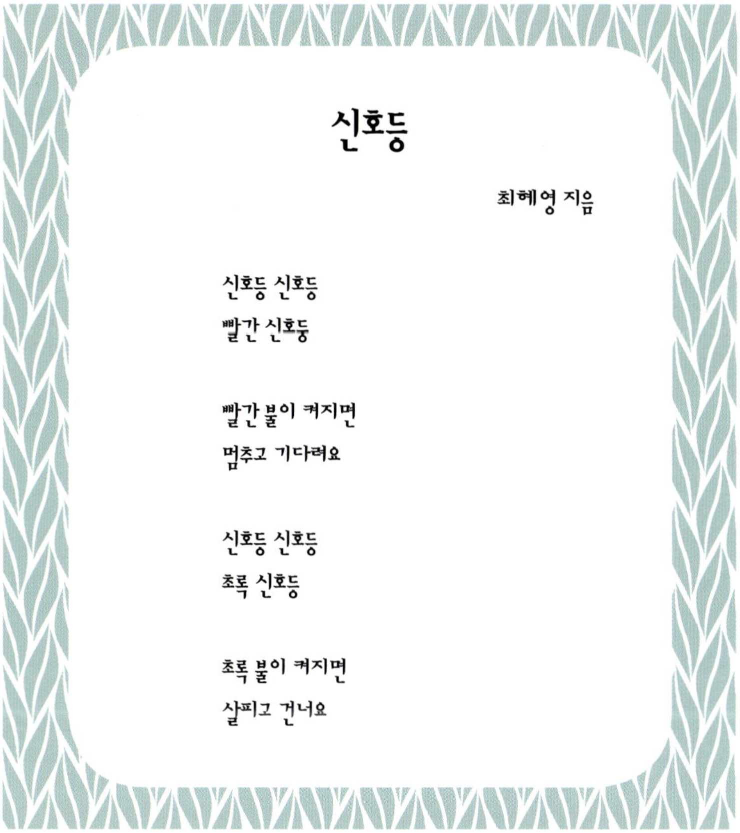

그림 7-26 「신호등」 PPT 동시자료 예

출처: 보건복지부(2013b).

4-3 사회적 가치를 알고 지키기

아무도 안 본다고			
생활주제	동식물과 자연	주제	자연과 더불어 사는 우리
소주제	자연과 더불어 살아가기		
활동유형	동시	대상연령	만 4세
활동목표	• 자연을 깨끗하게 유지하기 위해 지켜야 할 규칙에 대해 안다. • 자연보호의 필요성을 느끼며, 동시를 듣고 읊어본다. • 자연보호를 위한 사회질서의 필요성을 느끼고 실천할 수 있다.		
누리과정 관련요소	• 의사소통: 듣기 〉 동요, 동시, 동화 듣고 이해하기 • 사회관계: 다른 사람과 더불어 생활하기 〉 사회적 가치를 알고 지키기		
인성관련요소	• 질서: 사회질서		
활동자료	동시자료 「아무도 안 본다고」, 자연을 해치는 그림자료, 자연을 보호하는 그림자료		

활동방법

[도입]

✲ 바깥놀이에서 자연관찰한 경험에 대해 이야기 나눈다.

[전개]

✲ 자연을 해치는 그림(꽃 꺾기, 벌레 밟기, 휴지 버리기, 침 뱉기)을 보며 이야기 나눈다.
- 어떤 그림이니?
- 이 그림을 보니 어떤 기분이 드니?

✲ 「아무도 안 본다고」 동시의 내용을 간단한 이야기로 들려준다.

✲ 동시자료를 활용하여 동시를 들려준다.

✲ 동시의 내용에 대해서 이야기를 나눈다.
- 사람들이 보지 않아도 무엇을 하지 않는다고 했니?
- 어떤 어린이가 되고 싶다고 했니?

✲ 동시를 나누어서 읊어본다.

✲ 동시를 다함께 읊어본다.

마무리

✲ 활동을 평가하고 마무리한다.
- 자연을 가꾸는 일은 남이 보지 않는 곳에서도 해야 된다는 점에 대하여 이야기 나눈다.
- 자연을 아끼고 보호할 수 있도록 약속을 정할 수 있다는 점에 대해 이야기 한다.

활동 시 유의점

✲ 활동을 통해 유아들이 자연환경은 소중한 것이기 때문에 아무도 보지 않더라도 보호하고 사랑할 수 있어야 한다는 것을 알고, 자연보호에 대한 사회질서를 자연스럽게 익힐 수 있다. 이때 교사는 평상시에도 유아들이 주변 자연환경을 소중히 보호할 수 있도록 격려해야 한다.

✲ 언어영역에 동시 내용카드와 크기가 같은 빈 카드를 제시하여, 유아들이 개작한 동시의 내용을 자유롭게 글로 적거나 그림으로 그려볼 수 있도록 격려한다.

활동평가

목표달성

✲ 자연을 깨끗하게 유지하기 위해 지켜야 할 규칙에 대해 아는지 평가한다.

✲ 자연보호의 필요성을 느끼며, 동시를 듣고 즐기는지 평가한다.

✲ 자연보호를 위한 사회질서의 필요성을 느끼고 실천하는지 평가한다.

유아관찰

✲ 정직하며 서로의 차이를 존중할 줄 안다.

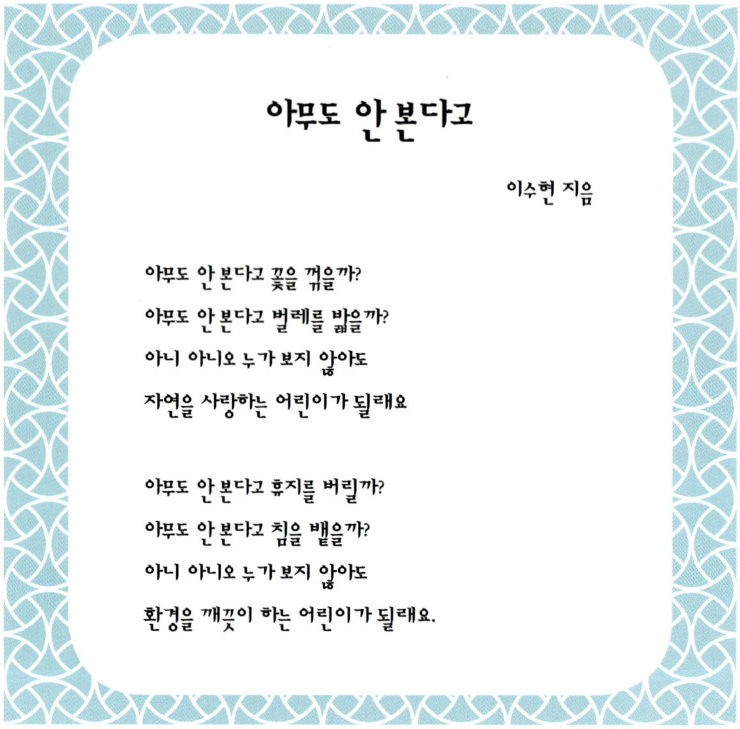

그림 7-27 「아무도 안 본다고」 PPT 동시자료 예

출처: 교육과학기술부(2011).

4-3 사회적 가치를 알고 지키기

화장실 사용 예절			
생활주제	건강과 안전	주제	깨끗한 나와 환경
소주제	주변을 깨끗이 하기		
활동유형	이야기 나누기	대상연령	만 4세
활동목표	• 화장실에서 지켜야 할 예절에 대해 안다. • 화장실을 깨끗하고 안전하게 사용하는 방법을 알고 실천한다.		
누리과정 관련요소	• 의사소통: 말하기 〉 느낌, 생각, 경험 말하기 • 사회관계: 다른 사람과 더불어 생활하기 〉 사회적 가치를 알고 지키기		
인성관련요소	• 질서: 기초질서 • 배려: 친구에 대한 배려		
활동자료	바구니, 보자기, 화장실 사용 용품, 화장실 사용예절 PPT 자료		

활동방법

[도입]

✲ 화장실 사용 경험에 대해 이야기 나눈다.

- 화장실 사용 용품(화장지, 미니변기, 화장실용 슬리퍼, 화장실 청소용 솔 등)을 바구니에 담아 보자기를 씌워 놓은 뒤 한 가지씩 꺼내 살펴본다.
- 여기 있는 물건들은 어디에서 사용하는 물건들일까?
- 유치원에서 옷을 바꿔 입고 갔던 일이 있었니? 왜 그랬었니?

✲ 화장실에서 실수했던 일에 대해 이야기 나눈다.

- 화장실을 사용하면서 실수를 했던 일을 이야기해 볼까?
- 화장실에 다녀온 뒤 놀이를 해야 되는데 계속 놀다가 너무 늦게 화장실에 가는 바람에 옷에 실수를 한 적이 있었니?

[전개]

✲ 화장실 사용 예절에 대해 PPT 자료를 보며 이야기 나눈다.

- 동물친구들이 너희들에게 화장실을 바르게 사용하기 위한 예절을 알려주려고 하는데 함께 들어볼까?

✲ 화장실 사용 예절에 대해 다양한 생각을 이야기해 본다.
- 동물 친구들이 이야기해 준 것 이외에 우리가 화장실에서 지켜야 할 규칙은 무엇이 있을까?
- 화장실에서 규칙을 지켜야 하는 이유는 무엇일까?
- 규칙을 지키지 않으면 어떤 일 생길까?

✲ 규칙적인 배변 습관을 가질 수 있는 방법에 대해 이야기 나눈다.
- 화장실은 언제 가는 것이 좋을까?
- 화장실에 가고 싶은데 오래 참으면 어떤 일이 일어날까?
- 화장실에 미리 가야 할 때는 언제일까?
- 매일 매일 같은 시간에 대변을 보려면 어떻게 해야 할까?

[마무리]

✲ 화장실에서 지켜야 할 예절에 대해 이야기하며 마무리한다.

활동 시 유의점

✲ 화장실 사용은 이야기 나누기 시간을 마치는 것으로 활동을 종료하는 것이 아니라 연중 지속적으로 지도한다.

✲ 유아의 화장실 사용 습관을 관찰하고 개별 유아에게 알맞은 방법으로 지속적으로 지도한다.

활동평가

[목표달성]

✲ 화장실에서 지켜야 할 예절에 대해 알게 되었는지 평가한다.
- 화장실에서 지켜야 할 예절을 알게 되었는가?
- 규칙적인 배변습관을 가지려고 노력하는가?

✲ 화장실을 깨끗하고 안전하게 사용하는 방법을 알게 되었는지 평가한다.
- 화장실을 깨끗하고 안전하게 사용하는 방법을 알게 되었는가?
- 화장실의 바른 사용을 실천하려고 노력하는가?

[유아관찰]

✲ 예의 바르게 행동하고, 약속과 공공규칙을 지킨다.

그림 7-28 화장실 사용 예절 PPT 자료 예

출처: 보건복지부(2013e).

4-3 사회적 가치를 알고 지키기

깨끗한 우리 동네 캠페인			
생활주제	우리 동네	주제	우리 동네 전통과 문화
소주제	우리 동네를 아끼고 사랑하기		
활동유형	바깥놀이	대상연령	만 4세
활동목표	• 우리 동네 환경을 깨끗이 하는 방법을 안다. • 우리 동네를 위해 할 수 있는 일을 실천한다. • 쓰레기 줍기 캠페인 구호를 만든다.		
누리과정 관련요소	• 신체운동 · 건강: 건강하게 생활하기 〉 몸과 주변을 깨끗이 하기 • 사회관계: 다른 사람과 더불어 생활하기 〉 사회적 가치를 알고 지키기 • 의사소통: 말하기 〉 낱말과 문장으로 말하기		
인성관련요소	• 협력: 집단 협력		
활동자료	쓰레기로 더러워진 동네 사진, 피켓, 포스터, 캠페인 띠, 비닐봉지, 집게, 지역 쓰레기 봉투		

활동방법

[도입]

✲ 쓰레기로 더러워진 우리 동네의 여러 사진을 보며 이야기를 나눈다.

- (쓰레기로 더러워진 우리 동네 사진을 보면서) 이 사진을 본 느낌이 어떠니?
- 우리 동네가 왜 더러워졌을까?

✲ 더러워진 우리 동네를 깨끗하게 하기 위해 무엇을 할 수 있는지 이야기 나눈다.

- 우리 동네 길거리나 놀이터에 쓰레기가 많으면 어떨까?
- 우리 동네가 깨끗해지려면 어떻게 하면 좋을까?

[전개]

✲ 유아들이 캠페인 구호를 만든다.

- 친구들은 어떤 구호를 하고 싶니?
- 우리 친구들이 외치는 구호를 듣고 다른 사람들은 어떻게 생각할까?
- 왜 다른 사람에게 우리의 생각을 전달해야 할까?
- 우리 동네 청소를 한 사람이 하는 것과 모두 함께 하는 것은 어떻게 다를까?

- 우리 친구들의 생각을 모아 자연보호 캠페인 구호를 만들어 보자.

✲ 캠페인 띠를 두르고 우리 동네 놀이터로 이동한다.
- 우리 동네 놀이터를 한 번 둘러보자. 놀이터 주변이 어떠니?
- 캠페인 띠를 두르고 여기에 있는 집게로 쓰레기를 주워 비닐봉지에 넣어 보자.

✲ 동네 놀이터 주변의 쓰레기를 주우며 유아들이 만든 구호를 외친다.
- 깨끗한 우리 동네~, 깨끗하고 신나게 뛰어 놀 수 있는 우리들의 놀이터!

✲ 유아들이 주워 온 쓰레기를 분리수거하여 버린다.
- 우유갑은 어느 통에 버리면 좋을까?
- 캔은 어느 통에 버리면 좋을까?
- 과자봉지는 어느 통에 버리면 좋을까?

✲ 캠페인을 도와주신 공공기관이나 동네 어른들께 감사의 인사를 하고 돌아온다.

[마무리]

✲ 동네 쓰레기 줍기 활동한 것에 대하여 평가한다.
- 쓰레기 줍기 활동을 하면서 불편했던 점은 없었니?
- 쓰레기를 줍고 난 우리 동네 놀이터 모습이 어떻게 변했니?
- 우리 동네 놀이터 쓰레기를 줍고 나니 어떤 생각이 들었니?

활동 시 유의점

✲ 교사가 캠페인 장소를 사전에 방문하여 위험한 물건과 장소가 없는지 살펴보도록 한다.

✲ 유아들이 다양한 구호를 살펴보고 자신의 생각을 창의적으로 표현할 수 있는 충분한 시간을 제공하도록 한다.

활동평가

[목표달성]

✲ 우리 동네 환경을 깨끗하게 할 수 있는 방법에 대해 알고 있는지 평가한다.

✲ 쓰레기 줍기 활동을 실천하고 나서 활동을 평가한다.

✲ 쓰레기 줍기 캠페인 구호를 만들 수 있는지 평가한다.

[유아관찰]

✲ 우리 동네의 특징과 동네 사람들의 직업에 대해 안다.

4-3 사회적 가치를 알고 지키기

위층, 아래층			
생활주제	우리 동네	주제	우리 동네 사람들
소주제	우리 동네 사람들에게 관심 가지기		
활동유형	동화	대상연령	만 5세
활동목표	• 동화를 듣고 이웃에 사는 사람에 대해 관심을 가진다. • 이웃 간에는 서로 지켜야 할 예절이 있음을 안다. • 이웃끼리 서로 배려하는 태도를 기른다.		
누리과정 관련요소	• 의사소통: 듣기 〉 동요, 동시, 동화 듣고 이해하기 • 사회관계: 다른 사람과 더불어 생활하기 〉 사회적 가치를 알고 지키기		
인성관련요소	• 배려: 이웃에 대한 배려		
활동자료	동화 『위층, 아래층』		

활동방법

[도입]

✲『위층, 아래층』 동화 속의 한 장면(할머니가 화를 내는 장면)을 보고 동화 내용을 예측한다.

- 그림 속에 있는 사람은 누구일까?
- 할머니 표정이 어떠니?
- 할머니가 왜 이런 표정을 지었을까?
- 어떤 이야기가 있을 것 같니?

[전개]

✲ 동화를 듣고 난 후 동화내용에 대해 이야기 나눈다.

- 동화에 누가 나왔니?
- 위층 가족이 새 집으로 이사했을 때 기분이 어땠을까?
- 아래층 할머니가 왜 화를 내셨니?
- 할머니가 준희와 서희에게 조용히 해달라고 했을 때 준희와 서희는 어떻게 하였니?
- 준희네 집 위층에 누가 이사를 왔니?

- 위층에서 시끄럽게 하였을 때 준희의 기분은 어땠을까?
- 준희가 조용히 해달라고 부탁하였는데도 위층에서 계속 시끄럽게 하였을 때 준희는 무슨 생각을 했니?
- 준희는 할머니에게 왜 사과해야겠다는 생각이 들었니?
- 준희는 앞으로 어떻게 하기로 마음먹었니?
- 위층 가족과 아래층 할머니 가족은 어떤 사이가 되었니?

[마무리]

✲ 이웃과 사이좋게 지내는 방법에 대해 이야기하며 마무리한다.

- 동화 속 이야기처럼 너무 시끄럽게 해서 이웃집에서 화를 낸 경험이 있니?
- 이웃과 사이좋게 지내려면 어떻게 하면 좋을까?

활동 시 유의점

✲ 이웃 간에는 서로 지켜야 할 예의범절이 있음을 알고 실천하는 것이 중요함을 이해하도록 한다.

✲ 사전활동으로 우리 이웃집에는 누가 사는지 알아보도록 한다.

활동평가

[목표달성]

✲ 이웃 간에는 서로 지켜야 할 예절이 있음을 알고 배려하는 태도를 가지는지 평가한다.

- 이웃 간에는 서로 지켜야 할 예절이 있음을 아는가?
- 이웃끼리 서로 배려하는 태도를 가지는가?

[유아관찰]

✲ 정직하며 상대를 배려할 줄 안다.

준희네 가족이 전에 살던 집은 정말 비좁았어요. 준희와 준희동생 서희가 조금만 움직여도 식탁이나, 의자나 옷장에 부딪히기 일쑤였죠. 그래서 준희네 가족은 더 큰집으로 이사하기로 했어요.

드디어 이사 가는 날! 준희네 가족이 이사한 곳은 아파트 10층이었어요. 그 집은 생각했던 것보다 훨씬 더 멋있었어요. 방과 거실이 굉장히 넓고 환했답니다.

준희네 가족은 온 방과 거실을 뛰어다니며 즐거워했어요. 자기들이 세상에서 가장 행복한 사람들인 것 같아 큰 소리로 웃고 고함도 질렀죠.

그런데 그때 초인종 소리가 났어요. 아빠가 말했어요. "손님이 오셨나 보다." 아빠는 껄껄 웃으며 기분 좋은 얼굴로 문을 열었어요. 문을 열자 웬 할머니가 화가 난 표정으로 말했어요. "아니, 도대체 왜 이렇게 시끄러운 거예요? 조용히 좀 해 주세요! 천장이 다 무너지겠어요!"라고 하셨어요. 그래서 아빠가 "누구신지요?"라고 묻자, "아래층에 사는 사람이요."라고 할머니가 대답하고는 홱 돌아서서 층계를 쿵쾅거리며 내려가더니 문을 요란하게 닫았어요. 아빠는 작은 소리로 이야기했어요. "기분이 너무 좋아서 잠깐 뛴 것뿐인데⋯."

다음 날 준희와 서희는 넓은 집에서 무슨 놀이를 하면 좋을지 생각했어요. 그러다 잡기놀이를 하게 되었어요. 준희가 술래가 되어 온 방과 거실을 뛰어다니며 서희를 잡으러 다니기 시작했어요. 쿵! 쾅! 쿵! 쾅! 쿵쾅쿵쾅! 그때 초인종 소리가 났어요. 엄마가 문을 열자 아래층 할머니가 화가 난 표정으로 말했어요. "왜 이렇게 시끄러운 거예요? 참다가 도저히 못 참고 이렇게 올라왔어요. 좀 조용히 좀 해 주세요!" 할머니는 홱 돌아서 집으로 내려갔어요. 준희와 서희는 작은 소리로 이야기했어요. "잠깐 뛴 것 가지고 왜 이렇게 화를 내시지?"

–이하 생략–

그림 7-29 『위층, 아래층』(글/경희유치원) 동화의 일부

출처: 교육과학기술부(2012b).

4-3 사회적 가치를 알고 지키기

교통박물관 견학			
생활주제	교통기관	주제	교통기관의 변천과정과 구조
소주제	교통수단의 변천과정 알아보기		
활동유형	현장체험	대상연령	만 5세
활동목표	• 자동차의 발달 과정에 관심을 가진다. • 공공장소에서 질서와 예절을 지키며 관람할 수 있다.		
누리과정 관련요소	• 자연탐구: 탐구하는 태도 기르기 〉 탐구과정 즐기기 • 사회관계: 다른 사람과 더불어 생활하기 〉 사회적 가치를 알고 지키기		
인성관련요소	• 질서: 기초질서		
활동자료	교통박물관 홈페이지, 이름표, 유아명단, 카메라, 비상약품, 여벌 옷, 물티슈 등 현장 학습 시 필요한 물품		

활동방법

[도입]

✲ 교통박물관 견학에 대해 이야기 나눈다.

- 교통박물관은 어떤 곳일까?
- 교통박물관에 가면 무엇을 볼 수 있을까?

✲ 홈페이지의 박물관 전시 안내도를 이용해서 사전활동을 한다.

- 박물관은 몇 층으로 되어 있니?
- 박물관에는 어떤 것이 전시되어 있니?
- 가장 보고 싶은 것은 무엇이니?
- 그밖에 박물관에 가서 알아보고 싶은 것은 무엇이니?

[전개]

✲ 박물관 견학 시 지켜야 할 약속에 대해 이야기 나눈다.

- 여러 사람이 모인 곳에서는 어떻게 이동해야 할까요?
- 전시된 물건은 함부로 만지지 않아요.

✲ 교통박물관을 방문한다.
- 박물관에 계신 분에게 궁금한 점을 질문하고 그림이나 글로 기록한다.
- 자동차의 종류를 알아본다.
- 자동차의 변천과정을 알아본다.
- 자동차의 모양, 크기, 내부를 관찰한다.
- 옛날과 오늘날 자동차의 차이점을 알아본다.

✲ 우리가 만약 미래의 자동차를 만든다면 어떤 자동차를 만들고 싶은지 이야기 해 본다.
- 앞으로 이런 자동차가 있으면 좋겠다고 생각한 게 있니?
- 왜 그런 생각을 했니?

[마무리]

✲ 사진자료를 보며 교통박물관 관람 후 새롭게 알게 되었거나 궁금한 것에 대해 이야기 나눈다.
- 가장 기억에 남는 것은 어떤 자동차니?
- 자동차가 어떻게 변화되어 왔는지 이야기할 수 있겠니?
- 여러 종류의 자동차를 보고 나니 어떤 점이 제일 궁금하니?

활동 시 유의점

✲ 교사는 교통박물관을 사전 답사하여 견학 일정 및 관람 장소를 확인한다.
✲ 박물관의 위치, 소요시간에 따라 간식 또는 식사할 장소와 화장실을 확인하고 견학코스를 결정한다.
✲ 방문일자와 협조사항에 대해 공문을 발송하거나 담당자와 미리 충분히 협의한다.
✲ 박물관 견학 후 사후활동을 예측하고 그에 대비하여 준비한다.

활동평가

[목표달성]

✲ 박물관의 자동차에 흥미를 보이며 탐색하는지 평가한다.
✲ 교통박물관에서 지켜야 할 예절을 알고 실천하는지 평가한다.

[유아관찰]

✲ 약속과 공공규칙을 지키고 예의 바르게 행동한다.

그림 7-30 **교통박물관 체험의 예**

4-3 사회적 가치를 알고 지키기

생활에 돌 흙이 필요해요			
생활주제	환경과 생활	주제	돌 · 흙과 우리 생활
소주제	돌 · 흙 이용하기		
활동유형	이야기 나누기	대상연령	만 5세
활동목표	• 생활 속에서 돌 · 흙이 다양하게 이용되는 것을 안다. • 돌 · 흙이 생활에 이용되는 것을 조사하여 발표할 수 있다. • 돌 · 흙의 중요성에 대해 알고, 돌 · 흙을 소중히 보전하는 태도를 기른다.		
누리과정 관련요소	• 의사소통: 말하기 〉 느낌, 생각, 경험 말하기 • 자연탐구: 탐구하는 태도 기르기 〉 호기심을 유지하고 확장하기 과학적 탐구하기 〉 자연현상 알아보기 • 사회관계: 다른 사람과 더불어 생활하기 〉 사회적 가치를 알고 지키기		
인성관련요소	• 존중: 생명과 환경에 대한 존중		
활동자료	돌 · 흙을 이용해서 만든 여러 가지 물건과 돌 · 흙을 이용하는 생활모습이 담긴 동영상		

활동방법

[도입]

✲ 돌 · 흙이 생활에 어떻게 이용되는지 조사한 것을 발표한다.

- 너희들이 돌 · 흙이 우리 생활에 이용되는 곳에 대해서 알아온 것을 친구들에게 이야기해 보자.

[전개]

✲ 흙으로 만든 생활용품을 알아본다.

- (흙으로 만든 물건 사진을 보며) 이것을 본 적이 있니?
- 사용해 본 적이 있니?
- 어떤 색깔이니?
- 물건의 색깔이 왜 이런 색으로 된 것일까?
- 무엇으로 만들었을까?
- 우리 생활에 필요한 것을 흙으로 만든 것은 또 무엇이 있니?

✲ 돌이 우리 생활에 이용되는 여러 가지 모습의 사진자료를 보며 돌의 쓰임에 대해 이야기 나눈다.
- (돌담 사진을 보며) 이것이 무엇이니?
- 이런 것을 어디에서 보았니?
- 우리 생활에 돌을 이용한 것은 무엇이 있을까?
- (동영상을 보며) 돌을 이용해서 무엇을 하는 모습이니?
- 옛날에는 자갈을 불에 달구어서 요리를 하기도 했단다.

[마무리]

✲ 우리 생활에 흙의 중요성에 대해 이야기 나누며 마무리한다.
- 돌 · 흙을 이용해서 생활에 필요한 것을 만들면 어떤 점이 좋을까?
- 돌 · 흙이 없다면 어떻게 될까?
- 돌 · 흙을 아끼고 소중하게 보전하기 위해서는 어떤 노력이 필요할까?

활동 시 유의점

✲ 돌 · 흙을 이용한 실물을 활용하도록 한다.

✲ 돌 · 흙과 사람의 생활관계를 보여주는 사진자료를 제공하고 직접 체험해 보는 기회를 제공한다(예: 도자기 만들기 체험).

활동평가

[목표달성]

✲ 주제에 맞게 자신의 생각과 경험을 표현하는지 평가한다.

✲ 돌 · 흙의 쓰임을 알고, 흙과 사람들 생활과의 관계를 아는지 평가한다.

✲ 돌 · 흙의 중요성에 대해 알고, 돌 · 흙을 소중히 보전하는 태도를 보이는지 평가한다.

[유아관찰]

✲ 자연보호와 자원절약을 실천한다.

그림 7-31 돌 · 흙을 이용하는 모습의 예

5. 사회에 관심 갖기

5-1 지역사회에 관심 갖고 이해하기

피자를 배달해 주세요			
생활주제	우리 동네	주제	우리 동네 모습
소주제	우리 동네에 관심 가지기		
활동유형	게임	대상연령	만 3세
활동목표	• 우리 동네 사람들의 다양한 생활모습에 관심을 갖는다. • 놀이 규칙 및 방법을 알고 즐겁게 참여한다.		
누리과정 관련요소	• 신체운동 · 건강: 신체활동에 참여하기 〉 기구를 이용하여 신체활동하기 • 사회관계: 사회에 관심 갖기 〉 지역사회에 관심 갖고 이해하기 다른 사람과 더불어 생활하기 〉 공동체에서 화목하게 지내기		
인성관련요소	• 협력: 개인적 책임감, 집단 협력		
활동자료	가게에서 파는 물건과 가게 사진, 조각피자모형 2세트, 오토바이 2대, 전화기 2대		

활동방법

[도입]

✲ (우리 동네 가게에서 파는 물건과 가게 사진을 보여주며) 각각의 물건이 어떤 가게에서 파는 물건인지 이야기 나눈다.
- 이 물건은 어떤 가게에서 파니?

✲ 물건을 배달하는 모습에 이야기를 나눈다.
- ♡♡이 집에 배달 아저씨가 온 적이 있었니?
- 어떤 것이 배달 왔었니?
- 물건을 직접 배달하는 모습을 본 적 있니?
- 왜 물건을 배달했을까?
- 우리가 배달하는 사람이 되어 배달을 해 보면 어떨까?

[전개]

✲ '피자를 배달해 주세요' 게임방법을 설명하고 약속을 정한다.

✲ 게임의 규칙을 상기하며 게임을 진행한다.

- 게임의 규칙을 잘 생각하며 게임을 할 수 있겠니?
- 이 게임을 하려면 어떤 규칙이 필요했지?

[마무리]

✲ '피자를 배달해 주세요' 게임을 마무리 하고, 평가를 한다.

- 어떤 팀이 이겼는지 어떻게 알 수 있을까?
- 진 팀은 이긴 팀을 축하해 주고, 이긴 팀은 진 팀을 격려해 주는 박수를 쳐주자.
- 배달 게임을 하고 나니 기분이 어떠니?
- 어떤 점이 즐거웠니?
- 어려웠던 점은 무엇이니?
- 배달해 주시는 분들께 어떤 마음을 가져야 할까?

- 유아들을 두 팀으로 나누고, 배달하는 유아는 출발선에 서고, 주문한 유아는 도착지점에 마주보고 앉는다.
- 배달을 하는 유아는 오토바이에 탑승하고 전화를 기다린다.
- 신호악기가 울리면 주문을 하는 유아는 전화기를 들고 '♡♡이 집인데요, 피자 한 조각(또는 한 판) 배달해 주세요'라고 말한다.
- 배달하는 유아는 '네, 감사합니다'라고 말하고, 오토바이를 타고 빠르게 배달한다.
- 다음 배달하는 유아는 주문한 유아가 되어 모든 유아가 주문과 배달에 참여한다.

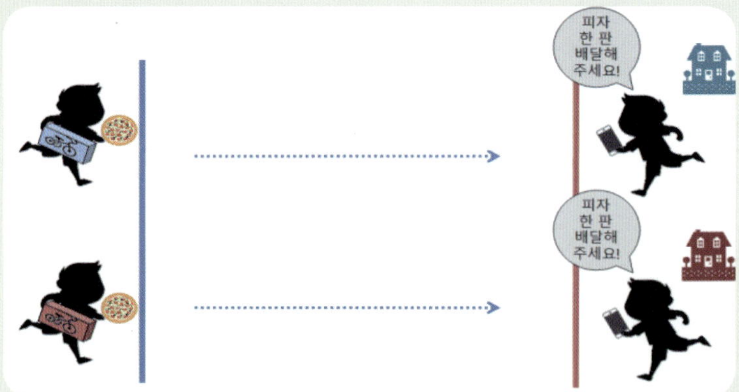

그림 7-32 게임방법

활동 시 유의점

✻ 전화로 주문하는 유아는 큰 소리로 자신있게 이야기하도록 안내한다.
✻ 유아들의 수준에 맞게 조각피자의 수를 정하도록 한다.
✻ 오토바이를 타고 이동할 때 주의해야 할 점에 대해 사전에 충분히 이야기를 나눈 후 게임을 진행한다.

활동평가

[목표달성]

✻ 우리 동네 사람들의 다양한 생활모습에 관심을 갖는지 평가하다.
- 우리 동네에 있는 다양한 가게의 종류를 알고 있는가?
- 배달하는 물건이 어떤 것인지 이야기할 수 있는가?

✻ 놀이 규칙과 방법을 알고 즐겁게 참여하는지 평가한다.
- 놀이 규칙과 방법을 이해하였는가?
- 게임에 적극적으로 즐겁게 참여하였는가?

[유아관찰]

✻ 우리 동네의 이름을 알고, 동네 사람들에 대해 관심을 나타낸다.

5-1 지역사회에 관심 갖고 이해하기

소방서에 가요			
생활주제	우리 동네	주제	우리 동네 생활
소주제	우리 동네 공공기관 알아보기		
활동유형	현장체험	대상연령	만 4세
활동목표	• 소방대원이 하는 일에 대하여 안다. • 소방대원들의 수고에 감사한 마음을 갖는다. • 비상시 대처하는 방법을 안다.		
누리과정 관련요소	• 사회관계: 사회에 관심 갖기 〉 지역사회에 관심 갖고 이해하기 • 신체운동 · 건강: 안전하게 생활하기 〉 비상시 적절히 대처하기		
인성관련요소	• 질서: 사회질서		
활동자료	소방서 사진, 질문목록, 이름표, 유아명단, 카메라, 비상약품, 여벌 옷, 물티슈 등 현장 학습 시 필요한 물품		

활동방법

[도입]

✲ 소방서 사진이나 그림을 보면서 소방서에서 하는 일에 대해 이야기 나눈다.
- 소방서에 가본 적 있니?
- 소방서에서 하는 일은 어떤 것들이 있을까?
- 소방서에 대해 궁금한 것을 어떻게 해결해 볼까?

[전개]

✲ 소방서 현장체험 할 때 준비해야 할 것을 알아본다.
- 소방서에 갈 때 우리가 무엇을 준비해 가면 좋을까?

✲ 소방서 현장체험 시 지켜야 할 약속을 정한다.
- 소방서 현장체험을 가서 우리가 지켜야 할 약속은 무엇이 있을까?

✲ 소방서 관계자의 안내에 따라 둘러보며 미리 만들어온 질문목록에 맞추어 질문한다.
- 아픈 사람이 생기면 어떤 차가 출동할까?
- 소방관 아저씨들은 잠도 안 자고 기다리고 있을까?

마무리

✲ 소방서에 다녀온 후 이야기 나눈다.
- 불이 날 경우 어떻게 하면 된다고 했지?
- 소방서에는 어떤 것들이 있었니?
- 소방대원들은 불 끄는 일 이외에도 어떤 일을 하시니?
- 우리는 소방대원들에게 어떠한 마음을 가지면 좋을까?
- 감사한 마음을 어떻게 표현해 볼까?

활동 시 유의점

✲ 교사는 소방서 현장체험을 위한 공문을 미리 발송한 후, 소방서 견학 일정을 잡는다.
✲ 유아들이 체험할 수 있는 부분을 소방서 담당자와 사전에 논의한다.

활동평가

목표달성

✲ 소방서와 소방대원이 하는 일에 대해 알게 되었는지 평가한다.
✲ 공공기관에서 일하는 사람들에게 감사하는 마음을 갖는지 평가한다.
✲ 화재가 났을 때 대처해야 하는 방법을 아는지 평가한다.

유아관찰

✲ 우리 동네의 특징과 동네 사람들의 직업에 대해 관심을 나타낸다.

그림 7-33 소방서 체험의 예

5-1 지역사회에 관심 갖고 이해하기

은행에 가요			
생활주제	우리 동네	주제	우리 동네 생활
소주제	우리 동네 공공기관 알아보기		
활동유형	현장체험	대상연령	만 5세
활동목표	• 은행의 고유한 역할과 기능을 이해한다. • 공공기관에서 지켜야 할 예절과 규칙을 알고 실천한다. • 공공기관에서 일하는 사람들에게 감사한 마음을 가진다.		
누리과정 관련요소	• 사회관계: 사회에 관심 갖기 〉 지역사회에 관심 갖고 이해하기 • 의사소통: 말하기 〉 상황에 맞게 바른 태도로 말하기		
인성관련요소	• 질서: 사회질서		
활동자료	은행 사진, 질문목록, 이름표, 유아명단, 카메라, 비상약품, 여벌 옷, 물티슈 등 현장학습 시 필요한 물품		

활동방법

[도입]

✲ 은행 사진이나 그림을 보면서 은행에서 하는 일에 대해 이야기 나눈다.

- 은행에 가 본 적 있니?
- 무슨 일로 가 보았니?
- 누구랑 가 보았니?
- 은행에서 하는 일은 어떤 것들이 있을까?
- 은행에 대해 궁금한 것을 어떻게 해결해 볼까?

[전개]

✲ 은행에 방문할 때 준비해야 할 것을 알아본다.

- 은행에 갈 때 우리가 무엇을 준비해 가면 좋을까?

✲ 은행 방문 시 지켜야 할 약속을 정한다.

- 은행에서 우리가 지켜야 할 약속은 무엇이 있을까?

✲ 은행 관계자의 안내에 따라 둘러보며 미리 만들어온 질문목록에 따라 질문한다.
- 우리가 저금한 돈은 다 어디에 있어요?
- 만약에 은행에 도둑이 들면 어떻게 하나요?

[마무리]

✲ 은행에 다녀온 후 이야기 나눈다.
- 은행을 이용하는 이유가 뭐라고 했지?
- 은행에는 어떤 것들이 있었니?
- 은행에서 일하는 사람들은 어떤 일을 하시니?
- 공공기관에서 일하는 사람들에게 어떠한 마음을 가지면 좋을까?
- 감사한 마음을 어떻게 표현해 볼까?

활동 시 유의점

✲ 교사는 은행 방문을 위한 공문을 미리 발송한 후, 견학 일정을 잡는다.
✲ 은행을 이용하는 다른 사람들에게 피해가 되지 않도록 조용한 시간에 방문하도록 한다.
✲ 유아들이 공공기관에서 지켜야 할 예절과 규칙을 알고 체험할 수 있도록 안내한다.

활동평가

[목표달성]

✲ 은행의 고유한 역할과 기능을 이해하는지 평가한다.
✲ 공공기관에서 지켜야 할 예절과 규칙을 알고 실천하는지 평가한다.
✲ 공공기관에서 일하는 사람들에게 감사한 마음을 갖는지 평가한다.

[유아관찰]

✲ 우리 동네의 특징에 대해 알고, 다양한 직업과 돈의 쓰임에 대해 안다.

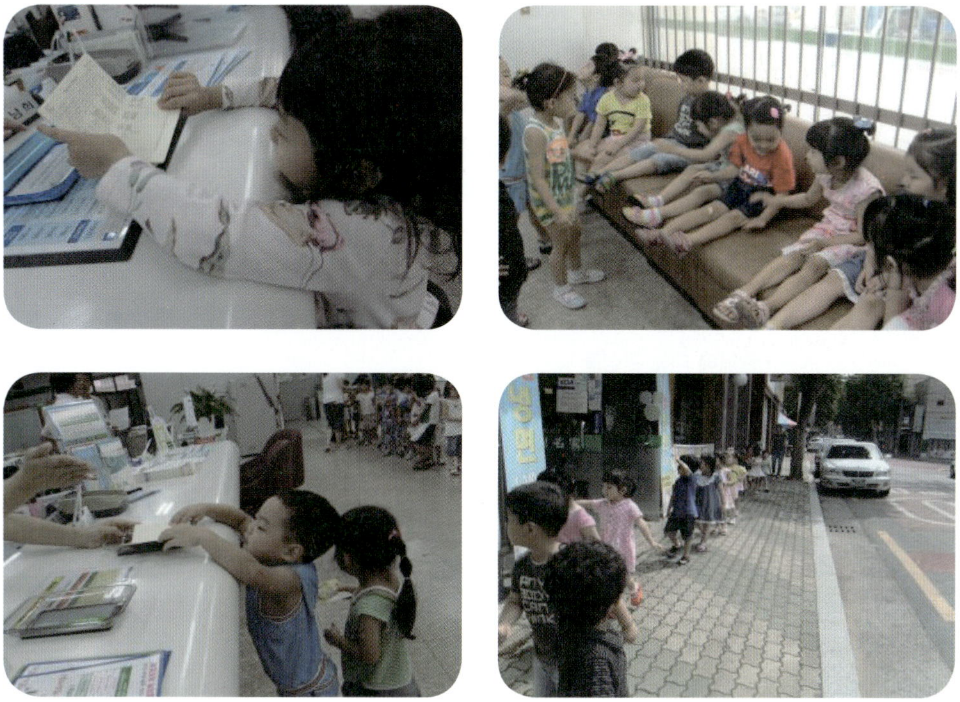

그림 7-34 은행 체험의 예

5-2 우리나라에 관심 갖고 이해하기

한옥마을에 가요			
생활주제	우리나라	주제	우리나라 사람들의 생활
소주제	우리나라의 집 관심 갖기		
활동유형	현장체험	대상연령	만 3세
활동목표	• 한옥에 대해 관심을 갖는다. • 우리나라 집의 특징에 대해 안다. • 한옥과 현대 가옥의 다른 점에 관심을 갖는다.		
누리과정 관련요소	• 의사소통: 말하기 〉 느낌, 생각, 경험 말하기 • 사회관계: 사회에 관심 갖기 〉 우리나라에 관심 갖고 이해하기		
인성관련요소	• 존중: 자신과 전통문화에 대한 존중		
활동자료	한옥마을체험 녹화영상, 여러 가지 우리나라 집 사진 자료, 이름표, 유아명단, 카메라, 비상약품, 여벌 옷, 물티슈 등 현장학습 시 필요한 물품		

활동방법

[도입]

✲ 한옥에 대해 이야기한다.
- 한옥을 본 적이 있니?
- 한옥에는 어떤 것들이 있을까?

✲ 한옥과 관련지어 알아보고 싶은 내용을 이야기한다.

[전개]

✲ 현장체험 할 때의 유의점에 대해 이야기 나눈다.

✲ 한옥마을을 관람한다.
- 우리나라의 집의 모습은 어떠니?
- 한옥마을 집의 구조와 사람들의 생활모습은 우리가 살고 있는 지금의 집과 어떻게 다르니?

마무리

✲ 유치원에 돌아와서 현장체험 한 것에 대해 녹화영상을 보며 회상한다.
- 한옥의 지붕들은 무엇으로 만들었을까?
- 대문의 모습은 어떠했니?
- 담들의 모습은 어떠했니?
- 창문의 모습들은 어떠했니?
- 부엌은 어떠했니?
- 우리들이 살고 있는 집과 다른 점은 무엇이니?
- 무엇이 생각나니?

활동 시 유의점

✲ 지역의 고택, 민속마을, 민속촌 등 다양한 한옥과 우리나라 사람들의 생활모습을 볼 수 있는 장소를 현장체험 장소로 선택한다.

✲ 현장체험 장소에서 볼 수 있는 한옥의 모습을 사진으로 찍은 후, 사후활동으로 연계한다.

✲ 현장체험이 어려운 경우 동영상 자료를 보면서 이야기 나누기를 할 수 있다.

활동평가

목표달성

✲ 한옥에 대해 관심을 갖는지 평가한다.

✲ 우리나라 집의 특징에 대해 아는지 평가한다.

✲ 한옥과 현대 가옥의 다른 점에 관심을 갖는지 평가한다.

유아관찰

✲ 우리나라의 상징, 전통놀이나 풍습에 관심을 나타낸다.

그림 7-35 한옥마을 체험의 예

5-2 우리나라에 관심 갖고 이해하기

한복을 입고 덕담을 나눠요			
생활주제	우리나라	주제	우리나라 사람들의 생활
소주제	우리나라의 옷 경험하기		
활동유형	이야기 나누기	대상연령	만 4세
활동목표	• 한복을 바르게 입는다. • 한복을 입고 덕담을 주고받는 경험을 한다.		
누리과정 관련요소	• 의사소통: 말하기 〉 느낌, 생각, 경험 말하기 듣기 〉 바른 태도로 듣기 • 사회관계: 사회에 관심 갖기 〉 우리나라에 관심 갖고 이해하기 • 신체운동 · 건강: 신체 인식하기 〉 신체를 인식하고 움직이기		
인성관련요소	• 존중: 자신과 전통문화에 대한 존중		
활동자료	한복 입는 순서 그림, 실물 한복, 방석이나 보료, 덕담하는 장면 사진		

활동방법

[도입]

✻ 유아와 교사가 한복을 바르게 입는다.

- (한복 입는 순서 그림을 보여주며) 순서에 맞게 한복을 입어보자.

[전개]

✻ 명절 세배하기에 대해 이야기 나눈다.

- 명절에 한복을 바르게 입고 어른께 세배를 드린단다.
- 우리 함께 바르게 절하는 방법을 배워보자.

✻ 설날에 하는 덕담에 대해 이야기 나눈다.

- 명절 중에서도 특히 설날에는 한복을 입고 세배를 드리고 덕담을 나눈단다.
- 설날에는 '새해 복 많이 받으세요'라고 인사를 한단다.
- 이렇게 새해가 되어서 서로 좋은 일이 있으라고 인사하는 것을 덕담이라고 한단다.

✲ 유아와 유아끼리 마주 앉아 덕담을 주고받는다.
- 너희들도 친구들에게 서로 덕담을 해보렴.
- 어떤 이야기를 해 줄 수 있을까?

[마무리]

✲ 다른 유아와도 덕담을 주고받은 소감을 발표하며 마무리한다.
- 친구들과 덕담을 나누어 보았니?
- 친구들 끼리 덕담을 주고받으니 기분이 어땠니?
- 설날이 되면 오늘 해 본 것처럼 한복을 바르게 입고 덕담을 나누어 보도록 하자.

활동 시 유의점

✲ 명절과 관련한 사전 활동으로 전개한다.
✲ 한복 바르게 입기와 세배하기를 해 보고 덕담하기를 해 본다.

활동평가

[목표달성]

✲ 한복을 바르게 입는지 평가한다.
✲ 새해 덕담을 주고받는지 평가한다.
✲ 덕담하기를 즐기는지 평가한다.

[유아관찰]

✲ 우리나라의 상징과 전통놀이나 풍습에 관심과 자부심을 보인다.

그림 7-36 한복을 입고 덕담나누기의 예

5-2 우리나라에 관심 갖고 이해하기

전통음악 감상하기			
생활주제	우리나라	주제	우리나라 놀이와 예술
소주제	우리나라의 노래와 춤 경험하기		
활동유형	음악	대상연령	만 5세
활동목표	• 판소리의 특징을 이해한다 • 우리나라 전통 노래인 판소리를 감상한다. • 판소리를 감상하고 즐겁게 표현해 본다.		
누리과정 관련요소	• 예술경험: 예술적 표현하기 〉 음악으로 표현하기 • 사회관계: 사회에 관심 갖기 〉 우리나라에 관심 갖고 이해하기		
인성관련요소	• 존중: 전통문화에 대한 존중		
활동자료	춘향가 음원 혹은 동영상, 우리나라 악기 그림자료		

활동방법

[도입]

✲ 유아들과 판소리의 경험에 대하여 이야기를 나눈다.

- 너희들 판소리를 들어본 적 있니?
- 판소리가 뭘까?
- 판소리는 한국 민속음악의 하나로 고수의 북 장단에 맞추어 노래와 말로 표현하고 몸짓을 곁들여 부르는 것을 말하는 것이란다.

[전개]

✲ 우리의 판소리인 '춘향가'를 감상한다.

- 이 노래 중에서 많이 나오고 있는 말이 무슨 말인지 들어보자.
- 이 노래에 제목을 붙여보자.
- 우리의 판소리를 들어보니 어떤 느낌이니?

✲ 유아들과 함께 소절 부르기를 따라 불러본다.

- 선생님이 먼저 "이리 오너라 업고 놀자"하고 부르고 나면, 다같이 불러보자.
- "이리 오너라 업고 놀자"하고 따라서 소리 내보자.
- "이리 오너라 업고 놀자"를 어떻게 표현해 볼 수 있을까?

✲ '발림'(부채를 펴거나 소리에 맞춰 하는 몸짓)에 대해 알아보고, 함께 소리에 맞는 '발림'을 만들어 본다.
- 판소리에 나오는 발림은 어떻게 하는 것일까?
- 우리는 어떻게 표현할 수 있을까?

✲ 유아들과 새롭게 만들어본 '발림'을 하며 사랑가를 불러본다.
✲ 추임새에 대해 알아보고 흥겹게 추임새를 따라해 본다.
- 추임새는 어떻게 하는 것일까?
- 우리도 추임새를 만들어서 흥겹게 불러보자.

[마무리]

✲ 판소리 '춘향가' 중에 '사랑가'를 불러본 느낌에 대해 이야기를 나눈다.
- 어느 부분이 재미있었니?
- 판소리의 '발림', '추임새'에 대해 배웠는데 우리가 새롭게 표현해 보니 어땠니?

활동 시 유의점

✲ 판소리 음원을 유아들이 자유선택활동시간에도 활용할 수 있도록 음률 영역에 준비해 주도록 한다.
✲ 유아들이 우리의 전통음악이 특징을 느낄 수 있도록 다양한 표현방법을 격려한다.

활동평가

[목표달성]

✲ 우리나라 전통노래인 판소리가 갖고 있는 특징에 대해서 이해하고 있는지 평가한다.
✲ 다양한 어휘와 동작으로 표현할 수 있는지 평가한다.

[유아관찰]

✲ 우리나라의 상징에 대해 예절을 지키며, 우리 문화의 특징에 관심과 자부심을 보인다.

5-3 세계와 여러 문화에 관심 가지기

미술관 견학			
생활주제	세계 여러 나라	주제	세계 여러 나라의 문화유산
소주제	세계 여러 나라의 예술 경험하기		
활동유형	현장체험	대상연령	만 4세
활동목표	• 세계 여러 나라의 미술 작품에 관심을 갖고 감상한다. • 질서와 예절을 지켜 미술 작품을 관람한다.		
누리과정 관련요소	• 예술경험: 예술 감상하기 〉 다양한 예술 감상하기 • 사회관계: 사회에 관심 갖기 〉 세계 여러 문화에 관심가지기 다른 사람과 더불어 생활하기 〉 사회적 가치를 알고 지키기		
인성관련요소	• 질서: 사회질서		
활동자료	관람안내 동영상, 이름표, 유아명단, 카메라, 비상약품, 여벌 옷, 물티슈 등 현장학습 시 필요한 물품		

활동방법

[도입]

✲ 미술관을 견학하기 전에 함께 모여 유아의 사전 경험, 미술관 관람 방법, 예절 등에 대해 이야기 나눈 후 미술관 관람안내 동영상을 시청한다.

- 미술관에 가 본 적이 있니?
- 미술관은 무엇을 하는 곳이니?
- 너희들은 미술관에서 무엇을 해 보았니?
- 미술관에서 미술 작품을 어떻게 관람하면 좋을까?
- 어떤 약속을 지키며 미술 작품을 관람해야 할까?
- 미술관 관람안내 동영상을 보고 질서를 지켜 관람해 보아요.

[전개]

✲ 미술관을 관람한다.

- 전시하고 있는 작품에 대한 설명이 있는 안내 표지나 책자를 살펴볼까?
- 작품에 대해 설명해 주시는 분께서 작품의 내용을 설명해 주시네요. 잘 들어보아요.

마무리

✲ 유치원으로 돌아와 미술관에서 본 것을 회상한다.
- (사진이나 안내 책자를 보며) 어떤 작품이 가장 마음에 들었니?
- 특히 어떤 점이 마음에 들었니?
- 작품의 작가는 어떤 생각으로 작품을 그렸을까?
- 작품 제목은 무엇이었니? 어떤 재료로 그린(만든) 것 같았니?
- 어떻게 만들었을까?

활동 시 유의점

✲ 미술관은 사전 조사 및 답사 후 이동거리와 유아의 현재 흥미 및 수준을 고려하여 선정하도록 한다.

✲ 미술관 견학 전, 교사가 준비해야 할 사항을 알고 준비하도록 한다.

✲ 미술관을 견학하기 전, 견학 시 관람 방법과 예절에 대해 이야기 나눌 때 미술관 사이트에 게시된 자료를 활용할 수 있다.

활동평가

목표달성

✲ 미술관에서 세계 여러 나라 미술 작품에 관심을 갖고 감상하는지 평가한다.

✲ 질서와 예절을 지켜서 미술관을 관람하였는지 평가한다.

유아관찰

✲ 세계 여러 나라, 다른 인종과 문화에 대해 관심을 나타낸다.

그림 7-37 미술관 관람의 예

5-3 세계와 여러 문화에 관심 가지기

인사하며 세계 여행			
생활주제	세계 여러 나라	주제	세계 여러 나라와의 교류
소주제	세계 여행 관심 갖기		
활동유형	신체	대상연령	만 5세
활동목표	• 다른 나라의 인사말에 대해 관심을 가지고 고유의 인사 문화를 경험한다. • 다양한 신체활동 기구를 사용하여 신체 조절력을 기른다.		
누리과정 관련요소	• 사회관계: 사회에 관심 갖기 〉 세계와 여러 문화에 관심 가지기 • 신체운동 · 건강: 신체 조절과 기본 운동하기 〉 신체 조절하기, 이동하며 운동하기		
인성관련요소	• 존중: 다른 사람과 문화에 대한 존중		
활동자료	'인사하며 세계 여행' 플래시 그림자료(5세 누리과정 교사용 지도서: 제9권 세계 여러 나라/교육과학기술부/2012c), 세계 여러 나라의 인사말 목걸이 그림자료, 다양한 신체활동 기구, 의자, 행진곡 배경음악		

활동방법

[도입]

✲ 세계 여러 나라의 인사말에 대한 자료를 보며 다양한 인사 방법에 따라 인사해 본다.

- 세계 여러 나라의 인사말 목걸이를 목에 걸고 친구들과 인사를 나눌 수 있다.
- 이 친구는 프랑스 어린이란다. 그럼 어떻게 인사하면 좋을까?

[전개]

✲ 순환운동을 할 수 있도록 원 대형으로 놓인 신체기구들을 보며 어떻게 사용할지 이야기 나눈다.

- (유아들의 사전 신체활동 경험이 있는 기구들을 원 대형으로 배치하되 그 사이에 그림과 같이 의자를 놓는다) 매트 위에서는 무엇을 해 볼 수 있을까?
- 훌라후프가 있는 곳에서는 몸을 어떻게 움직일까?
- 의자에 앉아 있다가 친구가 도착하면 인사 나눌 친구가 필요한데, 누가 해 볼까?

✲ 순환운동 방법을 정하고 소개한다.
✲ 경쾌한 행진곡 음악에 맞추어 순환운동을 진행한다.
✲ 방향을 바꾸어 반복해서 진행한다.
✲ 순환운동이 끝난 후 평가를 한다.
- 힘들거나 어려운 점은 없었니?
- 다시 한 번 해 본다면 어떤 것을 바꾸어볼까?

[마무리]

✲ 인사를 나누는 친구의 역할을 바꾸고, 인사말의 목걸이도 다른 나라의 인사말로 바꾼다.
✲ 마무리 체조(맨손 체조 등)를 하여 몸을 이완시킨다.

- "안녕하세요?" 인사하고 출발한다.
- 매트에서 앞구르기를 하고 중국 그림 목걸이를 걸고 있는 친구와 "니하오"라고 인사한다.
- 후프를 3회 돌리고 미국 그림 목걸이를 걸고 있는 친구와 "하이"라고 인사한다.
- 유니바를 넘고 스페인 그림 목걸이를 걸고 있는 친구와 "부에노스 디아스"라고 인사한다.
- 기어오르기 매트를 올라갔다 내려오면 프랑스 그림 목걸이를 걸고 있는 친구와 "봉쥬르"라고 인사한다.
- 평균대에서 균형을 잡으며 건넌 후 이스라엘 그림 목걸이를 걸고 있는 친구와 "샬롬"이라고 인사한다.

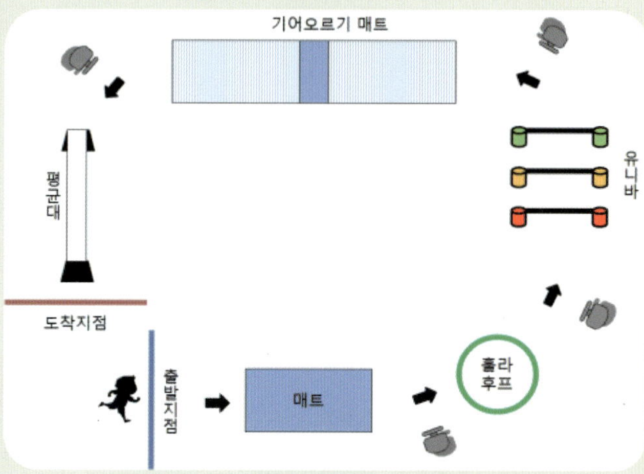

그림 7-38 신체활동방법

활동 시 유의점	✲ 사전활동으로 세계 여러 나라의 다양한 인사말에 대해 알아본 후 진행하면 효과적이다. ✲ 신체활동 기구의 사용방법을 정할 때 새로운 방법의 시도가 아닌 유아가 이전에 해 본 경험이 있는 방법으로 하면 흐름이 끊기지 않으면서 안전하게 활동할 수 있다. ✲ 정해진 기구가 있는 것이 아니므로 각 기관의 상황에 따라 유아들이 익숙하게 사용할 수 있는 다양한 기구를 활용할 수 있다.
활동평가	**[목표달성]** ✲ 신체활동을 하며 다른 나라 인사말을 알고 표현하는지 평가한다. • 다른 나라의 인사말이 있음을 알고 표현하는가? • 신체활동 기구를 이용하여 신체를 조절하여 움직이는가? **[유아관찰]** ✲ 세계가 협력해야 함을 알고, 다른 인종과 문화를 존중한다.

Chapter

8

유아사회교육의 평가

▸▸ 배울 내용

1. 유아사회교육 평가의 기초
2. 평가방법 및 평가도구
3. 유아사회교육 평가의 유의사항

▸▸ 학습목표

1. 유아사회교육에서 평가의 목적, 내용, 시기 등 평가의 기초를 이해한다.
2. 정보수집의 유형을 알고, 적절한 평가방법과 도구를 활용한다.
3. 유아사회교육 평가의 유의사항을 안다.

유아사회교육 평가의 기초에서는 궁극적인 평가의 목적과 평가의 기준이 되는 내용으로 사회적 발달과업과 교육과정, 즉 유아사회교육의 누리과정의 목적 및 목표를 중심으로 살펴보고, 평가방법의 특성 혹은 맥락에 따른 평가시기를 살펴본다. 평가방법 및 평가도구는 평가를 위한 정보수집의 유형에 따라 관찰법, 조사법, 검사법, 포트폴리오 평가로 구분하고, 각 유형에 따른 평가도구를 구체적인 예시와 함께 살펴본다. 관찰법을 통한 평가도구는 일화기록법, 사건표집법, 시간표집법, 행동목록법, 평정척도법 등이 있고, 조사법에는 면담법, 질문지법 등이 있으며, 검사법에는 표준화검사법, 교사제작검사법 등으로 구성되어 있다. 포트폴리오 평가는 자료수집철, 자료묶음 등을 뜻하는 것으로, 이를 이용한 포트폴리오 평가에 대한 이해, 포트폴리오의 내용구성, 평가의 절차 및 효과로 구성되어 있다. 마지막으로 유아사회교육의 평가에 대한 유의사항으로 기본 원칙과 유아사회교육 평가를 위한 지침을 살펴보고자 한다.

1. 유아사회교육 평가의 기초

1) 평가의 목적

유아평가는 유아의 성장과 발달의 이해 및 효율적인 유아 행동지도를 위한 기초자료를 수집하여 유아를 보다 잘 이해하는 데 그 목적이 있다. 일반적으로 유아교육에서 평가의 주된 기능은 일정한 유아교육 목표를 정해 놓고, 그 목표를 달성하기 위해 여러 가지 유아교육활동을 전개하여 얻어진 성과를 평가하는 데 있다. 즉, 유아교육 목표달성에 관한 증거와 정보를 수집하는 데 일차적인 관심이 있으며, 이러한 정보의 수집은 교사가 유아 개개인의 전인적인 성장과 발달을 이해하는 데 도움을 준다.

이러한 내용을 바탕으로 유아사회교육 평가의 목적을 정의하면, 유아의 사회적 성장과 발달의 이해 및 사회적 성숙, 즉 사회적 지식, 기능, 태도 형성을 위한 행동

지도를 위한 기초자료를 수집하고, 이러한 정보를 바탕으로 발달에 적합한 교육과정의 계획 및 실행에 반영하기 위함이라 할 수 있다. 또한 유아의 개별적 또는 특수한 요구를 파악하고, 부모와의 의사소통에 필요한 유아의 사회성 발달과 학습의 증거를 제공하기 위한 목적도 있다. 따라서 유아사회교육 평가의 목적을 다음과 같이 정리할 수 있다.

- 유아의 사회적 성장과 발달의 정도를 파악하고 이해하기 위해 실시한다.
- 유아의 사회적 지식, 기능, 태도 형성을 위한 기초자료를 수집하기 위해 실시한다.
- 수집된 자료를 바탕으로 교육계획 및 실행에 반영하고, 교수방법 및 교수전략을 수정하기 위해 실시한다.
- 유아의 개별적 또는 특수한 요구를 파악하기 위해 실시한다.
- 부모와의 의사소통에 필요한 사회성 발달 및 학습과정의 근거를 제공하기 위해 실시한다.

유아사회교육은 개인 및 가정생활, 집단생활, 국가생활, 세계 공동체생활에 관한 것으로, 기본생활습관, 인성, 자아개념, 대인 및 또래 관계, 사회적 성숙도, 사회인지, 성역할, 놀이유형 및 놀이발달 수준, 동기, 태도 등을 평가할 수 있다(교육부, 1995). 즉, 유아가 놀이를 통해 자신을 알고 소중하게 여기며, 가족, 또래와 함께 원만하게 지내는 방법뿐 아니라 공동체에서 함께 살아가는 방법을 익히고, 사회에 관심을 가지며 적응해 나갈 수 있는 기초능력과 인성을 기르는 내용(교육과학기술부 · 보건복지부, 2013) 등을 포함한다. 이러한 내용을 바탕으로 누리과정의 사회관계 영역은 유아 자신을 중심으로 가족, 지역사회, 우리나라, 세계 여러 나라로 점차 그 관심을 확장해 나갈 수 있도록 동심원적 접근 방식으로 구성되었다(그림 8-1).

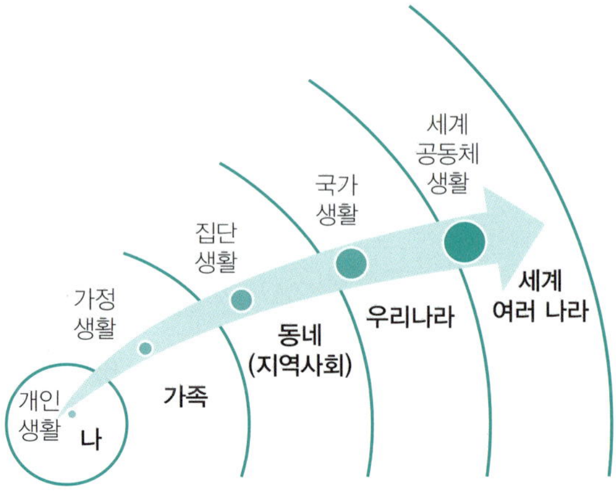

그림 8-1 유아사회교육 평가의 전개 방향

2) 평가의 내용

유아사회교육의 평가내용은 누리과정의 사회관계 영역의 목적 및 목표, 지도내용을 기본 바탕으로 한다. 사회관계 영역의 목적 및 목표는 자신을 존중하고, 다른 사람과 더불어 생활하는 능력과 태도를 기르는 것이다. 따라서 지도내용에 유아가 자신을 소중하게 여기고 자신의 감정과 타인의 감정이 다를 수 있음을 이해하며, 자신의 감정을 조절하고 적절한 방법으로 표현하게 함으로써 더불어 살아가는 능력과 바른 인성을 기르는 내용, 이를 바탕으로 가족, 또래, 이웃과 협력하며 타인들과 더불어 지내는 능력을 기르는 내용, 지역사회와 우리나라 및 세계 여러 나라에 대해 관심을 갖고 공동체 의식을 갖춘 유능한 시민 의식을 기르는 내용을 포함하고 있다(교육과학기술부 · 보건복지부, 2013). 이에 이 절에서는 유아사회교육의 평가내용으로 누리과정 사회관계 영역의 목적 및 목표를 토대로 2014년 12월 국책연구기관인 육아정책연구소에서 개발 · 보급한 『KICCE 누리과정 유아관찰척도』를 제시하고자 한다.

『KICCE 누리과정 유아관찰척도』는 사회관계 영역의 연령별 내용 범주 및 내용, 세부내용에 따른 평가문항을 구성하고, 문항에 따른 평가요소를 추출하여 평가준거를 제시하고 있다. 평가문항은 만 3세는 12문항, 만 4, 5세는 14문항으로 구성되어 있으며, 평가준거는 3점 척도이다. 1점은 수행정도가 미흡한 수준의 유아에 해당하며, 2점은 수행정도가 부분으로 우수하거나 최소한의 기준에 부합하는 정도로 교사 도움으로 활동에 참여하는 유아가 해당되며, 3점은 유아의 수행 정도가 우수한 수준으로 활동에 스스로 참여하는 유아가 해당된다.

『KICCE 누리과정 유아관찰척도』는 유아교육현장에서의 관찰 및 활동사례를 중심으로 평가하기 때문에 다양한 평가도구에 적용 가능하다. 특히 평가요소와 준거가 구체적으로 제시되어 있어 서술식 또는 체크리스트 방식 등 기관의 운영에 맞게 활용할 수 있다. 연령별 평가문항(평가요소) 및 평가준거는 〈표 8-1〉, 〈표 8-2〉, 〈표 8-3〉과 같다.

표 8-1 3세 누리과정 유아관찰척도

내용 범주	내용	세부내용	평가문항(평가요소)	평가준거	
나를 알고 존중하기	나를 알고, 소중히 여기기	나에 대해 관심을 갖는다.	자신의 특성이나 서로의 차이에 관심을 갖는다(나와 타인에 대한 관심, 자발성).	1	자신의 특성이나 서로의 차이에 관심을 나타내지 않는다.
		나와 다른 사람의 차이에 관심을 갖는다.		2	도움이 있으면 자신의 특성이나 서로의 차이에 관심을 나타낸다.
		나를 소중하게 여긴다.		3	자신의 특성과 서로의 차이에 자발적으로 관심을 나타낸다.
	나의 일 스스로 하기	내가 할 수 있는 일을 알아본다.	나의 일을 선택할 수 있다(나의 일 인식, 자율성).	1	나의 일을 잘 모르거나 내가 하고 싶은 일을 혼자 선택하지 못한다.
		내가 하고 싶은 일을 선택해 본다.		2	도움이 있으면 나의 일을 깨닫거나 하고 싶은 일을 선택한다.
				3	나의 일을 알고, 하고 싶은 일을 스스로 선택한다.
나와 다른 사람의 감정 알고 조절하기	나와 다른 사람의 감정 알고 표현하기	자신에게 여러 가지 감정이 있음을 안다.	자기감정을 알고 타인의 감정에 관심을 나타낸다(감정 인식, 타인의 감정 주의).	1	자기감정을 잘 모르거나 다른 사람의 감정표현에 관심을 나타내지 않는다.
		다른 사람의 감정에 관심을 갖는다.		2	자기감정은 잘 알지만 다른 사람의 감정표현에는 가끔씩만 관심을 나타낸다.
				3	자기감정을 잘 알고 다른 사람의 감정표현에도 자주 관심을 나타낸다.

내용 범주	내용	세부내용	평가문항 (평가요소)	평가준거	
	나의 감정 조절하기	자신의 감정을 조절해 본다.	자기감정을 조절한다 (감정조절력, 자발성).	1	슬픔이나 분노를 조절하지 못하는 때가 많다.
				2	주변의 도움이 있으면 슬픔이나 분노를 조절한다.
				3	슬픔과 분노를 스스로 조절한다.
가족을 소중히 여기기	가족과 화목하게 지내기	가족의 소중함을 안다.	가족의 화목한 일상을 나타낸다 (가족 화목성).	1	가족의 화목한 일상을 놀이나 일상에서 나타내지 않는다.
				2	가족의 화목한 일상을 놀이나 일상에서 가끔 나타낸다.
				3	가족의 화목한 일상을 놀이나 일상에서 자주 나타낸다.
	가족과 협력하기	가족구성원을 알아본다.	가족구성원을 알고 나의 일을 안다 (가족구성원, 나의 일 인식).	1	우리 가족의 구성원이 누구인지 잘 모른다.
		가족을 위하여 내가 할 수 있는 일을 알아본다.		2	우리 가족의 구성원을 알지만, 나의 일은 알지 못한다.
				3	우리 가족의 구성원과 나의 일을 안다.
다른 사람과 더불어 생활하기	친구와 사이좋게 지내기	친구와 함께 놀이한다.	친구와 함께 놀고 의견의 차이를 수용한다 (연합놀이, 의견 차이 수용).	1	혼자 노는 때가 많거나 친구와 의견이 다를 때 자기 의견만 고집한다.
		나와 친구의 의견에 차이가 있음을 안다.		2	친구와 함께 노는 편이나 의견이 다를 때 자기 의견만 고집한다.
				3	친구와 함께 노는 것을 즐기며 의견이 다를 때 이를 인정한다.
	공동체에서 화목하게 지내기	교사 및 주변 사람과 화목하게 지낸다.	주변 사람에게 친밀감을 나타낸다 (친밀감 표현).	1	주변 사람을 낯설어한다.
				2	낯설어하지는 않지만, 도움이 있어도 친밀감을 나타내지 않는다.
				3	도움이 있으면 주변 사람에게 친밀감을 나타낸다.
	사회적 가치를 알고 지키기	다른 사람의 소유물을 존중한다.	다른 사람의 소유물을 존중한다 (존중심).	1	다른 사람의 소유물을 내 것과 구분하지 못한다.
				2	다른 사람의 소유물을 구분하나 소중히 다루지 않는다.
				3	다른 사람의 소유물을 소중히 다룬다.

내용 범주	내용	세부내용	평가문항 (평가요소)	평가준거	
		약속과 규칙을 지켜야 함을 안다.	일상에서 지켜야 할 약속과 규칙을 안다(약속 · 규칙의 이해).	1	일상에서 지켜야 할 약속과 규칙이 무엇인지 모른다.
				2	도움이 있으면 일상에서 지켜야 할 약속과 규칙을 안다.
				3	도움이 없어도 일상에서 지켜야 할 약속과 규칙을 안다.
사회에 관심 갖기	지역사회에 관심 갖고 이해하기	우리 농네의 이름을 안다.	우리 동네의 이름을 알고 동네 사람들에 대해 관심을 나타낸다(우리 동네).	1	우리 동네의 이름을 잘 모르고 동네 사람들에 대해 관심을 나타내지 않는다.
		우리 동네 사람들에 관심을 갖는다.		2	우리 동네의 이름을 알지만 동네 사람들에 대해 관심을 나타내지 않는다.
				3	우리 동네의 이름을 알고 동네 사람들에 대해 관심을 나타낸다.
	우리나라에 관심 갖고 이해하기	우리나라를 상징하는 것에 관심을 가진다.	우리나라의 상징, 전통놀이나 풍습에 관심을 나타낸다(우리나라에 대한 관심).	1	우리나라의 상징, 전통놀이나 풍습(옛이야기, 노래 등)에 대해 관심을 나타내지 않는다.
		우리나라의 전통놀이와 풍습에 관심을 갖는다.		2	우리나라의 상징, 전통놀이나 풍습에 대해 가끔 관심을 나타낸다.
				3	우리나라의 상징, 전통놀이나 풍습에 대해 자주 관심을 나타낸다.

출처: 육아정책연구소(2014a). 4세 누리과정 유아관찰척도. 육아정책연구소.

표 8-2 4세 누리과정 유아관찰척도

내용 범주	내용	세부내용	평가문항 (평가요소)	평가준거	
나를 알고 존중하기	나를 알고, 소중히 여기기	나에 대해 알아본다.	자신의 특성을 소중히 여기고 서로의 차이를 인식한다(자아존중감, 차이 인식).	1	자신의 특성이나 서로의 차이를 잘 모른다.
		나와 다른 사람의 차이점을 알아본다.		2	자신의 특성과 서로의 차이를 안다.
		나에 대해 긍정적으로 생각하고 나를 소중하게 여긴다.		3	자신의 특성을 소중히 여기며 서로의 차이를 안다.
	나의 일 스스로 하기	내가 할 수 있는 일을 해 본다.	나의 일을 시도해 볼 수 있다(나의 일 실천, 주도성).	1	나의 일을 하거나 하고 싶은 일을 시도해 보는 데 관심이 없다.
		하고 싶은 일을 계획하고 해 본다.		2	도움이 있으면 나의 일을 하거나 하고 싶은 일을 시도해 본다.
				3	나의 일을 하고, 하고 싶은 일을 스스로 시도해 본다.
나와 다른 사람의 감정 알고 조절하기	나와 다른 사람의 감정 알고 표현하기	자신의 감정을 알고 표현한다.	자기감정을 표현하고 타인의 감정을 안다(감정표현, 타인의 감정 인식).	1	감정표현에 서툴거나 다른 사람의 감정을 잘 모른다.
		다른 사람의 감정을 안다.		2	감정표현에 능숙하나 다른 사람의 감정은 잘 모른다.
				3	감정표현에 능숙하고 다른 사람의 감정도 잘 안다.
	나의 감정 조절하기	자신의 감정을 조절해 본다.	자기감정으로 조절한다(감정조절력, 자발성).	1	슬픔, 분노나 지나친 흥분을 조절하지 못하는 때가 많다.
				2	주변의 도움이 있으면 슬픔, 분노나 지나친 흥분을 조절한다.
				3	슬픔, 분노와 지나친 흥분을 스스로 조절한다.
가족을 소중히 여기기	가족과 화목하게 지내기	가족의 소중함을 안다.	가족의 화목한 일상과 가족을 아끼는 마음을 나타낸다(가족 화목성, 가족애).	1	가족의 화목한 일상이나 가족을 아끼는 마음을 나타내지 않는다.
				2	가족의 화목한 일상이나 가족을 아끼는 마음을 가끔 나타낸다.
				3	가족의 화목한 일상과 가족을 아끼는 마음을 자주 나타낸다.

내용 범주	내용	세부내용	평가문항 (평가요소)	평가준거	
	가족과 협력하기	가족구성원의 역할에 대해 알아본다.	가족구성원의 역할을 알고, 나의 일을 실천한다(가족원의 역할, 나의 일 실천).	1	가족구성원의 역할이 무엇인지 잘 모른다.
		가족을 위하여 내가 할 수 있는 일을 알아보고 실천한다.		2	가족구성원의 역할을 알지만, 나의 일은 실천하지 않는다.
				3	가족구성원의 역할을 알고 나의 일을 실천한다.
다른 사람과 더불어 생활하기	친구와 사이좋게 지내기	친구와 협동하며 놀이한다.	친구와 협동하며 놀고, 도움을 받아 갈등을 해결할 수 있다(협동놀이, 갈등해결력).	1	친구와 협동하여 놀지 않거나, 도움이 있어도 갈등을 긍정적으로 해결하지 못한다.
		친구와의 갈등을 긍정적인 방법으로 해결한다.		2	친구와 협동하며 노는 편이고 도움이 있으면 가끔 갈등을 긍정적으로 해결한다.
				3	친구와 협동하여 노는 것을 즐기며 도움이 있으면 대부분 갈등을 긍정적으로 해결한다.
	공동체에서 화목하게 지내기	도움이 필요할 때 다른 사람과 도움을 주고받는다.	주변 사람과 서로 도우며 친밀감을 나타낸다(서로 도움, 자발적인 친밀감 표현).	1	서로 돕지 않거나 도움이 있어도 친밀감을 나타내지 않는다.
		교사 및 주변 사람과 화목하게 지낸다.		2	서로 가끔 돕거나 도움이 있으면 친밀감을 나타낸다.
				3	서로 자주 돕고 스스로 친밀감을 나타낸다.
	사회적 가치를 알고 지키기	정직하게 말하고 행동한다.	정직하며 서로의 차이를 존중할 줄 안다(정직성, 존중심).	1	도움이 있어도 정직하지 못하거나 서로의 차이를 존중하지 못하는 때가 많다.
		다른 사람의 생각, 행동을 존중한다.		2	도움이 있어야 정직한 편이거나 서로의 차이를 가끔 존중한다.
				3	스스로 정직한 편이고 서로의 차이를 주로 존중한다.
		친구와 어른께 예의 바르게 행동한다.	예의 바르게 행동하고, 약속과 공공규칙을 지킨다(예절바른 행동, 약속 · 공공규칙의 준수).	1	도움이 있어도 약속과 공공규칙을 잘 지키지 못하거나 예의 바르게 행동하지 못한다.
		다른 사람과 한 약속이나 공공규칙을 지킨다.		2	도움이 있을 때만 약속과 공공규칙을 지키거나 예의 바르게 행동한다.
				3	도움이 있으면 대부분 약속과 공공규칙을 지키고 예의 바르게 행동한다.

내용 범주	내용	세부내용	평가문항 (평가요소)		평가준거
		자연과 자원을 아끼는 습관을 기른다.	자연보호와 자원절약을 실천한다 (자연보호, 자원절약).	1	도움이 있어도 자연보호나 자원절약을 실천하지 못한다.
				2	도움이 있을 때만 자연보호나 자원절약을 실천한다.
				3	도움이 있으면 대부분 자연보호나 자원절약을 실천한다.
사회에 관심 갖기	지역사회에 관심 갖고 이해하기	우리 동네에 대해 알아본다.	우리 동네의 특징과 동네 사람들의 직업에 대해 알고, 돈이 필요한 이유를 안다 (우리 동네, 주변의 직업, 돈의 필요성).	1	우리 동네의 특징이나 동네 사람들의 직업, 돈이 필요한 이유에 대해 잘 알지 못한다.
		우리 동네 사람들이 하는 일에 관심을 갖는다.		2	우리 동네의 특징이나 동네 사람들의 직업, 돈이 필요한 이유에 대해 한두 가지 정보를 안다.
		물건을 살 때 돈이 필요함을 안다.		3	우리 동네의 특징이나 동네 사람들의 직업, 돈이 필요한 이유에 대해 여러 가지 정보를 안다.
	우리나라에 관심 갖고 이해하기	우리나라를 상징하는 것을 안다.	우리나라의 상징과 전통놀이나 풍습에 관심과 자부심을 보인다 (우리 문화에 대한 이해, 자부심).	1	우리나라의 상징을 잘 모르거나 전통놀이 및 풍습(옛이야기, 노래 등)에 관심을 나타내지 않는다.
		우리나라의 전통놀이와 풍습에 관심을 갖는다.		2	우리나라의 상징을 알고 전통놀이 풍습에 대해 가끔 관심을 나타낸다.
		우리나라에 대해 자부심을 갖는다.		3	우리나라의 상징을 알고 전통놀이나 풍습에 대해 관심과 자부심을 보인다.
	세계와 여러 문화에 관심 가지기	세계 여러 나라에 대해 관심을 갖는다.	세계 여러 나라, 다른 인종과 문화에 대해 관심을 나타낸다(세계에 대한 관심).	1	세계 여러 나라, 다른 인종이나 문화에 관심을 나타내지 않는다.
		다양한 인종과 문화에 관심을 갖는다.		2	세계 여러 나라, 다른 인종이나 문화에 가끔 관심을 나타낸다.
				3	세계 여러 나라, 다른 인종이나 문화에 자주 관심을 나타낸다.

출처: 육아정책연구소(2014b). 4세 누리과정 유아관찰척도. 육아정책연구소.

표 8-3 5세 누리과정 유아관찰척도

내용 범주	내용	세부내용	평가문항 (평가요소)		평가준거
나를 알고 존중하기	나를 알고, 소중히 여기기	나에 대해 알아본다.	자신의 특성을 소중히 여기고 서로의 차이를 존중한다 (자아존중감 , 차이 존중).	1	자신의 특성을 부끄럽게 여기고 서로 간의 차이도 존중하지 못한다.
		나와 다른 사람의 신체적 · 사회적 · 문화적 차이를 존중한다.		2	자신의 특성은 소중하게 여기지만 서로 간의 차이를 존중하지는 못한다.
		나에 대해 긍정적으로 생각하고 나를 소중하게 여긴다.		3	자신의 특성을 소중하게 여기며 서로 간의 차이도 존중한다.
	나의 일 스스로 하기	내가 할 수 있는 일을 스스로 한다.	나의 일을 추진해볼 수 있다 (나의 일 실천, 주도성).	1	도움이 있으면 나의 일을 스스로 하거나 하고 싶은 일을 추진해 본다.
		하고 싶은 일을 계획하고 해 본다.		2	나의 일을 스스로 하거나 하고 싶은 일을 추진해 본다.
				3	나의 일을 스스로 하고, 하고 싶은 일을 추진해 본다.
나와 다른 사람의 감정 알고 조절하기	나와 다른 사람의 감정 알고 표현하기	자신의 감정을 알고 표현한다.	상황에 맞게 감정을 표현하고 타인의 감정에 공감한다 (감정 표현의 상황적합성, 공감능력).	1	상황에 맞는 감정표현에 서툴거나 다른 사람의 감정에 공감을 잘 나타내지 않는다.
		다른 사람의 감정을 알고 공감한다.		2	상황에 맞는 감정표현에는 능숙하나 다른 사람의 감정에는 공감을 잘 나타내지 않는다.
				3	상황에 맞는 감정표현에 능숙하고 다른 사람의 감정에도 공감을 잘 나타낸다.
	나의 감정 조절하기	자신의 감정을 상황에 맞게 조절한다.	자기감정을 상황에 맞게 조절한다 (감정조절의 상황적합성, 자발성).	1	슬픔, 분노나 지나친 흥분을 상황에 맞게 조절하지 못하는 때가 많다.
				2	주변의 도움이 있으면 슬픔, 분노나 지나친 흥분을 상황에 맞게 조절한다.
				3	슬픔, 분노와 지나친 흥분을 스스로 상황에 맞게 조절한다.

<table>
<tr><th>내용 범주</th><th>내용</th><th>세부내용</th><th>평가문항
(평가요소)</th><th colspan="2">평가준거</th></tr>
<tr><td rowspan="6">가족을 소중히 여기기</td><td rowspan="3">가족과 화목하게 지내기</td><td>가족의 의미와 소중함을 안다.</td><td rowspan="3">가족의 화목한 일상을 나타내고 가족의 의미와 소중한 이유를 안다(가족 화목성, 가족의 의미).</td><td>1</td><td>가족의 화목한 일상을 나타내지 않거나 가족의 의미와 소중함을 잘 모른다.</td></tr>
<tr><td rowspan="2">가족과 화목하게 지낸다.</td><td>2</td><td>가족의 화목한 일상을 나타내지만 가족의 의미와 소중함은 잘 모른다.</td></tr>
<tr><td>3</td><td>가족의 화목한 일상을 나타내고 가족의 의미나 소중함도 잘 안다.</td></tr>
<tr><td rowspan="3">가족과 협력하기</td><td>다양한 가족구조에 대해 알아본다.</td><td rowspan="3">다양한 가족구조에 대해 알고, 가족이 서로 돕고 있다(가족구조, 가족의 협력).</td><td>1</td><td>다양한 가족구조에 대해 잘 모른다.</td></tr>
<tr><td rowspan="2">가족은 서로 도와야 함을 알고 실천한다.</td><td>2</td><td>다양한 가족구조에 대해 알지만, 가족이 서로 돕는 실천은 하지 않는다.</td></tr>
<tr><td>3</td><td>다양한 가족구조에 대해 알고 있으며, 가족이 서로 돕는 실천을 하고 있다.</td></tr>
<tr><td rowspan="9">다른 사람과 더불어 생활하기</td><td rowspan="3">친구와 사이좋게 지내기</td><td>친구와 협동하며 놀이한다.</td><td rowspan="3">친구와 협동하며 놀고, 스스로 갈등을 해결할 수 있다(협동놀이, 갈등해결력).</td><td>1</td><td>친구와 협동하여 놀지 않거나, 갈등을 스스로 해결하지 못한다.</td></tr>
<tr><td rowspan="2">친구와의 갈등을 긍정적인 방법으로 해결한다.</td><td>2</td><td>친구와 협동하며 노는 편이고 가끔 스스로 갈등을 해결한다.</td></tr>
<tr><td>3</td><td>친구와 협동하여 노는 것을 즐기며 대부분 스스로 갈등을 해결한다.</td></tr>
<tr><td rowspan="3">공동체에서 화목하게 지내기</td><td>다른 사람과 도움을 주고받고, 서로 협력한다.</td><td rowspan="3">주변 사람과 협력하며 친밀감을 나타낸다(상호 협력, 자발적인 친밀감 표현).</td><td>1</td><td>도움이 있어야 주변과 협력하거나 친밀감을 나타낸다.</td></tr>
<tr><td rowspan="2">교사 및 주변 사람과 화목하게 지낸다.</td><td>2</td><td>주변과 가끔 협력하거나 스스로 친밀감을 나타낸다.</td></tr>
<tr><td>3</td><td>주변과 자주 협력하고 스스로 친밀감을 나타낸다.</td></tr>
<tr><td rowspan="3">사회적 가치를 알고 지키기</td><td>정직하게 말하고 행동한다.</td><td rowspan="3">정직하며 상대를 배려할 줄 안다(정직성, 배려심).</td><td>1</td><td>도움이 있어야 정직한 편이고, 상대를 배려하지 않는 때가 많다.</td></tr>
<tr><td rowspan="2">다른 사람을 배려하여 행동한다.</td><td>2</td><td>스스로 정직한 편이고 상대를 가끔 배려한다.</td></tr>
<tr><td>3</td><td>스스로 정직한 편이고 상대를 주로 배려한다.</td></tr>
</table>

내용 범주	내용	세부내용	평가문항 (평가요소)	평가준거	
		다른 사람과 한 약속이나 공공규칙을 지킨다.	약속과 공공규칙을 지키고 예의 바르게 행동한다 (약속 · 공공규칙의 준수, 예절바른 행동, 자발성).	1	도움이 있을 때만 약속과 공공규칙을 지키거나 예의 바르게 행동한다.
		친구와 어른께 예의 바르게 행동한다.		2	도움이 있으면 대부분 약속과 공공규칙을 지키고 예의 바르게 행동한다.
				3	도움이 없어도 대부분 약속과 공공규칙을 지키고 예의 바르게 행동한다.
		자연과 자원을 아끼는 습관을 가진다.	자연보호와 자원절약을 실천한다 (자연보호, 자원절약, 자발성).	1	도움이 있을 때만 자연보호나 자원절약을 실천한다.
				2	도움이 있으면 대부분 자연보호나 자원절약을 실천한다.
				3	도움이 없어도 대부분 자연보호나 자원절약을 실천한다.
사회에 관심 갖기	지역사회에 관심 갖고 이해하기	우리 동네에 대해 알아본다.	우리 동네의 특징에 대해 알고, 다양한 직업과 돈의 쓰임에 대해 안다 (우리 동네, 다양한 직업, 돈의 쓰임).	1	우리 동네의 특징이나 다양한 직업, 돈의 쓰임에 대해 잘 알지 못한다.
		다양한 직업에 관심을 갖는다.		2	우리 동네의 특징이나 다양한 직업, 돈의 쓰임에 대해 한 두 가지 정보를 안다.
		일상생활에서 돈의 쓰임에 대해 안다.		3	우리 동네의 특징이나 다양한 직업, 돈의 쓰임에 대해 여러 가지 정보를 안다.
	우리나라에 관심 갖고 이해하기	우리나라를 상징하는 것을 알고 예절을 지킨다.	우리나라의 상징에 대해 예절을 지키며, 우리 문화의 특징에 관심과 자부심을 보인다 (우리 문화에 대한 이해, 자부심).	1	우리나라의 상징에 대해 예절을 지킬 줄 모르거나 우리문화의 특징(전통, 역사, 문화 등)에 관심을 나타내지 않는다.
		우리나라의 전통, 역사, 문화에 관심을 갖는다.		2	우리나라의 상징에 대해 예절을 지킬 줄 알고 우리문화의 특징에 대해 가끔 관심을 나타낸다.
		우리나라에 대해 자부심을 갖는다.		3	우리나라의 상징에 대해 예절을 지킬 줄 알고 우리문화의 특징에 대해 관심과 자부심을 보인다.

내용 범주	내용	세부내용	평가문항 (평가요소)	평가준거	
	세계와 여러 문화에 관심 가지기	세계 여러 나라에 대해 관심을 갖고, 서로 협력해야 함을 안다.	세계가 협력해야 함을 알고, 다른 인종과 문화를 존중한다(세계에 대한 관심과 이해, 타 인종 · 문화 존중).	1	세계가 협력해야 함을 잘 모르고 다른 인종과 문화를 존중하지 못한다.
		다양한 인종과 문화를 알아보고 존중한다.		2	도움이 있으면 세계가 협력해야 함을 알거나 다른 인종과 문화를 존중한다.
				3	세계가 협력해야 함을 알거나 다른 인종과 문화를 존중한다.

출처: 육아정책연구소(2014c). 5세 누리과정 유아관찰척도. 육아정책연구소.

3) 평가의 시기

유아의 사회적 성장과 변화는 교육과정의 매우 중요한 요소이다. 교사는 교수-학습과정에서 유아에게 사회적 행동의 변화가 이루어질 수 있도록 돕고, 그러한 변화를 판단하기 위해서 평가방법 및 시기를 사전에 계획해야 한다. 유아사회교육 평가는 언제 실시할 것인가에 따라 학기 초, 학기 중, 학기 말, 상시 평가로 구분할 수 있다. 이러한 평가의 시기는 자료를 수집하고 기록하려는 정보, 즉 유아의 사회적 행동특성의 변화양상에 영향을 받는다.

유아를 평가하기 위하여 교사가 처음으로 해야 할 평가는 학기 초에 이루어지는 진단평가이다. 진단적 평가를 하는 것은 유아의 사회적 행동에 관한 여러 가지를 결정하기 위한 자료를 모으는 것으로, 유아의 현재 수준을 진단하여 교육의 적절한 출발점을 찾고, 유아의 흥미, 성격, 태도, 지식, 배경 등을 살펴봄으로써 구체적인 학습활동과 경험을 계획하기 위한 기초자료를 수집하기 위한 목적이다. 진단평가의 실시방법은 가정환경조사, 학습준비도검사, 유아개인신상조사, 학부모면담, 기본생활습관 평가표, 발달영역별 체크리스트, 유아행동발달검사 등을 활용한다.

학기 중에는 교수-학습과정이 전개되고 있는 매순간에 있어서 유아들이 사회생활과 관련된 교육목표의 달성 유무를 평가하기 위해 형성평가를 실시한다. 형성평가는 교육활동이 진행되고 있는 유동적인 상황 속에서 교육과정이나 수업방법을 개선하기 위한 목적으로 실시한다. 형성평가의 실시방법은 유아의 활동과정이 담긴 사진 또는 비디오녹화, 유아의 그림, 만들기 작품, 행동목록표, 유아관찰일지 등 직접적인 평가를 주로 실시한다.

학기 말에는 하나의 교육과정이 종결되었을 때나 일정기간이 지난 후, 주어진 학습과제에 대한 교육활동이 모두 끝난 후에 유아들의 행동변화를 최종적으로 평가하는 총괄평가를 실시한다. 총괄평가의 실시방법은 발달영역별 체크리스트, 유아행동발달검사, 기본생활습관 평가표, 자유선택활동 평가표 등 간접적인 평가를 주로 실시한다.

마지막으로 상시평가는 학기가 시작되어 전개되고 마무리되기까지 상시에 이루어지는 평가로, 유아의 특정한 행동이나 상황에 따라 우연히 관찰된 내용을 기록하거나 의도적으로 평가를 계획하여 실시할 수 있다. 상시평가의 실시방법은 유아의 작품집 또는 활동자료집, 자유선택활동 평가표, 유아관찰일지, 부모면담, 교사제작검사 등 다양한 방법을 활용할 수 있다. 유아사회교육의 평가는 유아의 사회적 지식 및 기능, 태도를 포괄적으로 평가하는 과정이 되어야 한다. 따라서 평가시기를 고려하여 충분한 사전계획을 세우는 것이 필요하다.

2. 평가방법 및 평가도구

1) 관찰법

(1) 일화기록법

일화기록법(anecdotal record)은 한 가지 행동이나 상황에 초점을 맞추어 관찰하고 간결한 형태로 기록하는 관찰기법이다(황해익 외, 2014). 즉, 일화기록법은 유아의 행동을 직접 관찰하여 이를 객관적으로 기술하는 관찰방법으로, 상황을 있는 그대로 기술하기 때문에 교사가 특정 유아 및 특정 행동에 관심을 가지고 초점화하여 기록할 수 있다. 일화기록법을 통해 부모나 교사가 알아야 할 유아의 발달 상황을 전달할 수 있으며, 유아의 특별한 행동을 설명해 주는 자료로 활용할 수 있다. 일화기록법은 유아가 특정 상황에서 어떤 행동을 어떻게 나타내는지 이해하고자 하는 경우 유용하다.

일화기록법의 장 · 단점을 살펴보면 다음과 같다(홍순정 · 최석란, 2010). 장점은 일화기록법을 통해 유아들이 어떻게 말하고 행동하는지 좀 더 정확하고 분명하게 그때의 상황을 기록할 수 있으며, 사전 준비나 별도의 계획 없이 진행할 수 있다는 것이다. 이는 일화기록법이 정해진 기록양식이 없기 때문에 갑작스러운 상황에서도 즉시 기록이 가능하며, 시간과 장소의 구애를 받지 않고 관찰대상의 행동을 언제, 어디서든 기록할 수 있기 때문이다. 또한 관찰자를 위한 특별한 훈련이 필요하지 않으며, 관찰자가 갖는 흥미의 모든 상황이 관찰의 대상이 될 수 있어 평가를 위한 자료수집의 범위가 넓다는 장점이 있다. 반면 단점은 주관적 판단이나 감정을 완전히 배제하기 어렵기 때문에 객관성 유지가 어렵다는 것이다. 관찰기록 시 특정 행동을 중심으로 현재시점의 일부만 기록하기 때문에 전체적인 맥락을 이해하기 어렵고, 시간이 지난 후에 기록할 경우 기억의 왜곡이 발생하여 해석 시 오류를 범할 가능성이 있다. 또한 특정 행동이 얼마나 자주 일어나는지 양적 분석이 불가능하다는 단점이 있다.

일화기록법은 정해진 양식이 없지만 관찰대상, 관찰일시, 관찰장소, 관찰장면, 관찰행동 등 특정 유아의 행동을 초점화하는 데 도움을 줄 수 있는 정보를 기록해 두는 것이 좋다. 일화기록법의 예시는 〈표 8-4〉와 같다.

표 8-4 일화기록법의 예시

관찰대상	박민준(남)	생년월일	2012.03.06.
관찰시간	자유선택활동 시간 (10:00~10:40)	관 찰 일	2018.09.23.
관찰장면	쌓기놀이 영역	관 찰 자	이슬비
관찰행동	놀이 시 갈등 상황		
관찰내용	민준이와 은호가 자유선택활동 시간에 쌓기놀이 영역에서 협력하여 블록을 높이 쌓고 있다. 은호가 민준이에게 "얼마나 높이 쌓을 거야?"라고 하자, 민준이는 "일단 계속 블록 가져 와 봐."라고 하며 무엇인가를 생각하고 있다. 잠시 후 해솔이와 재현이가 다가와 "우리 엄청 큰 다리 만들자."라고 하며 블록으로 다리를 만들기 시작한다. 해솔이가 민준, 은호가 모아 놓은 블록을 보며 가져가려 하자 민준이가 "이거 만지지 마!"하고 큰 소리로 이야기한다. 해솔이가 "이거 다 같이 쓰는 건데 왜 너만 쓰려고 하냐"라고 하자,			

	민준이가 블록 2개를 건네주면서 "우리도 모자라~, 이것만 써."한다. 해솔이는 아무런 말없이 재현이 옆으로 가서 앉는다. 재현이가 해솔이에게 블록이 더 많이 필요하다고 이야기하자 해솔이가 다시 민준이 옆으로 가서 한참 동안 쳐다본다. 민준이 해솔이를 쳐다보지 않자 해솔이는 교사에게 "선생님, 블록이 모자라요."라고 말한다.
분석 및 해석	민준이는 쌓기놀이에서 놀이를 주도하는 것을 알 수 있었다. 같이 놀이하는 은호는 민준에게 얼마나 더 높이 쌓을 것인지 물어보면서 민준의 쌓기 계획을 확인하는 모습을 보였다. 한편 다른 구성물을 만들던 친구들(해솔, 재현)에게 블록을 빌려주기 싫어하며 친구를 배려하지 않는 모습을 보였다. 해솔은 민준이 블록을 독점하려는 것에 불만이 있는 듯 보였으나 크게 저항하지 않고 교사에게 이야기하러 가는 것을 보면서 평소 민준이는 다른 아이들에게 친근한 상대는 아니라는 것을 알 수 있다. 한창 협동놀이가 일어나는 이 시기 유아들은 규칙이 있는 게임 등 사회적 놀이가 가능하다. 쌓기놀이 영역에서 주로 많은 시간을 가지는 민준을 비롯한 남자아이들에게 교사가 일정한 규칙을 가지고 놀이할 수 있도록 적극적으로 개입하여 서로 협력하고, 배려하면서 놀이하는 것에 익숙해질 수 있는 기회를 마련해 주어야겠다.

출처: 이영애 · 유준호(2018). 아동관찰 및 행동연구. 한국방송통신대학교출판문화원.

일화기록법을 활용할 때의 유의점을 살펴보면 다음과 같다(전남련 외, 2014).

- 관찰자는 특정 사건이 발생한 즉시 기록한다. 이를 위해 관찰자는 즉시 기록할 수 있도록 필기구와 관찰지 또는 메모노트 등을 가까이에 준비해 둔다.
- 관찰기록 시 대상의 말과 행동을 구분하여 기록한다. 즉, 관찰대상의 발화는 인용부호(" ")를 사용하여 문장을 그대로 기록하고, 서술형 문장으로 해당 상황을 부연 설명한다.
- 관찰기록 시 관찰대상이 특정 유아일 경우, 이름과 생년월일, 성별을 정확히 기록한다. 또한 관찰일시, 관찰장소, 관찰장면, 관찰행동, 관찰자 등 상황적 자료를 포함하여 기록한다.
- 관찰대상 유아의 언어와 행동을 기록함과 동시에 관련 유아의 반응 및 교사의 반응도 빠짐없이 기록한다.
- 관찰대상 유아의 행동을 기술할 때 동일한 용어로 일관성 있게 기술한다.
- 일화는 반드시 일어난 순서 그대로 기록한다.
- 관찰자의 주관적 관점이나 편견을 배제하여 객관적이고 사실적으로 기록한다.

(2) 사건표집법

사건표집법(event sampling)은 어떤 행동이 특정 상황에서 일어나는 경향이 있을 때 특정 행동이 나타난 원인과 그에 따른 결과를 분석하기 위해 사용되는 관찰기법이다(황해익 외, 2014). 사건표집법은 단순히 특정 행동의 발생 유무를 관찰하기보다 특정 행동이나 사건이 발생하는 순간을 기다렸다가 그와 관련된 행동이나 사건이 일어나면 관찰양식에 따라 행동의 순서를 자세히 기록하는 것이다. 특정 행동은 빈번히 나타나기도 하고, 드물게 나타나기도 한다. 관찰자는 사건표집법을 통해 유아와 관련된 특정 문제 상황을 채택하여 사건의 전후 맥락에서 도움이 되는 단서를 찾을 수 있다. 사건표집법의 기록방식은 서술식 사건표집법과 약호식 사건표집법으로 구분할 수 있으며, 사건표집법의 작성요령 및 절차는 〈표 8-5〉와 같다.

표 8-5 사건표집법의 작성요령 및 절차

단계	작성요령 및 절차
관찰 전	• 관찰하려는 사건을 명확히 설정하고 조작적으로 정의 • 해당 사건의 보편적 특성에 대한 조사를 기초로 관찰장소와 관찰시간에 대한 사전 계획 수립
	• 관찰의 목적에 따라 사건표집의 기록방식 선택 – 서술식 사건표집법: 관찰사건의 전후 맥락을 서술하여 인과관계를 규명하는 데 효과적 – 약호식 사건표집법: 관찰사건의 빈도를 파악하는 데 효과적 • 선택한 사건표집법에 따른 기록표 작성
관찰 상황	• 관찰시간: 특정 사건의 시작부터 종료까지 • 기록화법: 직접화법 • 관찰관점: 객관적 · 사실적 관점 • 관찰기록 범위 – 서술식 사건표집법: 관찰행동의 전후 맥락을 사건 전과 사건 후로 나누어 객관적으로 묘사 – 약호식 사건표집법: 관찰사건의 발생 횟수, 계, 총계, 평균 등
관찰 후	• 관찰행동 요약 및 교육과정 운영에서의 피드백 관련 내용

출처: 이영애 · 유준호(2018). 아동관찰 및 행동연구. 한국방송통신대학교출판문화원.

❶ 서술식 사건표집법

서술식 사건표집법(narrative event sampling)은 일화기록법과 마찬가지로 서술식으로 기록하는 관찰기법으로, 관찰유아의 발화를 그대로 옮겨 적는 직접화법을 사용하며, 관찰자의 주관적 해석과 추론은 가능한 한 배제해야 한다. 이를 위해 관찰자는 관찰하고자 하는 특정 행동을 명확하게 설정하고, 정확하게 기록하기 위해 녹음기나 비디오카메라 등의 기자재를 사용할 수 있다.

서술식 사건표집법의 장·단점을 살펴보면 다음과 같다. 장점은 관찰대상의 특정 행동이나 사건이 일어난 전후 맥락을 기록하므로 관찰된 행동의 배경, 즉 어떤 상황에서 그런 행동이 나타나는지 알 수 있다는 것이다. 또한 개별 영유아에 대한 질적 정보를 제공해 주어 개별 교수전략을 짜는 데 도움이 된다. 반면 단점은 관찰기록 시 시간과 노력이 많이 소요되며, 목표했던 행동이 관찰 당시 나타나지 않을 수도 있다는 것이다. 또한 관찰시간을 예측하기 어려우며, 뚜렷한 관찰의 초점을 가지고 관찰하므로 주관적인 관찰이 될 위험이 있다.

서술식 사건표집법을 활용할 때는 관찰대상의 행동을 구체적이고 명확하게 설정하고, 관찰대상의 행동이 발생한 일시에 따라 사건 전, 사건 중, 사건 후를 중심으로 관찰지에 기록한다. 관찰자는 관찰대상의 행동이 발생할 때마다 기록할 수 있다. 서술식 사건표집법은 ABC 사건표집법으로도 불리는데, A는 사건 전(antecedent event), B는 행동(behavior), C는 결과(consequent event)를 의미한다. 관찰자는 ABC 사건표집법을 활용하여 관찰대상의 문제행동의 인과관계를 파악하고 분석할 수 있다. ABC 사건표집법의 예시는 〈표 8-6〉과 같다.

표 8-6 ABC 사건표집법의 예시

관찰대상	백송이	생년월일	2011.03.06.(여)
관찰장소	△△유치원	관 찰 일	2016.10.23.~10.25.
관찰행동	공격적 행동	관 찰 자	권진아
관찰일시	A(사건 전) 행동 전에 무슨 일이 있었는가?	B(행동) 영유아의 행동은 무엇인가?	C(결과) 행동 후에 무슨 일이 일어났는가?
10월 23일 12:45	바깥놀이 후 교실로 돌아오기 위해 줄을 맞추어 유치원 현관으로 들어옴	다른 유아들이 신발을 벗고 교실로 향하는 동안 송이는 현관에 가만히 서 있는 채로 멈춰 있음	보조교사가 개입하여 신발을 벗고 들어갈 수 있도록 도와주려 하자, 신발 벗기를 거부하며 보조교사를 때리고 울기 시작함
10월 24일 09:25	어머니께 등원인사를 한 뒤 등원버스에 올라탐	자리에 앉아 벨트를 착용하도록 안내하는 보조교사의 지도를 거부하며 소리를 지름	옆에 앉아 있던 친구가 도와주려 하자 이를 뿌리치며 울기 시작함
10월 25일 13:55	하원준비를 위해 동화듣기가 끝난 후 겉옷을 입고 가방을 가져와 앉자는 교사의 지시가 있었음	겉옷을 챙겨서 스스로 입기를 시도하다가 잘되지 않자 울기 시작함	교사가 개입하여 겉옷입기를 도와주려고 하자 더 큰 소리를 내며 울기 시작함
요약	사회관계(자신의 감정 및 정서를 조절하는 데 어려움을 보임)		
추론 및 평가	• 언어적으로 미숙하여 자신의 부정적 감정을 언어로 표현하는 데 어려움을 느낌 • 하루일과 중 스스로 할 수 있는 일이 없어지거나 이로 인한 교사의 개입이 있을 때 좌절하여 울거나 교사의 도움을 거부함		
교육계획	• 자신의 감정을 언어로 표현하는 방법을 지도한다. • 교사의 개입이 유아를 좌절시키는 일이 아님을 알 수 있도록 개입 시 긍정적인 언어적 피드백을 많이 주면서 개입한다. • 자유놀이시간에 역할놀이를 통해 교사와 충분한 라포를 형성할 수 있도록 놀이시간을 확보한다.		

출처: 이영애 · 유준호(2018). 아동관찰 및 행동연구. 한국방송통신대학교출판문화원.

❷ 약호식 사건표집법

약호식 사건표집법(code event sampling)은 관찰하고자 하는 행동을 조작적으로 정의한 뒤 해당 사건이 일어날 때 그 빈도를 수량화할 수 있도록 기록하는 관찰법이다. 이는 서술식 사건표집법이 질적 측면을 서술하는 것과 달리 빈도를 측정함으로써 특정 행동이 얼마나 자주 일어나는지를 알아볼 수 있는 양적 관찰방법에 속한다. 따라서 측정의 절차와 방법이 비교적 간단하고 편리하여 세부 사항에 대한 기록 없이도 간단하게 기록할 수 있다.

약호식 사건표집법의 장 · 단점을 살펴보면 다음과 같다. 장점은 특정 사건 및 행동이 발생한 경우에만 기록하므로 관찰시간이 매우 절약되며, 관찰행동의 빈도를 수량화하여 통계적으로 분석하기 용이하다는 것이다. 또한 관찰행동의 적용범위가 넓어 융통성 있게 사용할 수 있으며, 개인뿐 아니라 학급 유아들을 단체로 측정할 수 있다는 장점도 있다. 반면 서술식 사건표집과 마찬가지로 관찰하고자 하는 행동이 출현하지 않을 경우에는 기록이 불가능하며, 해당 사건의 출현 이후에도 양적인 자료 이외의 개인적이고 질적인 정보를 기록할 수 없다는 단점이 있다.

약호식 사건표집법을 활용할 때는 먼저 관찰하고자 하는 행동을 구체적이고 명확하게 설정하여 조작적 정의를 내려야 한다. 이때 설정된 행동의 하위 행동을 범주화하여 관찰 시 범주양식에 적용하고, 중복되는 사항이 생기지 않도록 하여 기록의 명확성을 확보한다. 또한 관찰자는 설정한 행동 및 사건이 언제 일어날지 예측한 뒤, 관찰이 가장 용이한 시간을 파악하여 언제, 얼마 동안 관찰할 것인지 미리 계획해야 한다. 약호식 사건표집법은 빈도 사건표집법(tally event sampling)으로도 불리며, 그 예시는 〈표 8-7〉과 같다.

표 8-7 빈도 사건표집법의 예시

관찰대상	김성훈(남)	생년월일		2011.02.15.			
관찰장면	자유선택활동 시간	관 찰 일		2015.07.20.			
관찰행동	공격적 행동	관 찰 자		박수현			
행동유형	행동목록	1	2	3	4	5	계
언어적 공격	비속어를 사용한다.	/					1
	화가 나서 크게 소리친다.	/	/	/	/	/	5
	위협적인 소리를 낸다.	/					1
	말다툼을 한다.						–
	비난하며 놀린다.	/					1
						총 빈도	8회

신체적 공격	종이를 찢는다.	/					1
	물건을 던진다.	/	/	/			3
	물건을 부러뜨린다.	/	/				2
	세게 두들긴다.	/	/	/			3
	발로 찬다.	/	/	/			3
						총 빈도	12회
요약	• 총 8회의 언어적 공격행동이 나타남 • 총 12회의 신체적 공격행동이 나타남 • 신체적 공격행동이 언어적 공격행동보다 높은 빈도를 보임 • 최다 공격행동은 언어적 공격행동인 크게 소리치는 행동으로 나타남						

(3) 시간표집법

시간표집법(time sampling)은 관찰대상의 특정 행동을 정해진 시간 동안 일정한 간격으로 반복 관찰하여 행동의 출현 빈도를 기록하는 관찰법이다(황해익 외, 2014). 시간표집법은 유아의 특정 행동에 대한 종합적인 정보를 얻을 수 있다. 관찰하려고 선정한 행동을 범주화하여 일정한 시간 간격에 따라 행동의 출현 유무만을 관찰하므로 교실에서 비교적 손쉽게 기록할 수 있다. 특히 부적절한 행동양상을 보일 때 활용도가 높다. 예를 들어 특정 대상에 공격적인 행동을 보이거나, 일과운영에 협조를 하지 않는 등의 행동을 관찰하고자 할 때 용이하다.

시간표집법의 장·단점을 살펴보면 다음과 같다. 장점은 관찰을 부호화하여 기록하기 때문에 시간, 노력, 경비 등을 절약할 수 있다는 것이다. 또한 짧은 시간에 개인 혹은 집단 모두를 체계적으로 관찰할 수 있어 자료수집이 용이하며, 수량화를 통해 통계적 분석이 가능하다는 장점이 있다. 반면 특정 행동이 발생한 상황이나 인과관계에 대한 자료수집이 어렵기 때문에 질적 정보를 제공하지는 못한다는 단점이 있다. 또한 사전에 행동을 정의하고 범주화하며 시간단위를 정하는 등 사전준비가 많이 요구된다.

교사는 시간표집법을 활용하여 하루일과 중 놀이행동을 일정 시간 동안 관찰하고, 관찰이 끝난 후 수집된 행동의 빈도와 특성을 살펴보며, 유아를 지원하기 위한 교육계획을 할 수 있다. 시간표집법의 예시는 〈표 8-8〉과 같다.

표 8-8 시간표집법의 예시

관찰대상	송유화(여)	생년월일	2011.02.15.
관찰장면	자유선택활동 시간	관찰일시	2017.08.30. 오전 10시
관찰행동	놀이유형	관 찰 자	이지수

〈관찰지침〉

1. 관찰하고자 하는 대상에 대한 정보를 적는다.
2. 1분간 관찰한 후 30초간 기록하는 방식으로, 총 15분 동안 전체 10회의 관찰을 실시한다.
3. 30초 이내 관찰한 행동이 어느 단계에 속하는지 판단해서 관련된 칸에 체크(∨) 표시를 한다. 만일 1분 동안 여러 가지 단계에 속하는 행동을 보이면 나타난 모든 단계에 표시한다.
4. 기타는 놀이행동 외, 예를 들어 화장실 다녀오기, 물 마시기 등의 행동을 취할 때 표시하고, 간단히 메모한다.

놀이유형 / 횟수	비놀이		사회적 놀이				기타
	비참여	방관	단독	평행	연합	협동	
1		∨					
2	∨						
3	∨						
4			∨				
5			∨				
6				∨			
7				∨	∨		
8					∨		
9					∨		
10						∨	
요약	• 총 15분 동안 비놀이는 3회, 사회적 놀이는 8회가 관찰됨 • 사회적 놀이유형의 출현 빈도는 연합 〉 단독, 평행 〉 협동 순으로 나타남 • 시간이 지남에 따라 사회적 놀이의 수준이 증가함						

출처: 황해익 외(2014). 아동관찰 및 행동연구. 공동체.

시간표집법을 활용할 때의 유의점을 살펴보면 다음과 같다.

- 관찰하고자 하는 행동을 조작적으로 정의한다. 이때 특정 행동은 관찰 가능해야 하고 구체적이며 분명한 개념을 가지는 것이어야 관찰자가 충분히 이해하고 활용할 수 있어야 한다.
- 1회 관찰 시 할애할 시간의 단위와 표집의 횟수를 사전에 결정한다. 1회 관찰

시간은 5분 이하로 하고, 표집 횟수는 5초에서 20분 단위로 광범위하게 설정할 수 있다. 단, 관찰횟수별 간격은 관찰대상의 수와 관찰행동의 유형에 따라 결정해야 한다(황해익 외, 2014).

- 관찰내용을 기록할 양식은 관찰목적과 관찰행동의 특성에 따라 관찰자가 다양하게 개발하여 사용할 수 있다. 일반적으로 관찰대상의 이름, 성별, 연령, 관찰하고자 하는 행동의 유형 및 범주, 관찰횟수, 행동의 출현 빈도 등을 포함한다.
- 관찰목적 및 관찰행동의 특성에 따라 출현 빈도와 강도를 표시할 수 있다. 일반적으로 출현 빈도는 체크(∨)로 표시하고, 출현 강도는 세기(/)로 표시한다.

(4) 행동목록법

행동목록법(behavior checklist)은 체크리스트라고도 불리며, 관찰하고자 하는 행동의 목록을 사전에 작성한 뒤 해당 행동의 출현 여부를 관찰하여 기록하는 기법이다. 일반적으로 행동목록은 학습목표 또는 발달지표를 기준으로 만들어지며 그 결과를 요약하여 교육계획 및 유아의 행동평가, 기록, 부모상담 등에 활용할 수 있다. 특히 부모상담 시 유아들이 학습하는 내용과 유아의 발달 현황을 설명할 수 있는 기초 자료로 이용한다.

행동목록법의 장 · 단점을 살펴보면 다음과 같다. 장점은 관찰자가 사전 훈련을 받지 않고도 쉽게 관찰기록 할 수 있다는 것이다. 또한 관찰시간과 비용이 절약되며 사전 정보를 파악하거나, 사후 집중 관찰이 필요한 행동이나 사건을 확인하는 데 도움이 된다. 단점은 행동목록으로 작성되지 않은 행동의 출현에 대해서는 관찰의 결과를 평가할 수 없다는 것이다. 또한 특정 행동이나 사건이 발생한 상황에 대한 인과관계의 질적 정보를 알 수 없다는 단점이 있다.

행동목록법은 관찰하고자 하는 행동의 목록을 구체화하여 일정한 양식에 담아야 한다. 행동목록법에 담는 내용은 크게 두 부분으로 첫째, 관찰대상의 성별과 연령, 생년월일과 같은 개인 정보, 관찰일시 및 관찰장면 등 상황에 대한 기록을 포함한다. 둘째, 관찰하고자 하는 영역과 구체적인 행동목록의 세부 내용을 담는다. 이때 관찰자는 특정 시점에서 관찰하고자 하는 행동의 출현 여부를 파악할 것인지 또는 시기에 따른 변화를 알아보기 위한 것인지 관찰목적에 따라 행동목록의 양식을 다르게 설정할 수 있다. 특정 시점의 관찰행동 출현 여부에 따른 행동목록법의 예시는 〈표 8-9〉와 같다.

표 8-9 특정 시점의 관찰행동 출현 여부에 따른 행동목록법의 예시

관찰대상	류민지(여)	관찰일시	2018.06.15.
생년월일	2012.02.15.	관 찰 자	은지영

〈관찰지침〉
다음의 행동이 관찰되면 '관찰됨', 관찰되지 않으면 '관찰 안 됨'에 ∨ 표시를 하시오.

사회적 행동	관찰됨	관찰 안 됨
1. 차례를 지켜 줄을 선다.	∨	
2. 쓰레기를 아무 데나 버리지 않는다.		∨
3. 자신의 감정을 조절하여 표현한다.		∨
4. 물건을 소중히 다룬다.	∨	
5. 놀이 시 규칙을 잘 지킨다.	∨	
6. 친구들과 사이좋게 지낸다.	∨	
7. 동식물의 소중함을 알고 대한다.		∨
8. 스스로 할 수 있는 일은 혼자 하려고 한다.	∨	
9. 웃어른께 예의 바르게 행동한다.	∨	
10. 정직하여 거짓말을 하지 않는다.		∨

요약	• 총 10문항 중 사회적 행동이 '관찰됨'은 6회, '관찰 안 됨'은 4회로 나타남 • 민지에게 관찰된 사회적 행동의 양상은 차례 지키기, 물건 소중히 다루기, 놀이 규칙 지키기, 친구와 사이좋게 지내기, 자신의 일 스스로 하기, 예의 바르게 행동하기이며, 관찰 되지 않은 행동은 쓰레기 함부로 버리지 않기, 자기감정조절하기, 동식물의 소중함 알기, 거짓말 하지 않기로 나타남
총평 및 교육계획	사회적 행동 목록에서 관찰 된 항목 중 자신의 일 스스로 하기를 제외하면, 대부분의 항목이 '다른 사람과 더불어 생활하기'와 관련된 항목임을 알 수 있음. 또한 관찰되지 않은 항목에 대해서는 관찰장면의 상황에 따른 것인지 개별적인 교육적 지원이 필요한 상황인지 정확히 알 수 없음으로, 추후 다른 평가의 내용을 취합하여 종합적으로 판단을 해야 할 필요가 있음

시간에 따른 유아의 발달 변화를 살펴보고자 할 때 동일한 행동목록법을 반복적으로 실시할 수 있도록 구성된 행동목록법의 예시는 〈표 8-10〉과 같다.

표 8-10 연속 시점의 관찰행동 변화 여부에 따른 행동목록법의 예시

관찰대상	이현주(여)	관찰일시	2018.06.13.~08.13.
생년월일	2012.07.24.	관 찰 자	강지영

〈관찰지침〉

1. 다음의 행동이 관찰되면 V 표시한다.
2. 관찰주기는 1개월 단위로 실시한다.

관찰일자	1회	2회	3회
	2018.06.13.	2018.07.13.	2018.08.13.

사회관계 영역	1회	2회	3회
1. 친구와 교사를 만나면 인사를 한다.		V	V
2. 자신의 옷과 신발을 스스로 정리 · 정돈한다.	V	V	V
3. 복도에서 천천히 걷는다.	V	V	V
4. 선생님에게 존댓말을 사용한다.		V	V
5. 공동의 물건을 소중히 다루고 아껴 쓴다.		V	V
6. 고마워, 미안해, 괜찮아를 적절히 사용한다.			V
7. 자신의 물건을 잘 챙긴다.	V	V	V
8. 다른 사람의 입장을 존중한다.			V
9. 자신의 일을 열심히 한다.	V	V	V
10. 공공장소에서 예절을 지킨다.		V	V

요약	1회	2회	3회
	총 4문항 관찰됨	총 8문항 관찰됨	총 10문항 관찰됨
총평 및 교육계획	사회관계 영역과 관련된 문항을 1개월 간격으로 평가한 결과, 점차 사회적 행동들이 증가함. 이러한 결과를 통해 사회성 발달이 점진적으로 증진되고 있음을 알 수 있음. 아울러 결과의 지속적 효과를 확인하기 위해 2학기에 유사문항으로 재평가가 이루어질 수 있도록 해야 함.		

행동목록법을 활용할 때의 유의점을 살펴보면 다음과 같다(황해익 외, 2014).

- 행동목록은 특성이나 특징의 존재 유무가 확실할 때 사용한다.
- 관찰대상이 되는 특성들이 분명하게 진술된 것을 선택해야 한다. 포괄적인 행동유형에 대한 기록은 피한다.
- 관찰을 행동목록에 있는 항목에 대해서만 이루어져야 한다. 관찰되지 않는 행동의 유사성을 고려하여 기록하면 객관성과 신뢰성이 낮아진다.

- 관찰은 개별 유아를 대상으로 하며, 각 유아에게 독립된 행동목록이 개별적으로 사용되어야 한다.

(5) 평정척도법

평정척도법(rating scales)은 평정(rate)과 척도(scale)라는 용어가 합성된 것으로, 어떤 것을 평가하여 결정한다는 의미를 지닌다. 즉, 사물이나 현상 및 행동에 어떠한 가치나 특성을 할당한다는 의미이다(황해익 외, 2014). 평정척도법은 어떤 행동의 특성이나 특질에 대해 미리 정한 범주에 따라 평가하는 관찰법이다. 형식상 행동목록법과 유사한 특성을 가지지만 평정척도법은 질적인 면을 측정할 수 있다는 점에서 차이가 있다. 평정척도법은 연속성 있는 단계로 수량화된 점수 혹은 가치가 부여된 기록지에 평정한다. 이는 행동의 빈도 및 정도를 평가하는 것으로, 평가하려는 행동의 정도가 가장 낮을 때와 가장 높을 때로 연속선상에 표시하여 질적 수준까지 평가할 수 있다.

평정척도법의 장 · 단점을 살펴보면 다음과 같다. 장점은 평정척도는 만들기 쉽고 사용이 편리하며, 시간이 많이 소요되지 않아 여러 발달영역을 한꺼번에 평가할 수 있다는 것이다. 또한 행동의 질을 평가할 수 있으므로 발달에 대한 질적 정보를 얻을 수도 있다. 평정척도법은 특별한 훈련을 거치지 않아도 되며, 관찰기록을 바로하지 않고 교사가 편리한 시간에 기술할 수 있어 유아교육 현장에서 유용하게 사용할 수 있는 장점이 있다. 반면 단점은 관찰내용을 직접 현장에서 기록하는 것이 아니라 사후에 기록하기 때문에 관찰자의 기억과 관찰 당시 수집된 지각적 속성에 의존해야 하므로 평정의 정확성을 확보하기 힘들다는 것이다. 또한 상황에 대한 설명이 없고 특정 행동의 수준 및 빈도만 기록하기 때문에 전후의 맥락을 설명하기 어렵다.

평정척도법은 평정척도의 유형에 따라 기술평정척도, 숫자평정척도, 도식평정척도로 구분할 수 있으며 각 유형을 비교하면 〈표 8-11〉과 같다.

표 8-11 평정척도의 유형에 따른 문항 비교

<table>
<tr><th>구분</th><th>문항</th></tr>
<tr><td>기술
평정
척도</td><td>• 친구와 협동하며 놀이하기
( ) 친구와 협동하는 놀이를 전혀 하지 않는다.
( ) 친구와 협동하는 놀이를 하지 않는다.
( ) 친구와 협동하는 놀이를 한다.
( ) 친구와 협동하면서 놀이하기를 즐긴다.
( ) 친구와 협동하면서 놀이하기를 매우 즐긴다.</td></tr>
<tr><td>숫자
평정
척도</td><td>• 다른 사람에게 양보하기
<table><tr><td>전혀 그렇지 않다</td><td>그렇지 않다</td><td>보통이다</td><td>그렇다</td><td>매우 그렇다</td></tr><tr><td>1</td><td>2</td><td>3</td><td>4</td><td>5</td></tr></table></td></tr>
<tr><td rowspan="2">도식
평정
척도</td><td>• 규칙을 이해하고 매우 잘 지킨다. ― ― ― ― • 규칙을 거의 지키지 않는 편이다.</td></tr>
<tr><td>• 교실 내 규칙을 잘 지키는가?
전혀 그렇지 않다 ― 별로 그렇지 않다 ― 보통이다 ― 대체로 그렇다 ― 항상 그렇다</td></tr>
</table>

❶ 기술평정척도

기술평정척도(category rating scale)는 행동의 특징을 질적인 차이가 있는 몇 개의 연속성 있는 단계로 나누어 간단한 단어와 문장으로 기술하고 관찰대상의 행동에 가장 근접한 내용을 관찰자가 선택하는 방법이다. 일반적으로 한 가지 행동에 3~5개의 범주로 나뉘며, 문장은 범주 간의 차이가 있는 행동적인 표현으로 기술되는 것이 바람직하다. 기술평정척도의 예시는 〈표 8-12〉와 같다.

표 8-12 기술평정척도법의 예시

관찰대상	김솔미(여)	생년월일	2012.09.08.
관 찰 자	이은담	관찰일자	2018.05.16.

〈관찰지침〉
다음 각 문항에서 유아의 행동을 가장 잘 진술한 범주에 ∨표를 한다.

평가문항	평가범주
1. 다른 사람의 입장을 존중한다.	( ) 주의를 주어도 자신의 입장만 생각한다. (∨) 주의를 받은 것에 대해 이해한다. ( ) 다른 사람의 입장을 존중한다.
2. 놀이 시 규칙을 잘 지킨다.	( ) 어른이 지적해 주어도 규칙을 지키지 않는다. ( ) 어른이 지적해 주면 규칙을 잘 지킨다. (∨) 항상 스스로 규칙을 잘 지킨다.
3. 집안일을 도울 줄 안다.	( ) 부탁을 해야만 돕는다. (∨) 이야기하면 돕는다. ( ) 스스로 찾아서 돕는다.
4. 함께 정한 규칙을 잘 지킨다.	( ) 주의를 주어도 규칙을 따르지 않는다. ( ) 주의를 주면 규칙을 잘 지킨다. (∨) 언제나 스스로 규칙을 잘 지킨다.
5. 어른께 공손한 태도로 인사한다.	( ) 가르쳐 주어도 인사를 하지 않는다. (∨) 가르쳐 주면 공손한 태도로 인사를 한다. ( ) 항상 스스로 공손한 태도로 인사를 한다.

❷ 숫자평정척도

숫자평정척도(numerical rating scale)는 평가하려는 행동 특성을 기술한 척도에 점수로 환산할 수 있는 숫자를 부여함으로써 결과의 수량화와 통계적인 분석을 가능하게 하는 방법이다. 일반적으로 숫자를 부여할 때 가장 긍정적인 척도치에 가장 높은 점수를, 가장 부정적인 척도치에 가장 낮은 점수를 주는 것을 원칙으로 한다. 이때 점수가 3점 척도인 경우는 3, 2, 1점으로, 5점 척도면 5, 4, 3, 2, 1점으로 부여하는데, 행동의 정도를 보다 세분화하여 평정하기 위해 5점 척도를 가장 많이 사용한다. 하지만 평정자마다 평정의 준거가 다를 수 있으므로 유의해야 한다. 숫자평정척도의 예시는 〈표 8-13〉과 같다.

표 8-13 숫자평정척도법의 예시

관찰대상	정한별(여)	생년월일	2011.03.06.
관 찰 자	배은수	관찰일자	2017.11.15.

〈관찰지침〉

유아의 친사회적행동에 대해 다음과 같이 1~5로 평정하여 해당숫자에 ●표를 한다.

친사회적행동 목록	전혀 그렇지 않다	그렇지 않다	보통이다	그렇다	매우 그렇다
1. 친구에게 양보할 줄 안다.	①	②	③	❹	⑤
2. 다른 사람의 부탁을 잘 들어준다.	①	②	③	④	❺
3. 친구나 교사를 잘 도와준다.	①	②	③	❹	⑤
4. 친구와 나누어 쓸 수 있다.	①	②	③	❹	⑤
5. 놀이나 작업을 할 때 협동을 잘 한다.	①	❷	③	④	⑤

출처: 전남련 외(2014). 아동관찰행동연구. 양서원.

❸ 도식평정척도

도식평정척도(graphic rating scale)는 기술된 유목에 관찰자의 용이한 평정을 위해 시각적인 도식을 제공하는 방법이다. 일반적으로 횡적인 직선을 많이 사용하며 척도치에 따라 몇 개의 동간으로 나누어져 있는 경우가 대부분이다. 관찰자는 직선으로 나눈 위치를 시각적 단서로 활용함으로써, 관찰하려는 행동의 연속성을 가정하고 판단하여 근접한 곳에 표시한다. 도식평정척도의 예시는 〈표 8-14〉와 같다.

표 8-14 도식평정척도법의 예시

관찰대상	임소율(여)	생년월일	2013.07.18.
관 찰 자	박채정	관찰일자	2018.06.18.

〈관찰지침〉

다음 각 항목을 읽고 관찰하는 유아의 사회 · 인지적 발달에 평점을 주도록 한다.

항목	내용 및 평점		
1. 놀이형태	주로 혼자서 논다.	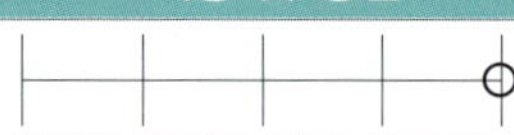	친구와 함께 논다.
2. 놀이방법	단순한 기능놀이 또는 연습놀이를 한다.		친구와 역할놀이를 한다.
3. 놀이시간	한 곳에서 오랫동안 놀이하지 못하고 자주 이동한다.	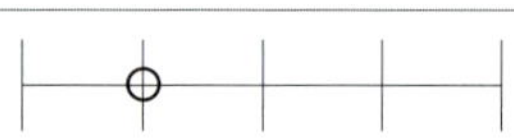	다양한 대화나 놀이방법으로 오랫동안 놀이를 지속한다.

출처: 황해익 외(2014). 아동관찰 및 행동연구. 공동체.

평정척도법을 활용할 때의 유의점을 살펴보면 다음과 같다.

- 평정과정에서 주관적 견해가 개입되거나 오류가 발생하지 않도록 유의해야 한다. 따라서 주관적인 가치판단이 개입될 여지가 있는 단어의 사용은 피한다. 예를 들어 좋은/나쁜, 많다/적다, 크다/작다 등이다.
- 평정척도에 사용할 문항들은 가능한 한 명확하고 간결하며 상호배타적이야 한다. 즉, 서로 중복문항이 없어야 한다(황해익 외, 2014).
- 평정척도란에 '관찰 못함'의 칸을 만들어 두도록 한다. 이는 관찰 당시 측정의 요소가 모호할 경우 무리하게 평정하기보다는 판단을 보류할 수 있는 여지를 두기 위함이다(이영애 · 유준호, 2018).
- 모든 관찰기록 방법과 마찬가지로 관찰기록지에 관찰자명, 관찰대상의 이름, 연령, 성별, 관찰일시 등 관찰에 관련된 정보를 반드시 기록한다.

한편 평정척도는 제시된 항목에 대해 관찰자가 행동의 특성 정도를 평정하므로 오류가 발생하기 쉽다. 평정척도 활용 시 유의해야 할 오류에는 중심화의 오류, 논리오류, 후광효과의 오류, 근접오류 등이 있다(홍순정 · 최석란, 2010). 각 오류의 특징은 다음과 같다.

- **중심화의 오류**: 평정 시 애매하거나 판단하기 어려운 경우 척도의 중앙에 위치한 항목에 표시하려는 경향
- **논리오류**: 문항의 내용이 비슷하다고 판단한 경우 각각의 문항에 기술된 내용을 객관적으로 평정하지 않고 유사하게 평정하려는 경향
- **후광효과의 오류**: 관찰대상에 대한 인상이나 이전의 판단이 개입되어 평정에 영향을 줌
- **근접오류**: 문항들의 위치가 시각적으로 인접하게 배열되어 있는 경우 인접 문항의 평정을 유사하게 하려는 경향

따라서 관찰자는 이러한 오류를 범하지 않고 각 문항을 객관적으로 평정할 수 있도록 노력하는 것이 중요하다.

2) 조사법

(1) 면담법

면담(interview)은 특정한 목적을 가지고 특정한 내용에 관하여 면담자와 피면담자가 일정한 시간에 언어를 매개로 하여 정보를 얻거나 의사나 감정을 전달하는 방식을 의미한다. 면담법(interview method)은 관찰과 달리 심층적이고 직접적인 상호작용을 통해 자료를 수집하는 조사기법으로, 대상과 일대일 혹은 포커스 그룹의 형태로 대화를 나누며 정보를 수집한다. 그 외 전화 인터뷰나 대상자로부터 직접 응답을 받아 녹취 및 기록하여 정보를 수집할 수도 있다. 면접법의 가장 대표적인 특징은 면담자, 즉 교사가 피면담자인 유아 또는 부모의 발화뿐 아니라 표정, 몸짓, 태도, 어투 같은 비언어적인 표현까지도 수집이 가능하다는 점이다.

면담법의 장 · 단점은 다음과 같다. 장점은 이해가 가능한 구어로 다양한 방식의 설명을 주고받을 수 있기 때문에 유아를 대상으로 실시할 수 있다는 것이다. 유아가 질문을 이해하지 못했거나 면담에 집중하지 못할 경우 추가 설명이나 도구들을 사용하여 설명하면 보다 정확한 응답을 얻을 수 있다. 단점은 면담자에게 고도의 기술과 훈련이 요구되며, 결과를 통계적으로 처리하여 해석하기가 어렵다는 것이다.

일반적으로 면담법을 사용할 때 면담자와 피면담자 간의 심리적 친밀감(rapport)이 형성되어야 하고, 상대방에게 책임을 돌리거나 비난하지 말아야 하며, 피면담자의 말을 끝까지 들어주어야 한다. 또한 면담 후에는 요점을 기록하거나 정리해 두어야 하며, 면담 중에 알게 된 개인적 비밀은 반드시 지켜주어야 한다.

다음은 유아를 대상으로 면담할 때 주의를 기울여야 할 점이다(최기영 외, 2008). 첫째, 질문의 이해를 돕기 위해 말로만 질문하지 않고 그림과 함께 제시하고 응답도 제시한 그림을 보고 선택하도록 한다. 둘째, 유아들은 주의집중할 수 있는 시간이 짧기 때문에 면담시간을 짧게 한다. 셋째, 유아들은 질문에 대한 요지를 이해하는 능력이 부족하기 때문에 충분히 설명해 주어야 한다. 넷째, 유아의 상상과 실제사고를 잘 구분해야 한다. 다섯째, 수줍음을 많이 타는 유아, 산만한 유아의 경우에는 면담 실시 이전에 집중할 수 있는 간단한 게임이나 놀이를 하는 것이 좋다.

면담법은 면담자와 피면담자와의 상호작용을 통해 이루어지므로, 면담을 실시하기 전에 그 목적을 분명히 하여 구체적으로 계획해야 한다. 면담은 피면담자와 인사 나누기, 면담취지 설명하기, 면담진행하기, 마무리 순으로 진행된다(그림 8-2).

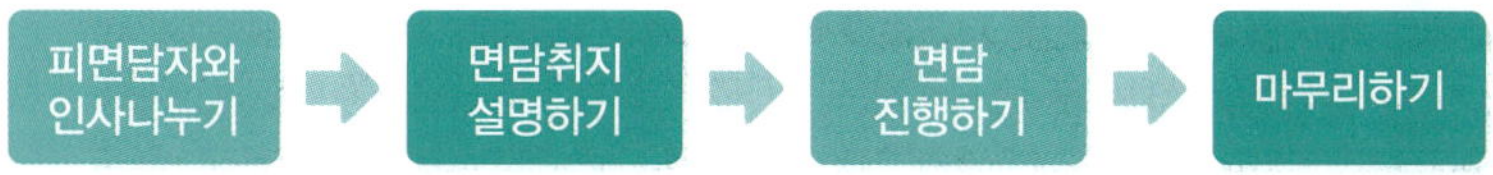

그림 8-2 면담진행 순서

피면담자와 인사 나누기는 면담교사와 피면담자가 면담시작 전 계절이나 날씨, 일상 등에 대해 이야기하며 간단히 인사를 나누는 것이다. 특히 부모와의 면담일 경우 교사는 기본적인 신뢰감과 편안한 분위기를 조성하기 위해 유아의 강점 및 일상과 관련된 에피소드로 이야기를 시작할 수 있다. 면담취지 설명하기는 면담의 목적을 명확하게 설명하고 면담 시 질문내용과 순서, 방법 등을 간략하게 안내하는 것이다. 면담을 진행할 때는 면담양식에 따라 진행하되, 이때 미리 준비된 관찰기록과 유아 작업 샘플, 활동사진 등을 활용한다. 이 과정에서 교사는 유아가 가정에서도 유아교육기관과 비슷한 행동을 하는지 혹은 그렇지 않은지에 대한 정보를 습득할 수 있다. 대부분의 경우 유아들이 가정과 유아교육기관에서의 행동이 유사하지만 때에 따라서 전혀 다른 모습을 발견하기도 한다. 이런 경우 왜 유아가 이러한 행동을 하는지 관심을 가지고 관찰 분석해 보는 일도 좋을 것이다. 마무리하기는 면담과정에서 기록된 내용에 중점을 두어 지도해야 할 부분을 교사와 부모가 함께 의논하는 형식으로 진행하되, 추후 면담내용에 대한 추가적인 정보를 어떻게 나눌 것인지 미리 공지할 수 있다. 유아에 대한 면담법 예시는 〈표 8-15〉와 같다.

표 8-15 면담법의 예시(부모면담)

면담일시	2013.07.13.(16:00~16:30)	면담교사	배연희
유아명	김예나	생년월일	2010.05.07.
면담 참여자	권지희(모)	면담형태	대면( ) 전화(∨) 서신( ) 기타( )
면담 준비자료	첨부한 자료: 자유선택활동 월별 통계표, 사회관계도 참고한 자료: 환경조사서, 건강기록부, 생활기록부, 관찰일지		

<table>
<tr><th colspan="2">구분</th><th>교사의견</th><th>부모의견</th></tr>
<tr><td rowspan="4">현행수준</td><td>생활습관</td><td>스스로 자신의 물건을 제자리에 바르게 정리하며, 스스로 손을 깨끗이 씻으며 양치질을 바르게 함</td><td>수면, 배변, 양치 모두 양호함</td></tr>
<tr><td>대인관계</td><td>친구들과 사이좋게 지내는 편이나 한두 명의 친구와 놀이하는 경향이 있음</td><td>친구가 유치원에서 안 놀아 준다고 자주 이야기함</td></tr>
<tr><td>발달정도</td><td>자신과 친구의 이름을 읽고 쓰며 친구들에게 글과 그림으로 편지쓰기를 좋아함</td><td>집에서도 그림그리기를 즐겨함. 대상은 주로 선생님과 친구들임</td></tr>
<tr><td>행동특성</td><td>놀이시간에 한두 명의 친구와 놀이하며 항상 그 친구들 옆에 앉으려고 함</td><td>떼를 쓰거나 고집부리는 일이 없음. 자신의 물건을 잘 양보함</td></tr>
<tr><td colspan="2">면담(요청)내용</td><td>예나의 친구관계</td><td>예나의 친구관계</td></tr>
<tr><td colspan="2">종합의견</td><td>선호하는 놀이상대가 분명함. 자신이 좋아하는 친구에게는 적극적으로 자신의 감정을 글과 그림으로 표현함. 반면, 다양한 또래 상호작용을 하는 주변 친구들의 경우, 예나의 행동을 지나친 것으로 느낄 수 있고, 예나 역시 친구들이 자신을 좋아하지 않는 것으로 느낄 수 있음</td><td>친구가 없어서 슬프다고 자주 이야기함. 어떻게 해야 할지 잘 모름</td></tr>
<tr><td colspan="2">건의사항</td><td>다른 유아와의 다양한 교류가 요구됨</td><td>친구들과 잘 어울렸으면 함</td></tr>
<tr><td colspan="2">이후 면담 약속</td><td>일시: 10월 10일 15:00
장소: 들꽃향기반 교실
주제: 예나의 친구관계 변화 양상</td><td></td></tr>
</table>

출처: 황해익 외(2014). 아동관찰 및 행동연구. 공동체.

(2) 질문지법

질문지법(questionnaire method)은 조사자가 알고자 하는 문제에 대하여 질문지를 작성하고 피험자에게 그에 대한 응답을 받는 형태로, 언어 및 문자를 매개로 한 의사소통을 통하여 자료를 수집하는 방법이다(박도순, 2004). 질문지법은 개인의 생각, 태도, 감정 등 관찰하기 힘든 구인에 대한 정보를 얻기 위해 사용된다. 교사는 평가하고자 하는 유아의 행동특성을 문항으로 제작하여 그 문항에 대한 응답을 통해 유아의 의지나 사고방식 또는 태도 등을 조사할 수 있다. 유아를 대상으로 하는 질문지법은 부모나 교사 등이 응답하도록 하는 간접적인 방식과 유아가 응답하는 직접적인 방식이 있다. 하지만 문해능력이 없는 유아에게 직접적인 방식의 질문지법을 사용할 때는 특별한 주의를 요한다.

질문지법의 장 · 단점은 다음과 같다. 장점은 많은 사람들의 생각이나 의견 등에 대한 정보를 단기간에 수집할 수 있어 의사결정을 할 때 특히 유용하다는 것이다. 또한 일제히 조사하여 결과를 비교적 신속하게 처리할 수 있기 때문에 시간과 비용이 절약된다. 가장 최근에는 온라인 및 모바일을 이용한 설문조사방식이 많이 활용되고 있다. 반면 단점은 응답자의 상황이나 심리적 상태 등을 파악하기 어렵고, 많은 응답자들이 성실히 응답하지 않는다는 것이다. 또한 회수율이 낮은 경향을 보이므로 질문지의 회수율을 높일 수 있는 방안을 강구해야 한다.

질문지의 유형은 응답자의 반응 형태에 따라 자유기술형, 선택형, 체크리스트형, 분류형, 등위형, 평정척도형 등으로 구분할 수 있다(박도순, 2004). 자유기술형은 개방형(open-ended)이라고도 하며 응답자로 하여금 자유롭게 응답하도록 하는 형태이며, 선택형은 2개 이상의 선택사항 중에 가장 적절한 선택항 혹은 가장 좋은 선택항을 택하게 하는 방법이다. 체크리스트형은 어떤 주제에 대하여 자유반응형식, 즉 해당 항목이 있으면 모두 표시해도 되고 없으면 전혀 표시하지 않아도 되는 방법이며, 분류형은 응답자에게 같은 종류의 여러 문항을 일정 기준 혹은 준거에 따라 몇 개의 유목으로 분류시키는 방법이다. 등위형은 서열법이라고도 하는데, 같은 성질을 띤 일군의 항목을 중요성, 기호, 가치에 따라 최상위에서 최하위까지 순위를 결정하는 방법이며, 평정척도형은 미리 정해둔 척도에 따라 평정하도록 하는 방법이다. 이런 유형은 단독으로도 사용되지만 여러 유형을 하나의 질문지에 포함할 수도 있다.

질문지 작성의 계획을 세우는 것은 집을 지을 때 설계도와 청사진을 만드는 것과 같다. 즉, 질문지법의 핵심은 목적에 맞는 질문지의 작성이다. 질문지 작성의 절차는 질문지 작성 계획하기, 측정변인 구체화하기, 질문지 체제 구성하기, 응답 양식 선택하기, 문항 작성하기, 예비 조사하기 순으로 진행된다.

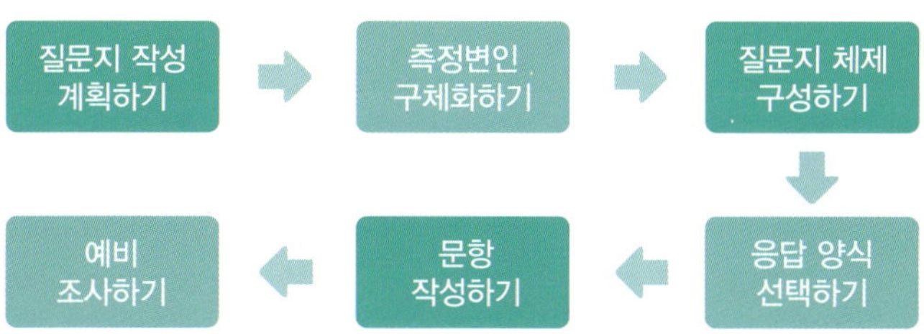

그림 8-3 질문지 작성의 절차

질문지 작성 계획하기는 질문지를 작성하는 목적이 무엇이며, 어떤 조사의 내용과 범위를 갖고, 어떤 대상에게 실시할 것인가, 어떻게 수정하고, 어떻게 분석할 것인지 사전에 계획하는 단계이다. 측정변인 구체화하기는 질문지의 목표를 명확히 하고 구체화하는 작업단계이다. 즉, 일반적인 목적을 몇 개의 구체화된 세부목표 또는 하위목표로 상세화하는 작업을 의미한다. 질문지 체제 구성하기는 질문지 작성 시 응답자의 관심을 유도하고 질문지를 읽거나 보기 쉽도록 편집 구성하는 단계이다. 응답양식 선택하기는 응답자의 특성과 질문의 목적, 질문할 내용, 자료분석 방법 등을 고려하여 응답양식을 선택하는 단계이다. 문항 작성하기는 질문의 목적, 응답자의 연령, 성별, 특성 등을 고려하여 적절한 길이의 문항을 제작하는 단계이다. 마지막 예비 조사하기는 작성된 문항의 초안을 전문가들의 주관적 판단에 의해서 검토하고, 질문지의 문제점을 파악하기 위해 소규모로 피험자와 유사한 집단에게 예비 조사하는 과정을 거쳐 검증하는 단계이다. 이러한 절차를 통해 최종 형태의 질문지를 완성할 수 있다. 질문지법의 예시는 〈표 8-16〉과 같다.

표 8-16 자유기술형 질문지법의 예시(부모용)

가정생활 조사지(사회관계 영역)			
			작성일자: 2018.03.13.
유아명	이준수(남)	생년월일	2014.05.07.
응답자	유은혜	유아와의 관계	모

※ 본 설문은 귀하의 자녀가 가정생활에서 보이는 사회성 발달의 정도를 조사하여 이를 교수학습과정 및 운영에 반영하기 위한 기초 자료로 활용하고자 합니다. 정답이 없으므로 어렵게 생각지 마시고 편하게 적어주시기 바랍니다. 번거로우시겠지만 성실히 답변해 주시면 교수계획에 적극 반영토록 하겠습니다.

1. 자녀의 사회성 발달에 있어 가장 중요한 것이 무엇이라고 생각하는지요?

다른 사람을 배려할 줄 알고 친구들과 사이좋게 노는 것이 제일 중요하다고 생각합니다.

2. 자녀의 생활습관 중 교육적 지도가 필요하다고 생각하는 점이 있으신가요? 있다면 어떤 점에 대해 지도가 필요한지 자세히 적어주세요.

장난감을 가지고 논 후 정리하는 것을 싫어해요. 스스로 정리할 수 있는 습관이 길러졌으면 좋겠습니다. 그리고 손을 씻으라고 하면 씻습니다. 말 안 하면 아마 하루 종일 안 씻을 겁니다. 자주 손을 씻도록 말해 주세요.

3. 자녀의 유치원 생활에 가정 걱정이 되는 점은 무엇인가요?

낯선 환경에 친구들과 잘 어울릴지가 가장 큰 걱정입니다. 자주 만나는 친구들이 집에 놀러왔을 때 자신이 좋아하는 장난감을 만지면 난리가 납니다. 고집도 있어서 양보가 힘듭니다.

4. 담임교사에게 특별히 전달하고 싶은 유아의 발달적 상황이 있으시면 적어주세요.

발음이 살짝 정확하지 않아 의사소통이 가끔 힘들 수 있지만 말귀는 잘 알아듣습니다. 환경변화에 예민해서 잘 적응할지가 걱정이지만 시간이 지나 친해지면 애교를 많이 부립니다.

5. 유아가 특별히 무서워하거나 싫어하거나 견디기 힘들어 하는 상황이 있으시면 적어주세요.

특별히 무서워하거나 싫어하는 건 없지만 엄마랑 오래 떨어져 있으면 불안해합니다.

♠ 끝까지 답변해 주셔서 감사합니다.

〈교사 메모란〉
- 부모중점사항: 타인에 대한 배려와 더불어 살아갈 수 있는 능력
- 교육적 요구사항: 정리정돈 및 손 씻는 습관
- 근심사항: 낯선 환경에 대한 두려움, 놀잇감 공유, 양보
- 발달특기사항: 발음이 약간 부정확함, 친숙해 지면 애교가 많아짐
- 불안관련사항: 주 양육자와의 분리불안

3) 검사법

(1) 표준화검사법

표준화검사(standardized tests)는 누가 사용하더라도 검사의 목적, 내용, 대상, 실시 절차 및 조건, 채점, 결과의 해석이 동일하도록 모든 절차와 방법을 일정한 기준에 맞추어 만들어 놓은 검사로, 결과에 대한 신뢰도와 타당도가 높은 평가방법 중 하나이다. 표준화검사법은 개인이 지니고 있는 신체적 · 심리적 특성의 양과 질을 측정할 목적으로 일정한 조건하에 특정한 문제나 작업을 부과하여 피검사자가 나타내는 반응을 체계적으로 관찰하는 절차이다(황해익 외, 2004). 유아를 대상으로 사회적 행동이나 태도를 분석하기 위해 만들어진 표준화검사는 유아의 사회성 발달 및 행동 특징을 진단할 수 있으며, 유아의 개인차나 집단 간 차이, 유아사회교육 프로그램의 효과를 판단하는 방법으로도 활용할 수 있다.

표준화검사법의 장 · 단점은 다음과 같다. 장점은 여러 명의 유아에게 동시에 실시할 수 있어 시간과 노력이 적게 들고, 실시방법도 용이하다는 것이다. 또한 검사의 채점방식이 표준화되어 있어 검사자 간의 일치도가 높을 뿐 아니라 결과에 대한 신뢰 역시 높다는 장점이 있다. 반면 단점은 자기표현기술이나 문해능력이 발달하지 않은 응답자의 경우 검사자의 지시나 요구를 이해하지 못하기 때문에 세심한 주의를 기울여야 한다는 것이다. 특히 유아용 검사지의 경우 인위적인 검사 실시상황에서 발생되는 스트레스 등의 이유로 주의해서 사용해야 한다. 따라서 유아를 대상으로 할 경우 집단검사보다는 개별검사를 실시하되 1:1로 검사를 실시하고, 문항의 이해를 높일 수 있도록 그림을 활용한 그림검사를 적용하는 것이 효과적이다. 〈표 8-17〉은 국내에서 제작 또는 표준화된 유아대상 표준화 심리검사의 예이다.

표 8-17 유아대상 표준화 심리검사의 예

검사명	저자	내용	대상연령
유아지능검사	김재은 (1970)	• 낱말과 글의 뜻, 같은 그림 찾기 검사, 셈하기, 점 잇기 검사, 네모 맞추기와 본뜨기 검사	4~7세
토랜스 창의성 검사 (TTCT-도형)	김영채 (1999)	• 검사내용: 그림구성하기, 그림완성하기, 선그리기 • 측정요인: 유창성, 독창성, 제목의 추상성, 정교성, 성급한 종결에 대한 저항	유아 ~성인
유아종합창의성 검사 (K-CCTYC)	전경원 (2000)	• 언어: 빨간색 연상하기(검사1) • 도형: 도형 완성하기(검사2) • 신체: 동물 상상하기(검사3), 색다른 나무치기(검사4)	4~6세
유아 도형창의성검사 (K-FCTYC)	전경원 (2000)	• 검사내용: 으뜸도형으로 그리기(검사1), 자극도형으로 그리기(검사2) • 측정요인: 유창성, 독창성, 개방성, 민감성	4~6세
한국판 덴버발달선별 검사 (K-DDST-II)	신희선 (2002)	• 검사항목: 개인성/사회성, 미세운동/적응성, 언어, 전체운동 • 검사KIT: 딸랑이, 털뭉치, 블록, 연필, 공, 종, 인형, 컵, 이동용가방	출생~6세
유아 창의적 특성검사 (K-CTC)	전경원 (2003)	• 인지적 요인: 유창성, 융통성, 독창성 • 정의적 요인: 탈고정관념/독자성, 호기심/모험심, 다양성, 민감성, 유머감각, 개별성	4~6세
아동발달검사 (K-CDI)	김정미, 신희선 (2006)	• 사회성, 자조행동, 대근육운동, 소근육운동, 표현언어, 언어이해, 글자, 숫자, 문제항목	15개월~ 6세

검사명	저자	내용	대상연령
SCI 자아개념 검사 (유아용)	이경화, 고진영 (2006)	• 학문적 자아개념: 언어, 수학 • 비학문적 자아개념: 일반자아, 신체적 자아, 친구관계, 부모관계	유아
종합인지기능 진단검사 (CAS)	문수백, 이영재, 여광응, 조석희 (2007)	• 계획기능: 숫자짝짓기, 부호쓰기, 순서잇기, • 주의집중: 표현주의력, 숫자찾기, 수용주의력, • 동시처리: 도형유추, 언어공간관계, 도형기억, • 연속처리: 단어계열, 문장반복, 말하기 속도, 문장이해	5~12세
영유아 선별 교육 진단검사 개정판 (DEP)	장혜성, 서소정, 하지영 (2008)	• 대근육 운동기술, 소근육 운동기술, 의사소통, 사회정서, 인지, 기본생활	0~36개월
영유아 발달별 검사 (KCDR-R)	김정미, 신희선 (2011)	• 사회성, 자조행동, 대근육운동, 소근육운동, 언어영역	0~6세
영유아 기질 및 비전형 행동 척도 (K-TABS)	김정미, 김효창, 조윤경 (2013)	• 고립행동 요인, 과활동성/과민감성 요인, 저반응성 요인, 조절문제 요인	12~72개월
카우프만 아동용 지능검사 (K-ABC-II)	문수백 (2014)	• 순차처리: 수회생, 단어배열, 손동작 • 계획력: 형태추리, 이야기완성 • 동시처리: 블록세기, 관계유추, 얼굴기억, 형태추리, 빠른길 찾기, 이야기완성, 삼각형, 그림통합 • 학습력: 이름기억, 암호해독, 이름기억-지연, 암호해독-지연 • 지식: 표현어휘, 수수께끼, 언어지식	3~18세
한국 영유아 발달선별검사 (K-DST)	대한 소아과학회 (2014)	• 대근육운동, 소근육운동, 인지, 언어, 사회성, 자조	4~71개월
EBS 유아성격검사	프로이드 심리검사 연구소 (2015)	• 적극성: 기쁨, 접근성, 활동성 • 정서성: 분노, 공포, 슬픔, 회복율 • 사회성: 수줍음, 사교성, 이타성/협동성, 공감 • 자기조절: 충동성, 통제력, 주의집중, 조직화 • 민감성: 적응성, 자극/민감성, 규칙성, 불안	3~6세
유아용 웩슬러지능검사 (K-WIPPSI-IV)	박혜원, 이경옥, 안동현 (2016)	• 토막짜기, 상식, 행렬추리, 동형찾기, 그림기억, 공통성, 공통그림찾기, 선택하기, 위치찾기, 모양맞추기, 어휘, 동물짝짓기, 이해, 수용어휘, 그림명명	2~7세

검사명	저자	내용	대상연령
우리아이 교육환경 검사 (유아용)	한솔 교육연구원 (2017)	• 부모역할영역: 부모의 교육관, 사회적응에 대한 관심 및 지원, 교육지원 및 부모자녀관계 • 독서환경영역: 독서태도, 독서활동, 물리적 환경	25~ 60개월

유아를 대상으로 한 표준화검사는 지능검사, 창의성검사, 자아개념검사, 종합발달검사 등이 있다. 유아를 대상으로 검사를 실시할 경우 유의해야 할 사항은 다음과 같다(황해익 외, 2004).

유아가 편안한 분위기에서 검사에 임하도록 해야 한다. 검사를 위한 물리적 환경은 평상시와 같은 안정되고 편안한 분위기를 제공하고, 유아의 주의를 분산시키거나 유아가 관심을 가질 만한 방해 자극을 최소화한다. 검사에 필요한 자료들을 순서대로 정리해 두고, 순차적으로 자료를 제시하며 검사를 진행할 수 있도록 한다.

유아를 대상으로 검사를 실시하는 경우에는 유아에게 실시하는 검사가 어떤 검사이며, 왜 하는 것인지 유아가 이해할 수 있는 수준으로 설명해 줌으로써, 유아가 지나치게 긴장하거나 불성실하게 응답하지 않도록 한다.

대부분의 검사는 유아에게 익숙하지 않기 때문에 검사자와 유아가 짧은 시간 동안이라도 서로 간의 신뢰를 형성할 수 있는 시간을 먼저 가져야 한다. 이러한 과정을 통하여 유아의 생각과 상태가 검사결과에 잘 반영될 수 있어 더욱 신뢰로운 검사결과를 얻을 수 있다.

유아에 대한 평가를 실시하고 이를 해석할 때는 신중을 기해야 한다. 검사결과는 당시 상황에서 유아가 보인 능력과 행동에 국한된 것이며, 그것이 유아의 모든 것을 설명해 주는 것이 아님을 명심해야 한다. 따라서 단일한 검사 결과로 유아를 낙인찍지 않아야 하며, 검사의 범위 안에서 해석이 이루어져야 한다.

검사는 궁극적으로 검사를 받은 대상에게 도움이 될 수 있어야 한다. 특히 유아를 대상으로 하는 경우에는 보호자의 동의하에 진행되어야 하며, 보호자의 동의가 있었다 하더라도 유아가 검사 참여를 거부할 경우 검사에 임하도록 강요해서는 안 된다. 또한 피검사자의 동의 없이 검사결과를 외부로 유출해서는 안 되며, 사전에 동의를 받은 검사목적의 범위 안에서 검사결과가 사용되어야 한다.

(2) 교사제작검사법

교사제작검사(teacher-made tests)는 말 그대로 평가의 목적에 따라 교사가 제작하는 검사를 말한다. 유아의 내재된 속성은 직접 측정이 불가능하기 때문에 간접 측정을 하기 위해 고안된 검사로 파악할 수 있다. 그 중 교사제작검사는 유아의 특정한 발달속성을 측정할 수 있는 검사도구가 개발되어 있지 않은 경우 교사가 교수적 · 진단적 · 평가적 목적으로 직접 제작하여 사용하는 검사이다. 교사제작검사의 목적은 유아의 발단현황을 정확히 판단하여 교육의 적절성과 효율성을 높이고, 또 문제가 있는 발달영역에 대한 조기진단 및 판단을 통해 이후에 일어날 수 있는 여러 가지 문제 상황을 조기에 점검하여 수정하는 데 있다(황해익 외, 2014). 교사는 이러한 검사의 목적에 기초하여 유아의 발달현황과 특정 활동, 프로그램의 효과 등에 대한 내용을 질문지 형식 또는 기호나 그림 형식으로 제작할 수 있다.

교사제작검사의 장 · 단점은 다음과 같다. 장점은 교사가 학급 내 유아를 대상으로 또래상호관계나 집단 분위기, 놀이 활동 몰입 등의 측정하기 어려운 상황을 교사가 특정한 형식으로 제작하여 기록할 수 있다는 것이다. 또한 검사내용이 학급 유아의 수준을 반영하고 있어 교수방법 및 내용 개선에 도움을 준다는 장점이 있다. 반면 단점은 검사의 결과를 학급 내에서만 반영할 수 있기 때문에 학급이 아닌 다른 상황에서 다른 유아와의 비교가 어렵다는 것이다. 즉, 객관적인 규준이 없어 정확도가 떨어지며, 신뢰도와 타당도가 결여될 수밖에 없는 단점이 있다.

교사제작검사법 중 유아교육현장에서 질문지 형식 이외에 기호나 그림 형식으로 활용되고 있는 대표적인 예로 도시법(graphic method)을 들 수 있다. 도시법은 관찰의 결과를 문장이나 수량으로 기록하지 않고 교사가 특정한 기호나 그림으로 표시하는 방법이다(한국교육평가학회, 2004). 즉, 도시법에 쓰이는 기호나 그림은 교사가 고안하여 사용할 수 있으며, 다른 평가의 보조 자료로 활용되기도 한다. 도시법은 활동 중 종이와 연필만 있으면 간단하고 빠르게 수행할 수 있으며, 행동의 빈도를 양적으로 측정할 수 있다는 장점이 있다. 반면 전후 상황이 고려되지 않아 분석과 해석에 유의해야 한다. 일반적으로 도시법에 많이 쓰이는 기호와 예는 [그림 8-4]와 같다.

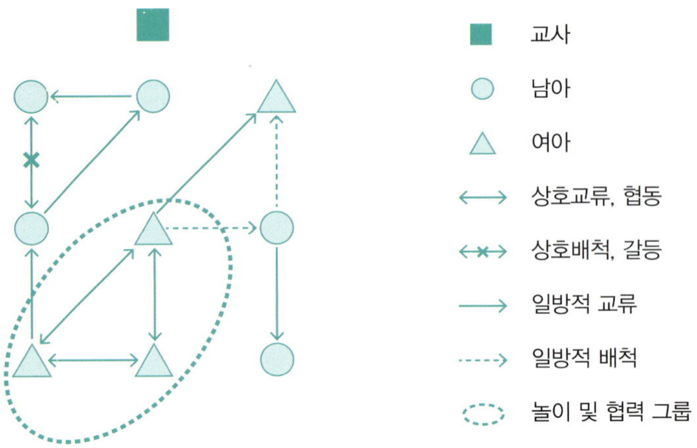

그림 8-4 **유치원에서의 또래 관계 도시법의 예**

교사제작검사를 실시할 경우 유의해야 할 사항은 다음과 같다(황해익 외, 2009).

- 검사점수를 절대시하지 말아야 한다. 한 가지의 검사결과에 의존하여 유아의 발달상황을 단정적으로 평가해서는 안 되며, 검사결과는 교사, 부모, 전문가의 의견을 보충해 주는 객관적인 자료로만 사용해야 한다.
- 기술적 목적의 검사는 일반적으로 교사가 실시할 수 있지만, 장애 등 특수한 진단 및 평가는 검사의 실시와 해석에 대한 전문적 지식을 가진 전문가와 협력하여 실시하는 것이 바람직하다.
- 교사는 유아의 검사결과를 부모에게 설명하고 함께 논의해야 한다. 검사에 대한 일반적인 정보와 함께 장점 및 한계를 설명하여 검사의 목적과 내용에 오해가 없도록 한다.
- 유아를 잘 지도하기 위하여 얻은 정보를 어떻게 활용할 것인지에 대해 사전에 검토해 두어야 한다. 즉, 검사결과 점수의 높고 낮음에 따라 어떻게 지원할 것인지 고려해야 한다.

4) 포트폴리오 평가법

(1) 포트폴리오 평가의 이해

최근 유아교육현장에서는 기존의 구조화된 검사도구를 통한 평가를 지향하고 비형식적이며 대안적인 평가의 방식을 고민하면서 포트폴리오 평가의 가능성에 대해 관심이 모아지고 있다. 포트폴리오 평가를 제대로 시행하기 위해서는 포트폴리오와 포트폴리오 평가의 차이점에 대해 구분할 수 있어야 한다.

포트폴리오(portfolio)는 자료수집철, 자료묶음 등을 뜻하는 것으로, 자신의 실력을 보여 줄 수 있는 작품이나 수행의 결과들을 모아 놓은 작품집 또는 자료모음집을 말한다. 포트폴리오 평가는 이렇게 수집된 포트폴리오의 내용물을 근거로 교사가 유아의 학습과 발달상태를 평가하고 이후 교육과정을 수정 및 개발하는 데 적극적으로 활용하는 평가 방법이라 할 수 있다. 즉, 시간의 흐름에 따라 나타나는 유아의 성장과 발달, 학습과정과 결과 등을 나타내는 다양한 활동결과물을 체계적으로 수집하고 조직하여 이를 기초로 유아의 지식, 기능, 태도 등을 판단하는 평가방법이다(교육과학기술부 · 보건복지부, 2013).

포트폴리오 평가는 기존의 결과 중심적이고, 심리측정적인 표준화된 검사방식의 평가와 달리 유아의 성장과 발달에 대한 다양한 차원의 정보를 장기간에 걸쳐 수집하고 분석하는 것으로 과정 중심적인 평가라 할 수 있다. 이러한 포트폴리오 평가의 특징을 살펴보면 다음과 같다.

- 포트폴리오 평가는 계획, 실행, 활용에 있어 유동적이고 적응적이다. 평가과정 중에 포트폴리오에 포함되는 내용, 조직 및 활용방법 등이 유아의 연령과 발달적 수준, 현재 교사가 중점을 두고 있는 문제나 발달영역, 기관의 목적, 그 밖의 다른 요소들에 따라 언제든 변경할 수 있다.
- 포트폴리오는 유아들의 발달과 학습에 대한 다양한 자료를 수집할 수 있다. 포트폴리오에 포함되는 내용에는 유아의 그림, 언어활동 결과물, 활동장면의 사진이나 녹화영상, 선호하는 도서의 목록, 교사의 관찰기록 등의 다양한 자료를 통해 유아의 발달과 학습에 대한 정보를 얻을 수 있다.

- 유아들이 포트폴리오 평가에 능동적으로 참여할 수 있다. 평가과정에서 유아가 활동결과물의 수집 및 선정에 직접 참여하기 때문에 내적 동기를 유발하고, 긍정적인 자존감을 증진시킨다.
- 포트폴리오 평가는 상대적인 비교 평가가 아닌 개별적인 평가이다. 포트폴리오 평가는 유아 개개인의 성과물이 일상생활에서 지속적이고 장기적으로 수집되기 때문에 유아의 연령, 발달수준, 능력에 따른 개별화된 교육과정의 계획 및 적용이 가능하다.
- 포트폴리오 평가는 유아에 대한 다면적 평가가 가능하다. 포트폴리오 평가는 오랜 기간 동안 시간의 흐름에 따라 일어나는 자기반성과 성장 및 변화내용에 대한 결과물과 기록물들을 지속적이고 체계적으로 수집하기 때문에 정해진 준거에 따라 결과와 과정까지 종합적으로 판단할 수 있다.
- 포트폴리오 평가는 의사소통을 하는 도구가 되어준다. 교사의 일방적인 전달이 아닌 평가과정에 교사, 유아, 부모가 함께 참여하여 포트폴리오를 구성하기 때문에 유아의 활동결과 및 생각, 변화 등을 공유할 수 있다.

한편 교사는 포트폴리오 평가를 실시하는 목적과 자신의 역량 및 시간적 여유 등을 고려하여 가장 적합한 유형의 포트폴리오를 선정한 후 현장에서 적용해야 한다. 포트폴리오의 유형은 실시 목적에 따라 전시 포트폴리오, 활동과정 포트폴리오, 총괄 포트폴리오 등으로 구분된다(정혜영, 2001). 전시 포트폴리오는 유아가 행한 최고의 학습 결과나 행동을 자료로 만들어 전시할 목적으로 제작하는 포트폴리오를 의미한다. 작품의 선정은 교사와 유아가 협의하여 이루어지는 것이 원칙이며, 이 과정에서 유아의 의견을 최대한 반영해야 한다. 이때 교사나 유아가 특정 작품을 선택한 이유에 대한 설명을 덧붙일 수 있다. 활동과정 포트폴리오는 유아의 활동과정에서 발생하는 초기 작품에서부터 가장 우수한 작품까지, 또는 학기 초의 행동에서부터 학기 말의 행동까지 학습자의 변화과정을 살펴볼 수 있도록 만들어진 포트폴리오를 의미한다. 미완성된 작품이나 활동의 진행 과정에 대한 기록도 활동과정 포트폴리오에 포함할 수 있다. 총괄 포트폴리오는 유아에 대한 총체적인 평가를 목적으로 유아의 학습과정에서 생겨나는 여러 가지 산출물뿐만 아니라 표준화검사 결과, 교사의 관찰자료, 가족에 대한 정보 등 유아에 대한 모든 정보를 포함하는 포트폴리오를 의미한다.

이와 같은 목적에 따라 포트폴리오 평가를 위한 자료를 수집할 때 자료 수집기간을 일주일이나 격주, 한 달, 학기, 계절 등의 간격을 두고 다양하게 모아진 결과물들이 포함되도록 해야 하며, 수집된 자료에는 반드시 활동의 배경, 유아의 특정행동, 동기유발, 또래와의 관계, 날짜, 자료에 대한 유아의 설명, 자료를 신속하게 정리하기 위한 색인키워드 등을 꼭 기입해두어야 한다. 특히 유아의 그림이나 만들기 작품, 활동참여 사진, 유아의 저널쓰기, 녹음자료 등은 유아의 사회성 발달을 평가하기 좋은 자료가 된다. 그리고 협동작업이나 구성활동, 모래놀이, 점토놀이, 음률활동 등의 역동적인 신체활동자료는 사진을 찍어 놓거나 스케치 또는 비디오녹화 등을 통해 포트폴리오에 담을 수 있다. 포트폴리오 평가의 예시는 〈표 8-18〉, 〈표 8-19〉와 같다.

표 8-18 포트폴리오 평가의 예시 1

유아명	박지후(여)	자료유형	핵심□ / 개별☑
기록일	2016년 11월 16일(수)	반명(연령)	새싹반(만 3세)
관찰영역/활동	프로젝트 활동(진짜로 날아가는 로켓): 로켓 외관꾸미기		

로켓 외관 디자인 및 선정

로켓 외관 채색하기

유아메모사항	무지개 로켓이에요. 꽃도 많이 그렸으면 좋겠어요.
기록내용	• 로켓 외관을 어떻게 꾸밀지 디자인하고 투표를 실시함 • 스티커가 가장 많이 붙은 지후의 작품이 선정되자 자유선택활동시간에도 친구와 협력하여 열심히 외관을 채색함 • 스펀지에 물감을 묻혀 문지르며 색을 입힘 • 분홍 물감이 유독 연하게 칠해지자 선화와 어떻게 하면 좋을지 의견을 나눔. 그래도 결론이 나지 않자 교사에게 도움을 요청함(교사: 물감이 다 마르면 친구들과 다시 고민해 보자고 제안함)

한 줄 평가	• 디자인 선정 과정에서 유아들의 스티커 투표를 통해 자신의 작품이 선정되자, 자신의 작품에 자긍심을 나타내며, 외관꾸미기 작업에 적극적이고, 주도적으로 참여함
색인키워드	사회관계: 자긍심, 주도성, 자율성

표 8-19 포트폴리오 평가의 예시 2

유아명	김은혁(남)	자료유형	핵심□ / 개별☑
기록일	2016년 11월 24일(목)	반명(연령)	새싹반(만 3세)
관찰영역/활동	프로젝트 활동(진짜로 날아가는 로켓): 진짜로 날아가는 로켓 탑승해 보기		

진짜로 날아가는 로켓 탑승해 보기

10, 9, 8, 7.....제로! 발사구호 외치기

유아메모사항	
기록내용	• 로켓에 탑승하기 위해 출입문으로 가는데 지혁이 먼저 탑승하려 하자 양보해 줌 • 지혁에게 탑승 순서를 양보해도 신나 하며 출입문을 닫아줌 • 로켓 주변에 모여든 유아들과 함께 “십, 구, 팔, 칠~제로! 발사!”라고 발사구호를 입을 모아 외침(교사: 교실 천정에 낚시 줄 도르래 장치를 설치하여 발사구호를 외치면 줄을 잡아당겨 〈진짜로 날아가는 로켓〉을 실현해 줌) • 마치 발사되듯 높이 치솟는 로켓을 보고 신기해 함 • 몇 번의 발사장면을 목격하고 도르래 장치에 관심을 보이며 자신도 줄을 당겨보고 싶어함
한 줄 평가	• 친구에게 순서를 양보하며, 자신의 감정을 조절하여 친구를 배려하는 모습을 보임 • 물체의 이동장면을 유심히 관찰하고 원리에 관심을 가짐
색인키워드	• 사회관계: 타인에 대한 배려, 함께 놀이하는 기쁨 • 자연탐구: 물체의 이동과 원리에 관심 갖기

(2) 포트폴리오 내용구성

유아는 일상적인 하루일과 생활에서 많은 결과물을 산출한다. 유아사회교육과 관련된 포트폴리오 내용은 일상적인 하루일과를 통해서 유아의 행동이나 활동결과물, 학부모의 이야기 등으로 이루어질 수 있다. 구체적인 내용은 〈표 8-20〉과 같다.

표 8-20 유아 사회성 발달과 관련된 포트폴리오 내용

구분	내용
일상생활	• 출석 및 지각 기록 • 발달에 따른 유아의 행동특성 관찰기록 • 낮잠 시 행동특성 관찰기록 • 배고픔 정도, 피곤함 정도에 대한 특성 관찰기록 • 선호하는 활동시간, 조용한 시간, 시끄러움과 새로운 상황에 대한 유아의 반응, 유아의 학습방법에 대한 관찰기록 • 부모면담자료
사회관계활동	• 또래 관계에 대한 교사의 관찰기록 • 대소집단활동, 자유선택활동, 야외활동 등 협동상황에서의 유아의 태도에 대한 관찰기록, 유아의 자기보고 자료 • 갈등 시 사회적 문제해결능력에 대한 관찰기록 • 유아의 또래 관계 속 사회적 위치 관찰기록 • 자아개념에 대한 자기보고 및 관찰기록 • 유아의 우정관계 관찰 및 자기표현 자료
자기표현/성향	• 유아의 독특성, 개별적 학습스타일, 흥미, 성향에 대한 기록 • 주어진 과제에 소요되는 시간을 보여 주는 견본 • 흥미영역에서 활동을 수행하는 동안 관찰된 유아의 동기, 태도, 성향에 대한 기록 • 활동, 과제에 대한 유아의 선택을 보여 주는 견본 • 역할놀이, 수조작놀이, 조형작품 등 활동의 결과물에 대한 유아의 느낌, 평가물 • 사회관계 영역과 관련된 지식과 기술, 태도에 대한 기록 • 유아가 좋아하는 활동, 책, 사물 등에 대한 기록 • 가정에서 좋아하거나 즐기는 놀이 등에 대한 이유와 자기표현 자료

출처: 문혁준 외(2016). 유아사회교육. 창지사.

(3) 포트폴리오 평가의 절차

포트폴리오 평가는 그 내용과 방법이 다양하므로 모든 유아교육기관에서 동일하게 적용할 필요는 없다. 일반적으로 포트폴리오 평가의 절차는 계획, 실행, 평가 및 활용의 3단계로 이루어진다(그림 8-5).

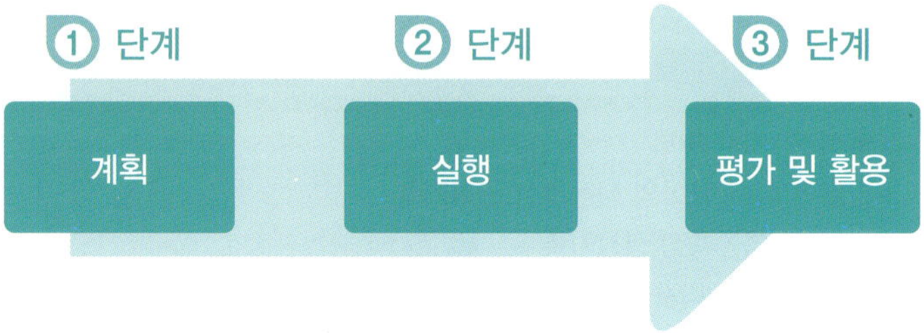

그림 8-5 **포트폴리오 평가의 절차**

❶ 1단계: 계획

포트폴리오 평가에서 계획은 매우 중요하다. 충분한 계획 없이 포트폴리오 평가가 이루어진다면 그것은 평가활동이라기보다는 단순한 자료수집활동이 될 가능성이 많기 때문이다(황해익 외, 2009). 계획단계에서는 교육과정을 분석하여 주요 목표 및 내용 요소별로 필요한 평가도구와 평가방법을 결정하고 그에 따라 구체적인 실천계획을 수립하고 각 실천단계별로 어떻게 준비하고 어떤 활동을 전개하도록 하여 어떤 자료를 수집할 것인지를 결정하는 일이 중요하다. 포트폴리오 계획단계의 세부 내용은 다음과 같다.

- 포트폴리오 평가규정을 정한다. 평가규정에는 포트폴리오를 실시하는 목적, 수집할 내용물, 채점준거, 실시방법과 활용방법 등의 내용이 포함되어야 한다.
- 포트폴리오 평가항목을 정한다. 포트폴리오 평가를 위해 핵심항목과 개별항목으로 구분하여 자료를 수집한다(이영애 · 유준호, 2018). 핵심항목은 모든 유아에게서 수집하는 자료유형으로, 같은 유형의 자료를 주기적으로 수집한다. 수집 시 평가내용에 적절한 것, 일과활동을 통해 수집 가능한 것으로 선정한다. 개별항목은 연간계획과 관련 없이 유아의 개별화된 특성을 보여 주는 것 또는

유아가 수집을 원하는 자료유형이다.

- 평가 참여자에 대한 연수 및 안내를 실시한다. 포트폴리오 평가 계획단계에서는 참여자의 이해를 확대시키기 위해 교사와 부모에 대한 협의회를 실시해야 한다(황해익 외, 2009). 교사협의회에서는 포트폴리오 평가에 대한 이해, 유아관찰 및 기록화 능력을 향상시킬 수 있도록 연수를 실시하고, 부모협의회에서는 평가의 목적 및 학부모의 역할 등에 대해 안내한다.

❷ 2단계: 실행

실행단계에서는 자료를 수집하고, 유아의 활동작품을 수집하고, 기록작업 등이 주로 이루어지며, 실행을 위해 보관함 및 수집하고자 하는 자료에 대한 예상목록을 작성한 후 수집하면 용의하다. 포트폴리오 실행단계의 세부 내용은 다음과 같다.

- 보관함을 준비한다. 유아관련 작품 및 활동결과물은 전용 보관상자 또는 바인더, 봉투 등을 보관함으로 사용할 수 있다.
- 내용목차를 작성한다. 내용목차는 내용물에 대한 예상목록으로 포트폴리오에 자료가 첨가될 때마다 표시한다. 이를 통해 평가자료로 어떤 내용물을 모았는지 쉽게 알 수 있다.
- 기준이 되는 자료를 수집한다. 포트폴리오 평가자료를 수집할 때에는 학기 초의 발달상태 혹은 능력을 나타내는 기준자료를 수집하는 것이 필요하다. 기준자료와 이후에 수집되는 자료들의 비교를 통해 유아의 발달 및 변화과정을 알 수 있기 때문이다.
- 시간에 따른 다양한 작업표본을 수집한다. 작업표본은 유아의 활동결과물을 의미한다. 즉, 유아의 글, 그림, 읽은 책의 목록, 수 · 과학활동 자료, 사진, 유아가 이야기한 것을 교사가 받아 적은 메모, 친구들과 협동 작업한 것 등이 모두 작업표본이 될 수 있다. 그 밖에 가정에서 활동한 결과물도 유아의 발달을 이해하는데 의미 있는 자료가 된다.

❸ 3단계: 평가 및 활용

평가 및 활용단계에서는 포트폴리오를 총괄적으로 정리 및 종합하고 해석하여,

그 결과를 유아 및 부모에게 전시하고 보고하는 일 등이 이루어진다. 이를 위해 교사는 평가요약서 작성 및 협의회 실시, 평가전시회를 진행한다. 또한 유아를 담당하는 새로운 교사에게 평가요약서 및 기타 평가 기록자료를 전달하여 해당 유아를 이해하는 데 도움을 주기 위해 활용할 수 있도록 한다. 포트폴리오 평가 및 활용단계의 세부 내용은 다음과 같다.

- 포트폴리오 평가요약서를 작성한다. 평가요약서는 한 학기 혹은 한 해 동안 수집된 정보들을 요약하여 서술문으로 작성한다. 교사는 누리과정 영역별 혹은 활동별로 포트폴리오를 정리하고, 모은 자료들이 시간의 흐름에 따라 어떤 변화와 양상이 있었는지를 요약하여 서술하도록 한다.
- 포트폴리오 평가협의회를 실시한다. 평가협의회는 부모와 교사의 만남과 면담 시 포트폴리오 자료에 기초하여 의견을 나누는 것을 말한다. 이때 평가요약서를 토대로 교사와 부모가 유아에 대한 정보를 공유할 수 있고, 최종 포트폴리오에 넣을 항목들을 협의하여 선정할 수도 있다.
- 포트폴리오 평가전시회를 개최한다. 평가전시회는 모든 유아의 포트폴리오를 전시하고 유아가 여러 사람에게 소개하고 싶은 대표적인 작품을 소개할 수도 있다. 평가전시회에는 또래와 다른 반 유아들, 학부모 및 가족, 동료교사, 원내 다른 구성원, 행정가 등이 초대될 수 있다.
- 포트폴리오 인수를 준비한다. 학기 말에 한 해 동안의 모든 유아의 작업표본 중 해당 유아를 가장 잘 나타낼 수 있다고 생각되는 활동자료들을 선별하여 구성하고, 포트폴리오 평가요약서 및 기타 평가기록도 함께 넣어 인수 포트폴리오를 구성한다(황해익 외, 2009). 인수 포트폴리오는 유아를 다음 해에 담임하는 교사에게 전달하게 되는데, 이를 통해 다음 해 담임교사는 그 유아를 이해하는 데 도움을 받는다. 그리고 이를 유아교육기관에 계속 보관한다.

(4) 포트폴리오 평가의 효과

포트폴리오 평가에서는 모든 평가자들, 즉, 교사, 유아, 부모가 서로 상호작용하면서 계획자, 개발자, 평가자, 상담자, 조언자 등의 역할을 수행한다. 포트폴리오 평가의 실행이 교사, 유아, 부모에게 미치는 긍정적인 효과를 살펴보면 다음과 같다 (황해익 외, 2009).

❶ 교사

- 정해진 평가기간에 의무적으로 행하거나 학기말에 몰아서 하는 것으로 인식하고 있던 평가를 교육과정 중에 실행함으로써 심리적인 부담감을 줄일 수 있다.
- 교육과정 중에 평가가 이루어지므로 평가결과를 교육과정 운영에 즉시 반영하여 교육의 방향을 수정할 수 있다.
- 유아와 풍부한 대화 및 상호작용의 기회가 많아 보다 친밀한 관계를 형성할 수 있고, 유아의 발달상태와 교육목표에 대한 접근 정도를 자세하게 파악할 수 있다.
- 개별유아에 대한 이해를 증진시켜 개별화 지도에 도움을 준다.
- 부모와의 면담에서 유아발달에 대한 실질적인 정보를 제시할 수 있어 부모와 신뢰로운 관계를 형성할 수 있다.

❷ 유아

- 교사와의 개별적인 상호작용을 통해 쉽게 친근감을 형성할 수 있다.
- 활동에 자신감을 가지고 참여할 수 있고 자기평가 경험을 통해 자기이해 능력이 증진된다.
- 유아가 가진 잠재성, 개성 등을 발휘할 수 있는 기회를 제공받을 수 있다.
- 또래평가 경험을 통해 다른 사람을 이해할 수 있는 능력이 증진된다.

❸ 부모

- 유치원 교육과정과 자녀를 구체적으로 이해할 수 있는 기회가 된다.
- 부모가 유아에게 어떤 도움이 필요한지를 파악할 수 있다.
- 부모와 교사 사이가 친밀한 협조체제로 변화할 수 있다.
- 자녀가 흥미와 관심을 갖고 있는 분야를 알 수 있고 개성을 존중할 기회가 된다.

3. 유아사회교육 평가의 유의사항

1) 유아평가의 기본 원칙

유아에 대한 평가는 궁극적으로 개별 유아에 대한 이해를 높이고 유아의 전인적인 발달에 도움을 줄 수 있도록 하기 위해 실시한다. 이에 유아평가의 기본 원칙을 살펴보면 다음과 같다(교육과학기술부 · 보건복지부, 2013).

(1) 누리과정 목표와 내용에 근거하여 유아의 특성과 변화 정도를 평가한다

유아를 평가할 때에는 누리과정의 목표와 내용을 준거로 하되, 성취중심의 결과 평가보다는 변화 과정을 진술하는 평가가 이루어지는 것이 바람직하다. 즉, 유아가 누리과정의 내용을 경험하면서 어떤 영역에서 얼마나 발달하고 있는지, 어떤 능력이나 태도를 보이고, 개별적으로 얼마나 변화하고 있는지를 주기적으로 관찰하여 평가한다.

(2) 유아의 지식, 기능, 태도를 포함하여 평가한다

누리과정은 유아의 심신의 건강과 조화로운 발달을 도와 민주 시민의 기초를 형성하는 것을 목적으로 하며, 만 3~5세 유아가 갖추어야 할 기본 능력과 소양을 기르기 위한 것으로 세부 내용은 지식, 기능, 태도 및 가치관을 포함하고 있다. 따라서 누리과정을 계획하여 운영하고 이를 경험한 유아의 변화 과정을 파악하고자 할 때 이러한 지식, 기능, 태도를 모두 포함하여 평가한다.

(3) 유아의 일상생활과 누리과정 활동 전반에 걸쳐 평가한다

유아는 다양하게 편성된 하루일과에 참여하면서 여러 가지 경험을 하게 된다. 누리과정 운영이 유아의 일과 속에서 자연스럽게 이루어지듯이, 평가 또한 교육 및 보육장면과 분리되지 않아야 한다. 따라서 유아를 평가하고자 할 때는 특정 활동이나 영역에 초점을 맞추기보다는 일과 전반에 걸쳐 관찰하는 것에 기초하여 평가하는 것이 바람직하다.

(4) 관찰, 활동 결과물 분석, 부모면담 등 다양한 방법을 사용하여 종합적으로 평가하고, 그 결과를 기록한다

유아를 평가할 때는 여러 내용을 다양한 방법을 통해 정보를 수집하고 그것에 기초하여 결과를 분석하는 것이 바람직하다. 하루일과에서 유아가 참여하는 놀이의 종류나 수준, 친구관계, 활동 몰입 정도, 일상생활 수행정도 등 관찰 가능한 여러 행동을 구체적으로 기록하고 그 자료를 기초로 평가하고 이를 기록해 둔다.

(5) 유아평가 결과는 유아에 대한 이해와 누리과정 운영 개선 및 부모면담 자료로 활용할 수 있다

유아에 대한 평가 결과는 주기적으로 유아의 현재 발달 수준과 누리과정의 성취 정도를 파악하는 데 활용된다. 유아가 균형 있게 성장 · 발달하려면 상호 신뢰 속에 유치원 및 어린이집과 부모 간에 원활한 의사소통이 이루어져야 한다. 유아 평가 결과를 부모면담 자료로 활용하여 유아에 대한 정보를 가정과 공유하고, 가정에서도 이에 기초하여 일관성 있게 지도하여 유아의 전인발달을 지원하도록 한다.

2) 유아사회교육 평가를 위한 지침

유아사회교육의 평가는 유아의 사회성 발달을 강화하고 동기를 유발하는 등 사회적 발달에 대한 효과적인 아이디어를 제공한다. 이에 유아사회교육 평가에 있어 다음과 같은 몇 가지 지침에 유념할 필요가 있다(홍순정 · 김희태, 2010).

(1) 교사의 견해를 반영한다

유아교육현장에서 교사의 신념과 태도는 유아평가의 중요한 요인으로 작용한다. 교육의 질이 교사의 질을 능가할 수 없다는 말이 있듯이, 교사의 견해는 교수행위에 직접적인 영향을 준다. 즉, 유아교사가 태도와 가치관의 발달에 역점을 둔다면, 평가 역시 유아사회교육에서 강조되는 태도와 가치관의 발달 정도에 초점을 두게 된다. 만일 교사가 사회과학적 개념과 관련된 정보의 습득에 가치를 둔다면 평가도 주제에서 다루는 지식의 습득에 초점을 둘 것이다. 따라서 유아교사는 유아평가뿐 아니라 자신의 활동에 대한 평가를 함께 실시하고 그 결과를 기록함으로써 순환적인 반성적 사고를 해야 하겠다.

(2) 교수과정에 평가를 통합한다

평가는 교수-학습과정의 일부분이어야 한다. 유아사회교육의 평가는 개인 및 가정생활, 집단생활, 기본생활습관 등 일과 속에서 생활과 교육활동 전반의 포괄적 성격을 가지고 있다. 따라서 유아교사는 교수과정에 평가를 활용해야 한다. 효율적인 교사는 유아의 일상 관찰을 통해 사회성 발달 정도와 흥미와 관심을 파악하고, 이를 교수-학습과정에 반영한다. 유아에 대한 정확한 평가는 교사로 하여금 그들에게 맞는 교육과정과 의사결정에 필요한 정보제공 및 유아에 대한 지식과 이해를 높일 수 있다.

(3) 연속적인 발달과정을 평가한다

평가는 일회성으로 그치는 것이 아니라 연간 활동 속에서 연속적으로 이루어져야 한다. 교사는 유아의 연속적인 발달과정을 평가하기 위해 진단평가, 형성평가, 총괄평가를 교수과정에 포함시켜 평가할 수 있다. 학기 초에 실시하는 진단평가는 교사가 학습내용을 구성하는 데 실제적인 도움을 제공한다. 학기 중에 실시하는 형성평가는 유아가 학습내용을 얼마나 잘 이해하고 있는지 점검할 수 있으며, 교사의 교수전략이나 방법 등을 점검할 수 있다. 학기 말에 실시하는 총괄평가는 교육목표가 달성되었는지에 대한 여부와 교육내용 및 교수전략이 유아의 발달과 관련하여 적절했는지를 종합적으로 판단함으로써 전체적인 활동을 점검하여 교육의 방향을 수정할 수 있다.

(4) 다양한 상황에서 평가한다

유아사회교육에 있어 지식, 기능, 태도 및 사회성 발달은 집단 또는 개별 활동 시 그룹토의나 작업평가 등 다양한 활동 면에서 평가될 수 있다. 즉, 이야기 나누기, 신체활동, 음악활동, 미술활동, 대소집단 활동 및 자유선택활동, 등하원, 급간식, 전이시간 등 전체 일과 시간을 통해 유아의 전반적인 활동을 평가할 수 있다. 또한 창작적 노력을 하는 교육장면에서도 평가할 수 있다. 교사는 유아들의 새로운 아이디어나 건설적 행동, 예술적 표현에서의 창의성 그리고 그룹토의에서 나타나는 제안 등 다양한 상황에서 평가해야 한다.

(5) 다양한 평가방법을 사용한다

특정한 한 가지 평가방법만을 사용하는 것은 바람직하지 않다. 이는 유아의 행동이 상황과 기분에 따라 다르게 나타날 수 있기 때문이다. 한 번의 관찰을 통해 유아의 행동이 공격적이라고 평가하는 것은 교사의 편견이며, 다양한 상황에서 다양한 평가방법을 통해 평가해 보아야 한다. 이를 위해 유아가 참여한 놀이나 활동에서 유아가 만든 활동물, 언어나 음률 활동 동영상, 쌓기 구조물 사진 등을 주기적으로 수집하고, 관찰 자료와 함께 활용하여 유아를 종합적으로 평가하도록 한다. 이때 평가의 내용과 목적에 따라 관찰, 조사, 검사 등 다양한 평가방법 및 도구를 활용할 수 있어야 한다.

참고문헌

강란혜(2008). **아동발달**. 창지사.

강병수, 서원석, 양광식(2013). 친절요소와 친절인식의 관계분석: 도시 내 서비스 이용자와 종사자를 중심으로. **도시행정학보, 26**(2), 1-18.

강신영(2000). 유아교육 관련 인터넷 사이트의 평가준거 개발을 위한 기초 연구. 부산대학교 석사학위논문.

강우철(1991). **달라져야 할 사회과 교육**. 교학사.

고은이(2012). 스마트러닝 환경에서 교육용 콘텐츠의 활성화 방안에 관한 연구. 이화여자대학교 대학원 석사학위논문.

곽은희(2011). 아버지의 자녀양육 참여, 성역할 고정관념, 유아 사회성과의 관계. 가톨릭대학교 교육대학원 석사학위논문.

교육과학기술부(2008). 유치원 교육과정 해설. 교육과학기술부.

교육과학기술부(2011). 유치원 기본과정 내실화를 위한 인성교육 프로그램. 교육과학기술부.

교육과학기술부(2012a). 5세 누리과정 교사용 지도서: 제2권 나와 가족. 교육과학기술부.

교육과학기술부(2012b). 5세 누리과정 교사용 지도서: 제3권 우리 동네. 교육과학기술부.

교육과학기술부(2012c). 5세 누리과정 교사용 지도서: 제9권 세계 여러 나라. 교육과학기술부.

교육과학기술부(2012d). 5세 누리과정 교사용 지도서: 제11권 봄 · 여름 · 가을 · 겨울. 교육과학기술부.

교육과학기술부, 보건복지부(2013). 3~5세 연령별 누리과정 교사용 지침서. 교육과학기술부, 보건복지부.

교육과학기술부, 보건복지부(2013). 3~5세 연령별 누리과정 해설서. 교육과학기술부, 보건복지부.

교육과학기술부, 보건복지부(2013). 3~5세 연령별 누리과정 교사용 지침서. 교육과학기술부, 보건복지부.

교육과학기술부, 보건복지부(2013). 3~5세 연령별 누리과정 교사용 해설서. 교육과학기술부, 보건복지부.

교육부(1995). 유치원 교육과정에 기초한 유아관찰척도. 교육부.

교육부(2013). 5세 누리과정 해설서. 교육과학기술부.

구명희(2013). 그림책을 활용한 역할놀이 활동이 만 2세 영아의 도움주기, 나누기 행동에 미치는 효과. 숭실대학교 교육대학원 석사학위논문.

구현영(2011). 아동과 부모의 휴대전화 사용에 대한 교육 요구. **한국간호교육학회지, 17**(2), 296-305.

국형윤(2012). 부모의 양육태도가 유아의 문제행동에 미치는 영향. 가야대학교 행정대학원 석사학위논문.

권기덕, 임태윤, 최우석, 박성배, 오동현(2010). 스마트폰이 열어가는 미래. CEO Information, 741, 1-22.

권민균, 권희경, 문혁준, 성미영, 신유림, 안선희, 안효진, 이경옥, 천희형, 한유미, 한유진, 황혜신(2005). 아동발달. 창지사.

김경화, 이주연(2013). 유아발달론. 공동체.

김영옥, 이은화(1998). 유아사회교육. 양서원.

김윤희(2013). 교사-유아 관계와 어머니의 양육행동이 유아의 사회성에 미치는 영향. 인하대학교 대학원 석사학위논문.

김이영, 이우언, 배기효, 김병찬, 정선화, 정왕용(2016). 정신건강론. 양성원.

김주연(2002). 초등학생의 인터넷 중독 경향과 관련요인 연구. 서울대학교 보건대학원 석사학위논문.

김현숙(2011). 유아의 거친 신체 놀이와 사회성과의 관계. 경인대학교 교육대학원 석사학위논문.

문혁준, 김정희, 안선희, 양성은, 임연진, 한세영(2013). 아동발달. 창지사.

문혁준, 이희경, 권희경, 김정희, 김혜연, 이성복, 강인숙(2016). 유아사회교육. 창지사.

박도순(2004). 질문지작성방법론. 교육과학사.

박영태, 하수연(2002). e-mail을 통한 유아의 사회성 및 언어표현 변화. 동아대학교 대학원 논문집, 27, 13-39.

박영태, 하수연(2002). 창의성과 문제해결능력. 창지사.

박윤조(2007). 부모의 일상적 스트레스가 유아의 일상적 스트레스와 유아의 공격성에 미치는 영향. 성균관대학교 생활과학대학원 석사학위논문.

박찬옥, 서동미, 엄은나(2016). 유아사회교육. 양성원.

방송통신위원회, 한국인터넷진흥원(2012). 2012년 스마트폰 이용실태조사.

배수현(2014). 누리 과정에 기초한 성품교육 프로그램이 유아의 사회적 행동에 미치는 영향. 광주여자대학교 교육대학원 석사학위논문.

보건복지부(2013). 3세 누리과정 교사용 지도서 ②. 보건복지부.

보건복지부(2013). 제 3차 어린이집 표준보육과정 고시. 보건복지부 고시 제 2013-8호.

보건복지부(2013). 제 3차 어린이집 표준보육과정 교사용 지침서. 보건복지부, 육아정책연구소.

보건복지부(2013). 제 3차 어린이집 표준보육과정 해설서. 보건복지부, 육아정책연구소.

보건복지부(2013a). 3세 누리과정 교사용 지도서 ②: 유치원/어린이집과 친구. 보건복지부.

보건복지부(2013b). 3세 누리과정 교사용 지도서 ④: 건강과 안전. 보건복지부.

보건복지부(2013c). 4세 누리과정 교사용 지도서 ②: 유치원/어린이집과 친구. 보건복지부.

보건복지부(2013d). 4세 누리과정 교사용 지도서 ③: 나와 가족. 보건복지부.

보건복지부(2013e). 4세 누리과정 교사용 지도서 ④: 건강과 안전. 보건복지부.

서선이(2012). 동화를 매개로한 정서표현 활동이 공격성향 유아의 공격성에 미치는 영향. 우석대학교 교육대학원 석사학위논문.

송민선(2009). 아버지의 양육참여도가 유아의 사회 · 정서 발달에 미치는 영향. 총신대학교 교육대학원 석사학위논문.

송종란(1999). 초등학생들의 친사회적 도덕 판단, 사회적 행동, 인기도와 부모의 양육방식과의 관계. 경남대학교 교육대학원 석사학위논문.

신수경, 채영란(2010). 장독립적-장의존적 인지양식에 따른 유아의 의사소통 전략과 사회성 분석. 어린이미디어연구, 9(1), 243-258.

양옥승, 이옥주, 이정란, 손복영(2017). **유아사회교육**. 신정.

어주경, 정문자(1999). 저소득층 가족의 경제적 어려움이 아동의 자존감에 미치는 영향. 아동학회지, 20(2), 21-40.

위지혜(2014). 나눔 교육 활동이 유아의 친사회적 행동에 미치는 영향. 서울교육대학교 교육대학원 석사학위논문.

육아정책연구소(2014a). 3세 누리과정 유아관찰척도. 육아정책연구소.

육아정책연구소(2014b). 4세 누리과정 유아관찰척도. 육아정책연구소.

이경민, 이경선, 한석실, 이정화(2014). **영유아발달**. 문예미디어.

이경은(2007). 아동의 친사회적 행동 향상을 위한 나눔 교육 프로그램의 적용 및 효과성 연구. 연세대학교 사회복지대학원 석사학위논문.

이기숙, 김혜선, 김희태, 김경희, 이명순, 서동미(2016). **영유아 교수-학습 방법**. 정민사.

이영애, 유준호(2018). 아동관찰 및 행동연구. 한국방송통신대학교출판문화원.

이은정(2004). 한국 민속 무용이 유아의 사회성 발달에 미치는 영향. 이화여자대학교 대학원 석사학위논문.

이주연(2011). 유아교육용 스마트폰 앱에 대한 부모 인식조사: 유아의 행동패턴에 따른 부모 인식 조사를 중심으로. 경희대학교 경영대학원 석사학위논문.

이지연(2010). 그림책을 활용한 독서치료 프로그램이 유아의 주의집중 및 공격성에 미치는 효과. 동국대학교 대학원 석사학위논문.

이한나(2011). 스마트폰을 통한 창의적 유아율동어플리케이션 매체개발. 덕성여자대학교 대학원 석사학위논문.

장휘숙(2001). **아동발달**. 박영사.

전남련, 백향기, 김인자, 송영선, 이미향, 김경신, 황연옥, 권인양, 장유정(2014). **아동관찰행동연구**. 양서원.

정숙희(2011). 어머니의 기질 및 양육행동과 유아의 문제행과의 관계. 아주대학교 교육대학원 석사학위논문.

정옥분(2002). **아동발달의 이해**. 학지사.

정옥분(2011). **발달심리학**. 학지사.

정하나(2017). **예비교사를 위한 유아사회교육**. 공동체.

정혜영(2001). 포트폴리오 평가가 유아의 인지 · 정의적 발달 및 부모의 자녀평가에 미치는 영향. 부산대학교 대학원 박사학위논문.

조성자(2003). 아버지의 양육태도와 유아의 사회성 발달에 관한 연구. 아주대학교 교육대학원 석사학위논문.

조순옥, 이경화, 배인자, 이정숙, 김정원, 민혜영(2016). **유아사회교육**. 창지사.

조은하(2017). 어머니의 양육스트레스와 유아의 스마트폰 과몰입이 공격성에 미치는 영향. 가천대학교 교육대학원 석사학위논문.

주혜린(2018). 어머니의 언어발달 인식지원환경이 유아의 사회성 및 공격성에 미치는 영향. 광주교육대학교 교육대학원 석사학위논문.

최기영, 양진희, 우수경, 이인원, 이학선(2008). **유아사회교육**. 교문사.

최진영, 신나나(2016). 만 4세 유아의 애착 안정성과 놀이성이 사회적 능력에 미치는 영향. **한국보육지원학회, 12**(2), 219-238.

최혜순(2010). **수정판 유아사회교육**. 동문사.

통계청(2016). 2015년 혼인 · 이혼통계.

통계청(2016). 인구주택총조사.

통계청(2017). 2016년 다문화 인구동태 통계.

하수연, 신현경, 이해정, 정재은, 김보경, 서영민(2015). **3-5세 연령별 누리과정에 의거한 유아사회교육**. 공동체.

한국교육평가학회(2004). **교육평가용어사전**. 학지사.

한국정보화진흥원(2011). 스마트폰 중독 진단 척도 개발연구.

한정애(2009). 다문화 가정 초등학생의 학교 적응과정 분석. 경성대학교 대학원 박사학위논문.

현지영(2013). 공감교육 프로그램이 유아의 공감능력과 공격성에 미치는 효과. 대구가톨릭대학교 교육대학원 석사학위논문.

홍순정, 김희태(2010). **유아사회교육**. 공동체.

홍순정, 최석란(2010). **아동관찰 및 행동연구**. 교문사.

홍진영(2012). 유아의 양육형태와 유아 교육 프로그램 유형이 유아 사회성 발달에 미치는 영향. 서강대학교 교육대학원 석사학위논문.

황해익, 송연숙, 이경화, 최혜진, 정혜영, 손원경, 민순영, 남미경, 김남희, 손유진, 이혜은(2004). **유아용 검사편람 Ⅰ**. 정민사.

황해익, 송연숙, 최혜진, 정혜영, 손원경(2009). **유아 포트폴리오 평가**. 창지사.

황해익, 최혜진, 정혜영, 권유선(2014). **아동관찰 및 행동연구**. 공동체.

Ahadi, S. A., & Rothbart, M. K.(1994). Temperament, development, and the big five. In C. F. Halverson, Jr., G. A. Kohnstamm, & R. P. Martin(Eds.), *The developing structure of temperament and personality from infancy to adulthood*(pp. 189–207). *Hillsdale*, NJ: Erlbaum.

Ainsworth, M. D. S.(1973). The development of infant–mother attachment. In B. M. Caldwell, & H. N. Ricciuti (Eds.), *Review of child development research*, Vol. 3. hicago: University of Chicago Press.

Bandura, A.(1977). Social learning theory. New York: General Learning Press.

Baumrind, D.(1966). Effect of authorities parent control on child behavior. *Child Development.*

Baumrind, D.(1972). Current patterns of parental authority. *Developmental Psychololy Monographm, 4(*1), 43–88.

Baumrind, D.(1984). Child care practices anteceding three patters of preschool behavior. *Genetic Psychology Monographs, 75*, 43–88.

Belsky, J., Hsieh, K., & Crnic, K.(1996). Infancy positive and negative emotionality: One dimension or two? *Developmental Psychology, 32*, 289–298.

Bishop, S. M., & Ingersoll, G. M.(1989). Effects of marital conflict and family structure on the self–concepts of pre– and early adolescents. *Journal of Youth and Adolescence, 18*, 25–38.

Bowlby, J.(1973). *Attachment and loss* (Vol. 2). *Separation, anxiety and anger*. New York: Basic Books.

Branden, N.(1969). *The Psychology of self-esteem.* LosAngeles, California: Nash Publishing Corporation.

Buss, A. H., & Polmin, R.(1984). *Temperament: Early developnig personality traits.* Hillsdale, NJ: Erlbaum.

Caspi, A., & Silva, P. A.(1995). Temperamental qualities at age three predict personality traits in young adulthood: Longitudinal evidence from a birth cohort. *Child Development, 66*, 486–498.

Chess, S., & Thomas, A.(1984). *Origins and evolution of behavior disorder.* New York: Brunner/Mazel.

DeWolff, M. S., & von IJzendoorn, M. H.(1997). Sensitivity and attachment: A meta–analysis on parental antecedent of infant attachment. *Child Development, 68*, 571–591.

Grey, A.(2011). Cybersafety in early childhood education. Australian Journal of Early Childhood, 36(2), 77–81.

Harlow, H. F., & Zimmerman, R. R.(1959). Affectional responses in the infant monkey. *Science, 130*, 421–432.

Harter, S.(1998). The development of self–representations. In N. Eisenberg (Ed.), *Handbook of child psychology: Vol 3. Social, emotional, and personality development* (5th ed., pp. 553–618). New York: Wiley.

Haugland, M.(2000). Extending the transfer of learning paradigm using the commutative property of multiplication and precision teaching procedures to facilitate fluent performance with multiplication facts. The Ohio State University.

Lamb, M. E.(1977). The development of mother–infant and fater–infant attachment in the second year of life. Developmental Psychology, 13, 637–648.

Lyons–Ruth, K., & Block, D.(1996). The disturbed caregiving system: Relations among childhood trauma, maternal caregiving, and infant affect and attachment. *Infant Mental Health Journal, 17*, 257–275.

Main, M., & Solomon, J.(1990). Procedures for identifying infants as disorganized/disoriented during the Ainsworth Strange Situation. In M. Greenberg, D. Cicchetti, & M. Cummings (Eds.), *Attachment in the preschool years: Theory, research, and intervention* (pp. 121–160). Chicago: University of Chicago Press.

Marsh, H. W.(1990). The structure of academic self–concept: The Marsh/Shavelson model. *Journal of Educational Psychology, 82*, 623–636.

Maxim, G. W.(2004). 살아 있는 사회과 교육(최용규 역). 학지사.

Mead, G. H.(1934). *Mind, self, and society*. Chicago: University of Chicago Press.

Melendez, W. R., Beck, V., & Flectcher, M.(2000). *Teaching social studies in early education.* New York: Delmar.

Montemayor, R., & Eisen, M.(1977). The development of self–conceptions from childhood to adolescence. *Developmental Psychology, 13*, 314–319.

Pederson, D. R., & Moran, G.(1995). A categorical description of infant–mother relationships in the home and its relation to Q–sort measures of infant–mother interaction. In E. Waters, B. E. Vaughn, G. Posada, & K. Kondo–Ikemura (Eds.), Caregiving, cultural, and cognitive perspectives on secure–base behavior and working models: *Monographs of the Society for Research in Child Development, 60* (2–3, Serial No. 244).

Perry, D., & Bussey, K.(1984). *Social Development.* Englewood Cliffs, NJ: Prentice Hall.

Piaget, J.(1954). *The construction of reality in the child.* New York: Basic Books.

Schaffer, H. R., & Emerson, P. E.(1964). The development of social attachments in infancy. *Monographs of the Society for Research in Child Development, 29*, 3, Serial No. 94.

Seefeldt, C.(1997). *Social studies for the preschool-primary child* (5th ed.). Upper Saddle River, N.J.: Merrill.

Seefeldt, C.(2005). *Social studies for the preschool/primary child (7th ed).* New Jersey : Merrill Prentice Hall.

Seifer, R., & Schiller, M.(1995). The role of parenting sensitivity, infant temperament, and dyadic interaction in attachment theory and assessment. In E. Waters, B. E. Vaughn, G. Posada, & K. Kondo- Ikemura (Eds.), Caregiving, cultural, and cognitive perspectives on secure-base behavior and working models: New growing points of attachment theory and research. *Monographs of the Society for Research in Child Development, 60* (2-3, Serial No. 244).

Simmons, R. G., & Blyth, D. A.(1987). *Moving into adolescence: The impact of pubertal change and school context.* Hawthorne, New York: Aldine & de Gruyter.

Thomas, A., & Chess, S.(1977). *Temperament and development.* New York: Brunner/Mazel.

Thomas, A., Chess, S., & Korn, S. J.(1987). The reality of difficult temperament. *Merill-Palmer Quarterly, 28*, 1-20.

Thorne, A., & Michaelieu, Q.(1996). Situating adolescent gender and self-esteem with personal memories. *Child Development, 67*, 1374-1390.

Valenzuela, M.(1997). Maternal sevsitivity in a developing society: The context of urban poverty and infant chronic undernutrition. *Developmental Psychology, 33*(5), 845-855.

van IJzendoorn, M. H., & De Wolff, M. S.(1997). In search of the absent father-meta-analyses of infant- father attachment: A rejoinder to our discussants. *Child Development, 68*, 604-609.

Wohlwend, K. E.(2010). A is for Avatar: Young children in literacy 2.0 worlds and literacy 1.0 schools. Language Arts, 88(2), 144-152.

Yelland, N.(2011). Reconceptualising play and learning in the lives of young children. Australian Journal of Early Childhood, 36(2), 4-12.

찾아보기

[인명]

[내용]

저/자/소/개

■ 권성민

영남대학교 교육학박사
현, 수성대학교 유아교육과 교수
〈논문 및 저서〉 교육학 개론, 효율적인 대인관계, 효율적인 의사소통, 유아교사의 임파워먼트, 인생관교사 효능감이 이직의도에 미치는 영향 등

■ 강명화

영남대학교 대학원 박사 수료(유아교육학 전공)
현, 구미대학교 유아교육과 조교수
〈논문 및 저서〉 교육실습, 아동건강교육 등

■ 공영미

계명대학교 대학원 박사 수료(유아교육학 전공)
현, 호산대학교 유아교육과 조교수
〈논문 및 저서〉 보육학개론 등

■ 곽은복

중앙대학교 대학원 문학박사(유아교육 전공)
현, 충청대학교 유아교육과 교수
〈논문 및 저서〉 유아교육개론, 아동안전관리, 유아사회교육 등

■ 윤혜영

경기대학교 대학원 교육학박사
현, 이화유치원장, 신성대학교 겸임교수
〈논문 및 저서〉 부모교육, 유아기 자녀를 둔 어머니의 자녀양육역량 변인들이 유아의 사회적 능력에 미치는 역량 등

■ 최윤지

계명대학교 대학원 교육학 박사 수료(유아교육 전공)
현, 아이행복연구소 소장
〈논문 및 저서〉 아동생활지도, 영유아의 연령에 따른 보육교사의 모바일 알림장 의미연결망 분석 등

유아사회교육

1판 1쇄 인쇄 — 2019년 2월 11일
1판 1쇄 발행 — 2019년 2월 15일

저　　자 - 권성민 · 강명화 · 공영미 · 곽은복 · 윤혜영 · 최윤지
발 행 인 - 강철원
발 행 처 - 양성원
주　　소 - 경기도 파주시 검산로 173번길 29-20
전　　화 - 031-946-3861(代)
팩　　스 - 031-946-3864
이 메 일 - tnwpub@naver.com
홈페이지 - tnwpub.co.kr
출판등록 - 2015년 8월 31일 제 2015-000211 호

ISBN 979-11-6126-167-6

정가 19,000원